心一堂彭措佛緣叢書·達真堪布仁波切開示系列

聖尊普賢行願之王
——普賢行願品講記

達真堪布　著

書名：聖尊普賢行願之王—普賢行願品講記
系列：心一堂彭措佛緣叢書・達真堪布仁波切開示系列
原著：達真堪布
責任編輯：陳劍聰

出版：心一堂有限公司
地址/門市：香港九龍尖沙咀東麼地道六十三號好時中心LG六十一室
電話號碼：+852-6715-0840　+852-3466-1112
網址：www.sunyata.cc　publish.sunyata.cc
電郵：sunyatabook@gmail.com
心一堂 彭措佛緣叢書論壇：　http://bbs.sunyata.cc
心一堂 彭措佛緣閣：　　　　http://buddhism.sunyata.cc
網上書店：　　　　　　　　http://book.sunyata.cc

香港及海外發行：香港聯合書刊物流有限公司
地址：香港新界大埔汀麗路三十六號中華商務印刷大廈三樓
電話號碼：+852-2150-2100
傳真號碼：+852-2407-3062
電郵：info@suplogistics.com.hk

台灣發行：秀威資訊科技股份有限公司
地址：台灣台北市內湖區瑞光路七十六巷六十五號一樓
電話號碼：+886-2-2796-3638
傳真號碼：+886-2-2796-1377
網絡書店：www.bodbooks.com.tw
台灣讀者服務中心：國家書店
地址：台灣台北市中山區松江路二〇九號一樓
電話號碼：+886-2-2518-0207
傳真號碼：+886-2-2518-0778
網絡網址：http://www.govbooks.com.tw/

中國大陸發行・零售：心一堂・彭措佛緣閣
深圳地址：中國深圳羅湖立新路六號東門博雅負一層零零八號
電話號碼：+86-755-8222-4934
北京流通處：中國北京東城區雍和宮大街四十號
心一店淘寶網：http://sunyatacc.taobao.com/

版次：二零一六年二月初版，平裝

定價：　港幣　　　一百四十八元正
　　　　新台幣　　六百八十元正

國際書號 ISBN 978-988-8316-84-7

目　錄

聖尊普賢行願之王——普賢行願品講記

目
錄

聖尊普賢行願之王——普賢行願品講記

iii

目
錄

序

我們現在無論是聞法、修法還是做其他善事，主要都是通過《普賢行願品》消業積福、發願迴向的。我們的歷代祖師們，尤其是法王如意寶非常重視這部經典。他老人家在世時曾經講過，他不希求任何東西、任何法，只強烈希求四眾弟子每天至少念一遍《普賢行願品》。法王如意寶為什麼這樣重視、強調修持《普賢行願品》呢？因為在大乘佛法中，一切菩薩的學處都包含在這裏。對於修大乘佛法的人而言，這部經典非常重要。在喇榮，無論修任何善法，都會念誦《普賢行願品》做發願和迴向。

《普賢行願品》是《大方廣佛華嚴經》四十卷中的最後一品。這是普賢菩薩親自傳授給善財童子的。法王老人家也曾經講過，他是善財童子的轉世，也可以說是善財童子的化身。當時善財童子親近了文殊菩薩、普賢菩薩等很多善知識，因其善根深厚而獲得了文殊菩薩殊勝的加持，打開了廣大智慧之門，現量證悟了諸法最究竟的實相，令他有能力進入普賢菩薩不可思議的境界。他親見了普賢菩薩，並得到了普賢菩薩的攝受。普賢菩

聖尊普賢行願之王——普賢行願品講記

薩給他傳授了這樣不可思議的境界。所以，這裏有此甚深的緣起和意義。

其實《普賢行願品》的內容非常深廣。真正要進入這樣不可思議的境界，真正要發出這樣的願，至少要達到初地以上菩薩的境界。雖然《普賢行願品》是《大方廣佛華嚴經》四十卷中的最後一品，但是它也可以單獨成為一部經。這樣的情況有很多，比如《般若五百頌》等，都是從經中摘下來的，獨立成為了一部經。

《普賢行願品》有漢文版，也有藏文版。如果按藏文版翻譯是《聖尊普賢行願之王》。其內容分三部分：初義、經義、末義。「初義」是最初的內容；「經義」是這部經的意義；「末義」是最後結束的意義。

序

甲一、初義

甲一、（初義）分二：一、名義、二、譯禮。

乙一、名義：

聖尊普賢行願之王。

「聖尊普賢」：指普賢菩薩，也可以指所有的菩薩——位前菩薩、當位菩薩、位後菩薩。位前菩薩指處於資糧道和加行道的菩薩。當位菩薩指初地到十地的菩薩。位後菩薩指成佛以後的菩薩，比如文殊菩薩、觀音菩薩。雖然他們都已經成就佛果了，但是他們示現為菩薩，以菩薩的身相來度化眾生。因此所有的菩薩都可以叫「普賢」。

「行願」：指普賢菩薩所宣講的行願，也可以指所有菩薩的行願。「行」是他們的所作所為，「願」是他們的所思所想。一個是行為，一個是思想。可以說是普賢菩薩的思想和行為，也可以說是一切菩薩的思想和行為。「行願」還可以這樣解釋：「行」指普賢菩薩所證悟的不可思議境界，也可以指一切菩薩的學處；「願」是我們對這些學處、境界有強烈的希求之心。

「之王」：在這裏所發的願不是普通的願，不是普通的欲望，而是不可思議的境界。

聖尊普賢行願之王——普賢行願品講記

3

乙二、譯禮：

頂禮文殊童子尊。

「譯禮」指翻譯的時候，譯師們為了遣除自己翻譯過程中的違緣而做的頂禮。「頂禮文殊童子尊」，在此頂禮了文殊菩薩。

經義分三個部分：前行、正行、後行。前行是修七支供，清淨相續。因為成就這些願要積資淨障，若是沒有淨除罪障，沒有積累福德，這個願也不會圓滿，不會成就。所以首先修七支供。正行是展開宣講這些願望。後行是講《普賢行願品》的功德而結束。此處主要講偈頌部分。

甲一 初義

甲二、經義

甲二、（經義）分十二：一、禮敬支；二、供養支；三、悔罪支；四、隨喜支；五、請轉法輪支；六、請佛住世支；七、迴向支；八、願差別；九、願邊際；十、願利益；十一、勸受持；十二、總迴向。

乙一、（禮敬支）分四：一三門總禮；二、身頂禮；三意頂禮；四、語頂禮。

丙一、三門總禮：

所有十方世界中，三世一切人師子。
我以清淨身語意，一切遍禮盡無餘。

「所有十方世界中，三世一切人師子」：於一切處、一切時中所示現的一切如來。「十方」包括一切處。「三世」包括一切時——過去世、現在世、未來世。「人師子」指佛陀、如來。在藏文版中，這個「師」是獅子的「獅」。獸中之王就是雪山裏的獅子，人中之王就是佛陀。這是用雪山裏的獅子來比喻佛陀。雪山裏的獅子一出現，其他野獸都會心驚膽戰；而佛陀一出現，一切天魔外道也是心驚膽戰。還有一種解釋：佛在人間示現為人相，所以叫「人師子」。一切處、一切時當中所示現的一切如來，都是我們恭敬頂禮的對境。

「我以清淨身語意」：「清淨身語意」指清淨的身，清淨的語，清淨的意。我們恭敬頂禮時，身、語、意都要清淨。

這裏主要要求心清淨，因為身和語取決於心。只有心清淨了，在它帶動下的身和語才能清淨。否則，身和

語是不會清淨的。意清淨，這裏主要指的是深信。對不可思議的境界有勝解信心，並且以覺悟或智慧的心態來淨除身語意的污染。若是沒有覺悟的境界，身語意上的染污不會清淨。所以要有勝解信心。

「一切遍禮盡無餘」：這是頂禮。頂禮主要是對治傲慢心。只有恭敬心才能對治傲慢心。恭敬心有兩大特點：了知諸佛如來無漏的功德，並且生起歡喜心；同時發現自己的過失，並且生起慚愧心。

為什麼要這樣講呢？因為頂禮的根本是恭敬心。若沒有恭敬心，就沒有真正的頂禮。而傲慢心也有兩大特點：看不到對方的功德；發現不了自己的過患。看不到對方的功德，就不能對這些功德生起歡喜心，更學不到這些功德；發現不到自己的過患，也就不能改正自己的過患。所以有傲慢心的人，不會有任何進步，更不會有任何成就。

現在的人總是怨天尤人，就是因為有傲慢心。被人指出來了，還不服氣：「我沒有傲慢啊！」這就是傲慢。其實對方沒有錯，對方沒有問題，一切的錯誤、一切的問題都是自己造成的，一切的不清淨都是自己的心，一切的不幸運都是自己的業障。若是你的心清淨

甲二 經義

了，則一切清淨；若是你的業障消除了，就不會遭受這些不幸和痛苦。然而你卻沒有發現，沒有覺察到，還認為自己沒有錯，不是自己的問題。「我為什麼要懺悔？我找不到懺悔的理由啊！」這個問題就更大了，這也是傲慢心。這種人永遠改正不了自己的過失，永遠覺察不到自己的錯誤。這種頑固不化的人還能有進步嗎？我經常說的「水裏的石」指的就是這種人——水裏的石頭，泡多久也泡不軟。

其實犯錯誤不算錯誤，認識不到錯誤才是錯誤。作為凡夫，人人都有犯錯誤的時候，但若是能反省、能懺悔，都可以改變，都可以清淨。

做頂禮是普賢行願，是我們要學要修的。我們跟普賢菩薩學這些菩薩的學處，才能進入不可思議的解脫境界。禮敬諸佛，這就是普賢菩薩的行願，也可以說是一切菩薩摩訶薩的學處。

禮敬諸佛，有身頂禮、語頂禮、意頂禮。但根本是意頂禮，要以恭敬心而頂禮。恭敬心有什麼作用？可以直接對治傲慢的心態。處處能想到諸佛的功德，並生起歡喜之心；處處能發現自己的過患，並有懺悔、慚愧之心，這叫恭敬心。這種心念，能直接對治傲慢心。

聖尊普賢行願之王——普賢行願品講記

恭敬心有兩大特點，傲慢心也有兩大特點，二者的兩大特點是相矛盾的。猶如有熱的地方就不能有冷，同樣，若是在心相續中有恭敬心，就不會有傲慢心；若是在心相續中有傲慢心，就不會有恭敬心。

　　「我對佛很恭敬啊！我對上師很恭敬啊！」若是真有恭敬心，就不會埋怨佛，更不會埋怨上師。心相續中有恭敬心，進而以恭敬心做頂禮，這是禮敬諸佛。

　　在這裏講的是以清淨的身語意頂禮。心裏有恭敬，心地清淨了，語和身也就清淨了。其實無論是祈禱、讚嘆還是頂禮，無論是做大禮拜、小禮拜還是彎腰、低頭，都是恭敬心的一種表現。但是有些人當面說得好聽：「上師了不起，智慧圓滿、慈悲廣大……」然後五體投地頂禮，看似很恭敬；若是心裏沒有恭敬，口頭上說的，身體上做的，都是假裝的。

　　你想到自己與佛、上師相去甚遠，心裏很慚愧；你覺得佛、上師確實有那麼多的功德，有那麼大的威德力，從而發自內心地歡喜並稱揚讚嘆，才是心裏話，才是發自內心的。但是有的人心裏不但沒有一點恭敬，還很傲慢：「我比上師還好，我的福報比上師還大，我的知識面比上師還廣。」若以這樣的心態做表面的讚嘆或

是頂禮，都是假的。

我們為什麼要磕頭？也是覺得自己很慚愧。知道對方有很大的功德，內心非常歡喜，然後磕大頭、磕小頭，彎腰、低頭，才是真心的。若只在口頭上說，在表面上做，心口不一致，身心不一致，不但沒有功德，反而有罪過，因為這是在欺騙上師，欺騙佛，欺騙眾生。

若想進入不可思議的解脫境界，就要學修普賢行願。而學修普賢行願，就要學修禮敬諸佛。大家應該仔細思維一下，觀察一下，自己到底是在學修還是在造業？

「一切遍禮盡無餘」，即在一切時、一切處中，對示現的一切如來一一遍禮。每一尊如來面前都有一個自己，並且在恭敬頂禮。

「盡無餘」指任何一尊佛都沒有遺漏，瞬間恭敬頂禮了一切如來。「十方」包括一切處。「三世」包括一切時。一切處、一切時都有佛：不是在大殿裏有佛，到家裏就沒有佛了；也不是做課或打坐的時候有佛，吃飯、睡覺、散步、聊天的時候就沒有佛了。哪裏都有佛，什麼時候都有佛。

《普賢行願品》很重要吧！我們要明白並且深信這個道理，這樣就沒有造業的餘地了。在哪裏造業啊？處

處都有佛，任何時候佛都在看著呢！你是躲不掉的。如果你深信了這個道理，就沒有當面和背後的差別了。

現在很多人怕上師看到，怕同修道友發現，然後盡量裝一裝，覺得上師看不到、同修道友也不會發現的時候，就要造業了。當面一套，背後一套，這就是有當面和背後的差別。守護誓言不能有當面和背後的差別，當面怎樣背後也要怎樣，否則就是破壞誓言。佛和上師無處不在、無時不在。處處都有佛，處處都有上師；時時都有佛，時時都有上師。

「我以清淨身語意，一切遍禮盡無餘」：一切時、一切處中都應該以恭敬心做頂禮；一切時、一切處中都應該覺察自己的過患，並且心生慚愧；一切時、一切處中都應該憶念佛和上師的功德，並且心生歡喜。

不僅每天在口頭上念，而且時時處處都在頂禮，都有恭敬心，才是「一切遍禮盡無餘」。若是現在恭敬頂禮，一會兒就不恭敬頂禮了；在壇城裏恭敬頂禮，一離開寺院回到家裏就不恭敬頂禮了；在大殿裏恭敬頂禮，一出大殿回到自己房間就不恭敬頂禮了：這還是沒有做到「一切遍禮盡無餘」。因為一切時、一切處中都有佛，都有佛的示現。

「沒有佛啊！我沒看到啊！沒有感覺到啊！」為什麼沒有看到呢？因為你只有肉眼，沒有慧眼，沒有法眼。這是你自己的問題。若是你想時時處處都能看到真正的佛、菩薩和上師，你要有佛眼、法眼和慧眼。先不說有佛眼，你有法眼或慧眼也行。你以法眼和慧眼看，才知道佛、菩薩確實是無處不在的！你以肉眼只能看到站在前面的這個皮囊，然後對他生貪心或者生嗔恨心——感覺好一點了，就生貪心；感覺不好了，就生嗔恨心。傲慢和嫉妒同時存在。肉眼只能起到這樣的作用。

為什麼感覺不到呢？因為你只有分別心，只能感覺到這些不清淨的境相，只能感覺到這些痛苦，其他的感覺不到。以清淨心、平等心去感受，去感應，才能感覺到佛無處不在、無時不在。「原來，在我頭上，在我眼前，處處都有佛。」

若是要求你時時處處都有恭敬心，都做頂禮，很難做到，因為你心不定，沒有禪定的功夫。這要有一定的修行和定力才能做到。只有普賢菩薩才能做到；其他的菩薩，比如當位菩薩有時能做到，有時做不到；位前菩薩——資糧道和加行道的菩薩只能做到相似的，做不到真正的。

「處處要做頂禮，那我應該做大禮拜還是小禮拜

啊?」既不用做大禮拜，也不用做小禮拜，只要在心相續中恆時具有恭敬之心，你的一切行為，包括吃飯睡覺都是在做頂禮。若是在你的心相續中不具備恭敬之心，即使你磕大頭、磕小頭，五體投地、全身著地，都不是做頂禮，而是擺樣子，是假的。

也許有人會有這樣的疑問：「處處都要做頂禮，我吃飯時怎麼做啊？我是吃飯還是做頂禮？我睡覺時怎麼做啊？」若是真能恆時具有恭敬之心，一切所言所語、所做所行都是做頂禮。

「『一切遍禮盡無餘』，難啊，做不到！」是的，對沒有修行的人來說是難，但對有修行的人來說並不難，只是一瞬間的事，都在當下。雖然做頂禮只是一種普通的修法，但若是真正要修習普賢行願中的頂禮，也是不容易的。

大家要知道，我也經常強調，首先要懂，要明白該怎麼做，這是很重要的，能不能做到不重要。你們現在自以為每天都在修行，根本沒把頂禮當回事。其實這也是普賢菩薩的行願，你每天都在修行，你真正做到頂禮了嗎？現在要明白問題出在哪裏，並且要找到真正的原因。其實，問題就出在自己的身上，並非在別人身上。

不是道場的問題，不是道友的問題，更不是上師的問題。問題出在自己身上：因為自己不明理，自己沒有修行。要明白這點，就要從自身上找原因，在當下解決。你從別人身上找不到原因，去別的地方解決不了問題。

這是第一個偈頌。雖然這個偈頌我們每天都念好幾遍，但是明白了嗎？這樣思維過嗎？按這樣去做了嗎？沒有吧？都是在口頭上「哇哇」地念。

我經常說，學佛修行要實在，不能虛偽。雖然念得很流利，唱得很好聽，但是根本沒有去思維內容，也沒有去想意義，更沒有去做。每天都在念，都在表面上做，這是虛偽。現在很多人學佛修行都很虛偽。

我經常強調，學修要認真一點，實在一點，不要不死不活的。你們修《普賢行願品》時，說沒念也念了，說念了也沒念；說沒修也修了，說修了也沒修——這是「不死不活」！希望不要這樣！你若是想解脫，想成佛，就要「入不可思議解脫境界」。「不可思議解脫境界」指佛果。雖然阿羅漢、獨覺佛也是解脫的境界，初地到十地菩薩也是解脫的境界，但是這裏為什麼加了「不可思議」呢？這是佛的境界。若是你想「入不可思議解脫境界」，就要學修普賢行願。

聖尊普賢行願之王——普賢行願品講記

丙二、身頂禮：

普賢行願威神力，普現一切如來前。
一身復現剎塵身，一一遍禮剎塵佛。

　　身頂禮是以身體來做恭敬頂禮。以清淨的身做頂禮，首先意（心）要清淨。若意（心）不清淨，身體也不會清淨。比如不殺生、不偷盜、不邪淫可以說是身清淨，但若心不清淨，雖然在表面上沒有去做這些惡業，但實際上還是不清淨。所以有恭敬心，心裏清淨非常重要。

　　身頂禮有低頭、彎腰等很多種方式。顯宗裏主要有兩種：一是五體投地；二是接足禮──直接把佛的足接到自己的頭上。密宗的大禮拜是全身著地。我們以身體做頂禮是一種恭敬的表現，但若心裏沒有真正的恭敬，雖然看似很有禮貌地低頭、彎腰或做大禮拜、小禮拜，也不是真正的頂禮。

　　「普賢行願威神力」：普賢行願的力量以及自己勝解信的力量。「普賢」可以指普賢菩薩，也可以指一切菩薩。雖然普賢菩薩在示現上是菩薩，但實際上是佛，

所以他的行願也就是佛的行願，也就是佛的境界，也可以說是一切菩薩的境界。無論是在佛還是在菩薩的境界裏，都可以如是地顯現。

「普現一切如來前」：在一刹那當中，如山河草木等一時在鏡中映現一樣，十方三世一切如來一時在眼前顯現。在普賢菩薩的境界裏，在一切佛菩薩的境界裏，時時都可以這樣顯現。

「一身復現刹塵身，一一遍禮刹塵佛」：在佛菩薩的境界裏，一切佛刹土中極微塵數的佛，一瞬間可以在一個極微塵中顯現。頂禮者自己也是如此，在無量無邊的諸佛面前，都可以顯現一個自己。

佛無量無邊，自己也無量無邊，每一個自己同時在做頂禮。在佛的境界裏，在菩薩的境界裏，是可以做到的。這就是普賢行願。浩如煙海、無量無邊的諸佛一瞬間可以在眼前顯現。有人懷疑：「那麼多佛，我怎麼頂禮啊？」不用懷疑，自己也可以變現那麼多，每一尊佛前都可以顯現一個自己，然後做頂禮。這多圓滿啊！然而我們現在很難相信，很難做到。因為這已經超越了我們的言思，是無分別的。以我們的分別念、以我們的見聞覺知無法想像，無法衡量。

聖尊普賢行願之王—普賢行願品講記

佛無處不在，無時不在；自己也無處不在，無時不在——故而恭敬頂禮也無處不在，無時不在。這是沒有分別的。若認為「這邊有佛，那邊沒有佛」，「在這裏可以做頂禮，在那裏不能做頂禮」，就有分別了。在我們的境界裏，在大殿裏有佛，在家裏沒有佛；在佛堂裏有佛，在廁所裏沒有佛。現在我在山上，山下沒有我，在山下就沒法做頂禮了；在寺院裏有我，在家裏沒有我，在家裏就沒法做頂禮了。很多人擔心：「我出去後，家裏的那些佛怎麼辦？沒有人供啊？」「我也想把佛請到家裏供養，可我經常出差，沒法供。」這都是我們的思想，我們的境界。

為什麼說「不可思議，不可言喻」？以我們的分別念，以我們的見聞覺知，這種境界我們沒法想像，因為它是超越的。若你想不到、說不清、感覺不到、領會不了，這是你自己的問題。

為什麼說「普賢行願威神力」？你要相信普賢行願。我們經常念「以佛所獲三身之加持，法性不變真諦之加持，僧眾不退意樂之加持」，這和「普賢行願威神力」的意思相同。「以佛所獲三身之加持」：佛已經獲得了三身的究竟果位。佛所證得的真諦就是諸法的實相

和真理。「法性不變真諦之加持」：一切法自性是不變的，本來就是如此。「僧眾不退意樂之加持」：「僧眾」這裏指得地菩薩，他們已經現量見到了諸法的實相和真理，而且沒有絲毫的疑惑。法性是不變的，本來就是這樣。我們要相信佛已經獲得了不可思議的境界與真諦。僧眾雖然還未獲得究竟成就，但已經現量見到了諸法的實相，就像啞巴吃糖塊兒一般，嘗到了那個味道，已經親眼看到了，沒有絲毫懷疑。我們要通過這三個加持成就所願。加持是什麼意思？雖然我們現在無法想像，無法言說，無法去感受和體會，但是佛、菩薩已經證得了，諸法的本性與實相原本就是這樣的，自己對此生起勝解信，有堅定不移的信心，深信這樣一個真諦、實相。這就是首先要說「普賢行願威神力」的原因。

　　若普賢行願的力量、自己勝解信的力量二者都具備了，下面的內容就容易理解了，否則很難。為什麼呢？「普現一切如來前」，十方三世一切如來一時顯現在我眼前。「一身復現剎塵身，一一遍禮剎塵佛」，以十方三世一切佛剎極微塵數那麼多的身體，來頂禮十方三世一切佛剎極微塵數那麼多的佛陀。一瞬間在眼前顯現的是這樣一個不可思議的景象！無量無邊的佛是自己恭敬

聖尊普賢行願之王—普賢行願品講記

頂禮的對境。誰在恭敬頂禮？我在恭敬頂禮。在每尊佛前都有一個我，每一個我都在「一一遍禮剎塵佛」，都在做頂禮。這種景象不可思議！為什麼說是「普賢行願王」呢？就是這個原因。雖然我們在世間可以有很多欲望，也可以有很多希求，但都不是超越的。而普賢行願是超越的，它不是普通的行願，所以是「願中之王」。我們只要明白、深信了，就不用到處亂跑，不用到處去找佛了。

　　有人問：「佛在印度，在西藏，還是在哪裏啊？「其實我們真正明白了、深信了，佛到處都有，你也到處都有，恭敬和頂禮也是處處都有。若是心到位，恭敬和頂禮也是恆時的，沒有不恭敬、不頂禮的時候。這樣，很多煩惱自然就消失了，內心自然就清淨了。處處是清淨，因為處處是佛；時時都清淨，因為時時都是佛。一即是一切，一切即是一。

　　丙三、意頂禮：

甲二　經義

於一塵中塵數佛，各處菩薩眾會中，
無盡法界塵亦然，深信諸佛皆充滿。

「於一塵中塵數佛」：在一個極微塵中，有十方三世一切極微塵數的佛陀。

「各處菩薩眾會中」：這些佛也不是孤獨佛，都安住在「菩薩眾會中」，由無數菩薩圍繞著。

「無盡法界塵亦然」：無盡法界的每一個極微塵都是如此。

「深信諸佛皆充滿」：深深地信解，在每一個極微塵中都充滿了一切佛剎土中極微塵數的諸佛。

此即意頂禮。意頂禮就是要相信這樣一個不可思議的景象。這裏講的就是諸法最究竟的實相與真諦，這才是最究竟的佛法。只有相信不可思議，才能獲得不可思議的加持，否則就得不到不可思議的加持。

密勒日巴鑽牛角時，顯現的是諸法最究竟的實相與真諦。他不是在玩神通。若是玩神通，他可以把自己變小或者把牛角變大，鑽進去就行了。可是他沒有。密勒日巴沒有變小，牛角也沒有變大。這是最究竟的佛法，是不可思議的。

雖然我們都看過《西遊記》，甚至有的人看過很多遍，但沒有看懂，沒有明白。只覺得豬八戒很好玩；孫悟空神通很大；唐僧雖然很清淨，但有時笨了點兒，不

夠聰明，沒有智慧。其實《西遊記》裏講的也是諸法的真諦。孫悟空為什麼沒有逃出如來的手掌呢？雖然通過神通，他可以一瞬間闖進龍宮，一瞬間去往天界；但即使他神通再廣大，也逃不出如來的手掌。因為如來的手掌等同於虛空，二者是一體的。這裏詮釋的就是諸法的實相。都看明白了嗎？沒有吧！你們現在學什麼法都是似懂非懂、一知半解，都是糊裏糊塗，就這樣浪費光陰。我雖然沒有太大的智慧，但是一看就懂了。我明白了這個道理，他之所以沒有跳出如來的手掌，是因為這時顯現的就是一個真諦，一個實相，不可思議的境相。

大家要深信。若是你深信了，佛無處不在，無所不知，無所不能。當佛的面，你還敢做這些壞事嗎？不敢吧！可我們現在都還在懷疑：「說是這樣說，但這是我自己的屋子，是我睡覺的地方，不可能在這吧！」東想想，西想想；一會兒分別這個，一會兒分別那個；一會兒貪這個，一會兒恨那個。雖然修法時擺出來的姿態很好，在表面上也裝得很好，笑咪咪的，但心裏都是胡思亂想，不是貪就是恨，不是傲慢就是嫉妒。佛無所不知，你心裏所想，包括每一個起心動念，佛都一清二楚。哪裏沒有佛啊？你的心臟裏、頭腦裏都有佛。「一

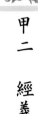

塵中有塵數佛」，不是一尊佛，而是整個微塵數量的佛。自己相信了嗎？

對於具有信心、具有善根的人來說，佛無所不能，佛是萬能的；而對於沒有信心、沒有善根的人來說，佛是無能的，什麼辦法也沒有。你若真的深信，佛是無所不能的，什麼問題都能解決——可是你深信了嗎？沒有吧！「有違緣了，有障礙了……」然後給這個人發信息，給那個人打電話，今天用這種方法，明天又用那種方法，就是想不到佛。若是你真懂了，深信了，心態自然就能穩定，自然就能安住。

我經常說：「風一停，沙自然就會落到地面上。」同樣的道理，你一深信，心自然就安住了，不是要去控制念頭，也不是要去控制思想。有心就有思想和情緒，互相並不影響。猶如有大海就有波浪，大海不影響波浪，波浪不影響大海。若真深信佛無處不在，無所不知，無所不能，你的心自然就安住了，自然就定了！還會那樣飄忽不定、心慌意亂、手忙腳亂嗎？

我們平時遇到一點點違緣障礙就心慌意亂、手忙腳亂的，「怎麼辦啊？完了！」一會兒祈禱，一會兒跑去算命。拜佛不行，就去找算命先生；覺得算命先生也不

聖尊普賢行願之王—普賢行願品講記

行，就去拜神；覺得還不行，就去送禮走後門。不讓你們東跑西顛，都不聽。心無法安定是因為沒有智慧，沒有懂得佛法。現在講的這些叫佛法，還是沒有明白。到印度、到西藏去拜，到處去拜，到處去找，還是沒有明白。找吧！能找到就好，希望你能找到。可是找不到吧！其實就在當下。不用到處找，到處拜上帝、拜高人。處處是淨土，處處都有佛。「一塵中有塵數佛，各處菩薩眾會中」。佛在眼前，一切菩薩也在眼前；佛在當下，一切菩薩也在當下。還找什麼啊？求什麼啊？解脫是求來的嗎？成就是跑來的嗎？若東跑西顛就能成就，那就跑吧！現在交通方便，可以坐汽車、火車、飛機，甚至坐火箭都可以。

意敬禮即意恭敬頂禮，就是要放下心態，深信諸法的究竟實相。如果你能深信，心態自然就放下了。不要飄忽不定，這樣是不會有成就的。

一心不是分別。其實分別和不分別也是一體的，體上沒有可分別的，相上是有分別的。「法門無量誓願學」，並不是所有的法門都要去學。若每個法門都要去學就叫分別，那是愚癡的做法，不是智者的做法。一精通一切精通，你把自己的法門學好了，把自己的心態修

好了，一切都OK了，這叫「法門無量誓願學」。要深信這個道理。如同我講的比喻：你怕扎腳，想把整個大地都鋪上牛皮，這能實現嗎？能找到那麼多牛皮嗎？即使找到了，能鋪滿大地嗎？不可能。其實你不用把整個大地都鋪上牛皮，只要做一雙鞋穿上，就能起到同樣的作用，既容易又方便。

丙四、語頂禮：

> 各以一切音聲海，普出無盡妙言辭，
> 盡於未來一切劫，讚佛甚深功德海。

這是語恭敬頂禮，禮敬諸佛、稱讚如來。

「各以一切音聲海，普出無盡妙言辭」：對境是無量無邊的佛陀，在無量無邊的佛陀面前有無量無邊的自己，以微妙舌根發出無有窮盡的音聲海，每一個音聲都流出無量微妙的言辭海。

「盡於未來一切劫，讚佛甚深功德海」：盡未來一切劫，對一切如來一一稱揚讚嘆其甚深功德海。稱揚讚嘆的對境是猶如煙海般的佛以及眷屬，所讚的是他們的

所有功德。

　　誰在讚嘆？我在讚嘆。讚嘆者「我」也是無量無邊的。以什麼方式讚嘆？以憶念佛菩薩功德的方式。他們從發菩提心開始直至成就菩提果之間的一切功德，比大海還要深廣。佛在經中說，整個大地的微塵可以數盡，四大海的水可以飲盡，整個虛空可以量盡，但是佛陀的功德不可衡量。即使世間那些根本不可衡量之物也可以衡量了，佛的功德仍無法衡量。阿羅漢通過神通說不盡佛的功德，一地到十地的菩薩通過神通也說不盡佛的功德，哪怕是十方三世一切諸佛同時宣說，也說不盡佛的功德。

　　我們要稱揚讚嘆佛陀不可思議的功德，不可思議的境界，所用的時間不是千年萬年，而是「盡於未來一切劫」。為什麼這麼說呢？我們能夠時刻憶念佛的功德，憶念菩薩的功德，憶念上師的功德，這樣心相續自然就清淨了。如此還有胡思亂想的餘地嗎？沒有！要恆常憶念，沒有不憶念佛菩薩的功德、不憶念上師的功德的時候。我們應該這樣去憶念、讚嘆佛菩薩和上師的功德。

　　讚嘆也不僅僅是在口中說，而是要在心裏憶念，生起歡喜心。若是能這樣憶念，還能一會兒想家、一會兒

想孩子，一會兒想這個、一會兒想那個嗎？不會的！「讚佛甚深功德海」，就這樣以清淨的身口意恭敬頂禮讚嘆十方三世一切如來。

　　「普賢菩薩告善財言：『善男子！言禮敬諸佛者：所有盡法界、虛空界，十方三世一切佛剎極微塵數諸佛世尊，我以普賢行願力故，深心信解，如對目前，悉以清淨身語意，常修禮敬。一一佛所，皆現不可說不可說佛剎極微塵數身，一一身遍禮不可說不可說佛剎極微塵數佛。虛空界盡，我禮乃盡。以虛空界不可盡故，我此禮敬，無有窮盡。如是乃至眾生界盡，眾生業盡，眾生煩惱盡，我禮乃盡。而眾生界乃至煩惱無有盡故，我此禮敬無有窮盡。念念相續無有間斷，身語意業無有疲厭。』」

　　當時普賢菩薩做頂禮的時候，「虛空界盡，我禮乃盡。以虛空界不可盡故，我此禮敬無有窮盡。」我們也要這樣發願。「如是乃至眾生界盡、眾生業盡、眾生煩惱盡，我禮乃盡。而眾生界乃至煩惱無有盡故，我此禮敬無有窮盡，念念相續無有間斷，身語意業無有疲厭。」這是當時普賢菩薩給善財童子講的。我們也要這樣無有疲厭地去恭敬頂禮。

「復次，善男子！言稱讚如來者：所有盡法界、虛空界，十方三世一切剎土，所有極微一一塵中，皆有一切世界極微塵數佛，一一佛所，皆有菩薩海會圍繞。我當悉以甚深勝解，現前知見，各以出過辯才天女微妙舌根，一一舌根，出無盡音聲海，一一音聲，出一切言辭海，稱揚讚歎一切如來諸功德海，窮未來際相續不斷。盡於法界無不周遍。如是虛空界盡、眾生界盡、眾生業盡、眾生煩惱盡，我讚乃盡。而虛空界乃至煩惱無有盡故，我此讚歎無有窮盡。念念相續無有間斷，身語意業無有疲厭。」

做讚歎的時候也是如此。稱揚讚歎一切如來諸功德海，未來一切劫中不間斷。虛空沒有窮盡的時候，眾生的煩惱也沒有窮盡的時候，因此我之讚歎無有窮盡。沒有不做頂禮的時候，沒有不做讚歎的時候，沒有不生恭敬心的時候。念念相續無有間斷，身語意無有疲倦和厭足。

萬盞法會只有十天，供燈組，尤其是修法組累得、困得好像沒有精神了，活不下去了一樣。這裏說「身語意業無有疲厭」，你們只修了十天，還只是白天，一共七八個小時，還是很輕的。我們很多修法都是要晝夜念修，不能間斷。那個時候你們怎麼辦？可能法會結束

了，你們就都要往生了。你看佛是怎麼發願的？菩薩是怎麼發願的？我們也要學普賢行願，也要這樣做。

乙二、（供養支）分二：一、有上供養，二、無上供養。

丙一、（有上供養）分二：一、真實物質供養，二、廣大意幻供養。

丁一、真實物質供養：

> 以諸最勝妙華鬘，伎樂塗香及傘蓋，
> 如是最勝莊嚴具，我以供養諸如來。

將這些殊勝、莊嚴、美妙的花鬘、傘蓋、塗香、音樂都供養給一切如來。

供養分有上供養和無上供養。有上供養指世間的福報，無上供養指出世間的福德。供養支一共有三個偈頌。前兩個偈頌的內容主要講有上供養，屬於三界之內的。比如說人間、天界，還有其他處殊勝的供養，是屬於世間的。第三個偈頌主要講無上供養，指的是出世間

的阿羅漢、獨覺佛還有菩薩，尤其是佛的境界。

做供養要具足三個要點：第一，福田清淨；第二，意樂清淨，第三，供品清淨。

第一，福田清淨。佛和菩薩具有圓滿的智慧和功德，屬於清淨的福田。尤其在密宗裏，強調上師是諸佛的總集，是最殊勝的福田。

第二，意樂清淨。指供養者自己要有一個清淨的發心。無論是給佛還是給上師做供養，都不能為了平安健康等世間的福報和暫時的利益。否則，就不是意樂清淨。以信心做供養，意樂要清淨，知道佛有無漏的功德，並且生起歡喜之心。以這樣的心態與發心去做，而不是勉強地做，也不是摻雜吝嗇心等煩惱去做，內心完全是清淨的。發自內心地做供養才有功德，否則不如不做。

我經常給大家講，修行要靠發心。什麼是修行？什麼是行善？就是發自內心地做。若是勉強地做，就不叫行善，不叫修行，也沒有佛法。為什麼說沒有佛法呢？因為沒有發心。所以做任何善事都不能勉強，尤其是做供養更不能勉強，不願意做就不做。若心裏還有捨不得或有貪戀，暫時就不要做了。就看自己的發心。若是知道佛的功德、供養的功德以及做供養對自己的利益，然

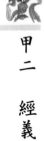

後發自內心、真心實意地特別想做，在這樣的情況下可以做供養。總之，意樂要清淨。

第三，供品清淨。若你有吝嗇心和貪心，有執著和分別，就是不清淨的。這樣，供品即使是金銀珠寶，也是不清淨的。沒有分別執著最好，沒有吝嗇和貪心也可以，這樣才算是供品清淨。

福田清淨、意樂清淨、供品清淨這三個條件都要具備。要以恭敬心、信心，發自內心地做供養，放下吝嗇心和貪心。

有上供養分為真實物質供養和廣大意幻供養兩種。

第一，真實物質供養，分為身體、受用、善根供養三種。

首先是身體供養。自己的身口意要供養給佛，供養給上師，願成為佛或上師弘法利生的工具。都會說「將自己的身口意供養給佛和上師」，這些說起來容易，做起來非常難。

上師如意寶曾經講過這件事。當時可能很多人都想將身口意供養給上師。上師說：「不要輕易說這種大話，將身口意全部供養給上師沒有那麼容易。」將身口意全部供養上師、供養佛，這是放下自我、斷除我執最好的一種方

聖尊普賢行願之王─普賢行願品講記

法。為什麼呢？你把自己完全交給佛，交給上師，就沒有自我了。你的一切就是上師的，就是佛的，不是你的了。你的一切就是用來做弘法利生事業的。

這麼珍貴的供養，佛和上師是不會讓它浪費的，一定會用來弘法利生。看看自己有沒有這個能力？若是沒有，就要努力，爭取做到，讓自己的身口意三門早日變成弘法利生的工具。身口意清淨了，自然就能弘法利生了。「我怎樣弘法利生啊？我是不是要下山？是不是去接觸很多人啊？」先不要考慮這些問題，不要提下山的事、結緣的事。機緣到時，這些自然而然就會有。

「那我現在怎樣才能成為佛和上師弘法利生的工具？」就是依法、依上師的竅訣好好修，讓自己的身口意三門變得柔軟，變得清淨^⑨，這樣自然就變成工具了。「現在我的身口意還沒有清淨，是不是就不能供養給佛和上師了？」可以供養，沒有問題。雖然現在你的身口意還不清淨、不調柔，但是你可以通過佛法、通過修行讓身口意變得清淨、調柔，這樣你也是弘法利生的料。眾生都有佛性，你也有佛性，所以你也是塊料。現在你若是去努力，也可以變成弘法利生的殊勝工具。若現在身口意完全清淨了，有弘法利生的能力了，你現在就可

甲二　經義

以去弘法利生了。「我現在沒有達到那種徹底清淨圓滿的狀態，怎麼辦？」沒關係，你現在也可以把身口意供養給佛，供養給上師。從此以後一定要更加精進地修行，同時告誡自己：「我已經將身口意都供養給佛、供養給上師了，是要用來弘法利生的，要時刻抓緊時間修行啊！」

現在，佛和上師無論是讓你學佛修行，還是讓你去弘法利生，你一句話都不能有。怎樣給你安排你就怎樣做，讓你做什麼你就做什麼。因為你已經將身口意供養給佛，供養給上師了，不屬於你自己了，不應再執著這些。「你現在還不行，要好好學，精進修，今年或者明年，最晚後年，必須要成佛。」「好！行！」立下誓言後就必須要這樣做，最好在今年或明年，最遲後年就應該成佛，最起碼也要成菩薩。要在這麼短的時間裏成佛，肯定不能貪吃貪睡，要少吃少睡，多學多修。因為你的身口意已不再是你的了，是佛和上師的了，你就要依教奉行，按佛的要求去做，按上師的要求去做，這樣就OK了，不能有第二句話了。

當你的相續差不多成熟了，有弘法利生的能力了，佛或上師就會告訴你：「好，去弘法利生吧！去輔導

聖尊普賢行願之王—普賢行願品講記

31

吧！去講經吧！去攝受弟子吧！去弘揚大圓滿法吧！」
你只能說：「好！」然後去引導眾生、教化眾生，去弘
揚大圓滿法，利益更多的眾生，不能有第二句話：「哎
喲，我身體不行。」你的身體行不行，佛知道，上師知
道，不用你自己說。如果你這個「工具」快要壞了，佛
和上師也知道要維修和保護，你不用擔心。既然給你安
排了，你就行，不要再說別的。

　　當你真正做到了身口意三門供養，「我執」自然就
放下了，對自身的貪心也自然就放下了。「不行，我要
多睡會兒；不行，我要多吃點兒；不行，我要多養養
身體。」這些想法都不會有了，因為身口意都不是你的
了，是佛的了。

　　讓眾生將身口意供養給佛，這是給眾生一個放下自
我、斷除貪心的機會。若是你有這個發心，能夠供養，
完全可以放下自我。無論你將身口意供養給佛，還是
供養給上師，都不是為了佛，為了上師，而是為了你自
己。這是佛和上師給你放下自我、斷除貪心的機會。佛
和上師不需要你身口意的供養，因為佛的事業是任運
的、恆常的。任運，即是自自然然的，不用特意去做。
弘法利生依靠的是眾生的福德、機緣和善根。哪裏的眾

生有福德，哪裏有眾生的善根，哪裏就有佛的事業，哪裏就有佛在度化眾生。這就是所謂的任運自成，恆常不變。佛的事業無處不在、無時不在，主要看眾生有沒有這個福報和善根。眾生什麼時候有福報、有善根，什麼時候就有佛的事業。眾生有這個機緣和福報，佛的事業隨時都會有。無論是人還是動物，哪一個眾生有福報和善根，佛的事業就在他身上，就在他的相續中，不需要靠外在的因緣。

既然佛的事業不用這些眾生來做，那為何眾生要做身口意供養呢？這並不矛盾。若你能放下自我，斷除對世間、對自己身口意三門的執著，你當下就有福德、就有善根了，佛的事業當下就融入你的相續了。將身口意供養佛的同時，斷除了對身口意的執著、貪著，然後再將身口意變成弘法利生的工具，這時三門也就清淨了。這是一種方法！你將身口意供養給了佛，表面看是為了佛，是在幫助佛，是你對佛太好了，實際上是佛在利益你、幫助你，是佛對你太好了。我們要明白這個道理。

你真正能將身口意供養佛，就能放下對自己身口意三門的貪著。供養的目的是什麼？供養以後要做什麼？就是要變成弘法利生的工具。前提條件是身口意三門要

聖尊普賢行願之王——普賢行願品講記

徹底清淨，否則就不能弘法利生。若是能說到做到，真正落實，你的三門自然就清淨了。三門清淨了，你就會永遠地解脫煩惱、擺脫痛苦，獲得永恆的安樂和幸福，自己的福德和智慧就都圓滿了！這都是為了你自己，都是你解脫、圓滿的方法。

很多人這樣認為：「佛對我太慈悲了，上師對我的恩德太大了，我應該把自己的身口意都供養給佛，供養給上師。」意思是供養身口意以報答佛和上師。其實佛和上師都不需要你的身口意。若是眾生沒有福報和善根，佛的事業再廣大也利益不到眾生。

為什麼這個世界有那麼多的暗劫呢？為什麼還有地獄呢？因為地獄的眾生沒有善根和福報，所以接受不到佛的攝受，接受不到佛的事業，佛的事業無法進入他們的世界及相續。好比屋子的黑暗並不是陽光的問題，而是屋子自己的問題。或者是屋裏雜物太多，或者是門窗緊閉，導致陽光無法進入。若把屋子清理乾淨，打開門窗，陽光就會照進來，同時黑暗就會消失。

現在有的人也許會想：「若是我不在，編輯工作誰做呀？」「若是我不在，攝像工作誰做呀？」「若是我不當管家，誰當啊？」「若是我不去給大家輔導，誰輔

導啊?」你不做會有人做，你不當管家會有人當，你不去輔導會有人去輔導。若是眾生有這個善根和福德，一切都會有的；若是眾生沒有這個善根和福德，我們再怎麼努力也沒有辦法。所以大家不要錯過這樣一個機會，好好發心，這也是你們宿世修來的福報，要好好珍惜。這是身供養。

其次是受用供養。願自己的衣食住行等所有的一切都變成佛或上師利益眾生的一種方便。有的人也許會有疑惑：「若是都供養了，那我吃什麼、穿什麼、用什麼啊?」供養是心裏能放下。若是能從心裏真心發願：我所吃的、穿的、用的等一切都供養給上師和佛，願變成上師和佛弘法利生的一種方便。這樣自然就會變成上師弘法利生的方便了。因為你現在已經學佛修行了，快要弘法利生了，所以你現在吃、穿、用等一切也都變成弘法利生的一種方便了。若有這樣的發心，你也可以自己留著吃、留著穿、留著用。

若你真正學佛修行了，真正要開始弘法利生了，你的身口意已經供養了，成為弘法利生的工具了，你所用的、所擁有的、所獲得的這一切也可以說是佛或上師賜給你的，現在你吃穿用是為了保護這個工具而已。心到

聖尊普賢行願之王——普賢行願品講記

位了，一切到位了。主要是能放下心態，能這樣發心就可以了。

一切都聽佛的安排，聽上師的安排，給你多少你就用多少。「我要吃好的、穿好的、住好的、用好的。」不要這樣貪求。讓你快樂還是讓你痛苦，這都是上師三寶的事，不用你要求。若由你自己來安排，就有點過分了。你就如同員工，佛就如同主人，他自有主張，不需要你來安排。

無論是吃的、穿的還是用的，你的一切受用都是上師三寶賜予的。即使你不做了，甚至離開這個世界了，也有人管，佛有一個很大的系統，所以你不用操心，安安心心地離開這個世界就OK了。「那我的財產怎麼辦？我的家人怎麼辦？」不用擔心，那都是佛菩薩暫時賜給你的。你現在要離開了，也是上師三寶的安排，你安心離開就行了。剩下的都不是你的了，都歸單位和主人了，他們自有安排。

你自己心裏真正做到供養，就沒有掛礙、沒有貪戀了。你是一個員工，單位給你多少你就吃多少，給你多少你就穿多少，給你什麼你就用什麼，這樣就可以了。你到人間，到這個地方來，是單位安排你出差的。誰的

單位？佛的單位。是為了工作方便而給你安排的。你的任務一旦完成了，一切就都不是你的了。若是能這樣想，你自然就放下了。

為什麼一定要執著「我的」、「我多要點，我要好的」？這樣就有點過分了，也是不如法的。說明你還在勉強、執著，沒有隨緣。這是錯誤的，你會因此而煩惱痛苦。若你不執著，不這樣勉強，一切都聽從命令，服從安排，就不會有這些煩惱和痛苦了。出家和在家也一樣。你現在出家，就需要示現這樣的身份；你現在在家，就需要示現這個身份。都是上師三寶的安排，所以沒有什麼可執著的。

再次是善根供養。將你所積累的善根和福德都供養上師三寶，願其成為上師三寶利益眾生的資糧與方便。你的身口意三門都是佛的，一切受用也是佛的，所積累的這些善根和福德也是佛的，一切都要聽從佛的安排。讓你下地獄你就下地獄，讓你到西方極樂世界你就到西方極樂世界。讓你下地獄的時候，你就要心甘情願地去，這是佛給你安排的任務，是讓你到地獄裏度化眾生，有時可能會有這種情況。有時也會安排你到西方極樂世界去，讓你休息一段時間，在阿彌陀佛面前再修

聖尊普賢行願之王——普賢行願品講記

修，鞏固一下定力和智慧，增強度化眾生的能力，然後你乘願再來，到時候可能又安排你到地獄裏去。若能這樣，對輪迴沒有恐懼心，對涅槃也沒有貪求心，心裏自然就沒有掛礙了。

　　其實，輪迴即是涅槃，涅槃即是輪迴，此岸和彼岸就是一剎那，就在當下。「佛讓我到西方極樂世界我就到西方極樂世界，讓我下地獄我就下地獄，我依教奉行。」我們應該這樣，而不應該心想：「阿彌陀佛，別讓我下地獄啊！到時候必須接我到西方極樂世界去啊！」你這不是在安排佛嗎？「到時候絕對不可以讓我下地獄，一定要阿彌陀佛親自來接我。」這個時候阿彌陀佛說：「我不一定有時間，讓觀音菩薩去接你行嗎？」「不行，你必須親自來接我。」阿彌陀佛也太為難了！如果沒有時間，阿彌陀佛也沒辦法，只能幻化一個阿彌陀佛去接你。阿彌陀佛為什麼要幻化？因為眾生太固執了！《極樂願文》裏講過，到時候阿彌陀佛會幻化。幻化的阿彌陀佛雖然不是真正的阿彌陀佛，但也差不多是一樣的。

　　你不應該這樣要求，應該是佛怎麼安排都行。很多佛菩薩不都下地獄去度化眾生了嗎？你要堅信：「我也

甲二　經義

38

行，到時候也安排我到地獄去度化地獄裏的眾生。」勇敢一點！你若能這樣想，對輪迴的恐懼和對涅槃的貪戀當下就都放下了。這種分別和執著是最後要斷的一種障礙，由此也斷除了，多好啊！否則，要麼對輪迴有恐懼心，要麼對西方極樂世界有貪戀心，這也是心靈上的一種障礙啊！

「輪迴太可怕了，我可不去！」更不用提去地獄了。你有這種恐懼心，說明心量還是沒有打開。真正開智慧了，開悟、證悟了，就不會有恐怖，會遠離顛倒夢想。

對輪迴沒有恐懼，對涅槃也沒有貪求，這時才是真正的解脫。其實無論是恐懼還是貪著，都是心靈上的一種障礙，一種污染，必須要斷掉。我們就要以這種方式來斷除它們。這樣，也不需要善根和福德了，都供養給上師和佛。不求解脫，也不求成佛，就是服從佛的命令，聽從佛的安排，將所積累的善根和福德都毫無保留地供養給佛，願其成為佛或上師弘法利生的方便與資糧，這多好啊！這樣，你積累善根福德的同時，又變成了佛和上師弘法利生的資糧與方便，變成了這樣一個工具。你所積累的善根與福德就像一滴水，上師和佛的事業就像大海。一滴水融入到大海裏去了，就成為了一個整體。上師和佛的事業什麼時候窮盡，你的善根和福德

什麼時候才會窮盡。佛和上師的事業沒有窮盡的時候，你的善根和福德也沒有窮盡的時候。

什麼叫方便？這些都是方便法門。無論是行善還是修福，都要有智慧。否則一滴水就是一滴水，一會兒就乾涸了。若是有智慧，就將自己的善根和福德都變成上師三寶弘法利生的一種方便，融入到上師三寶弘法利生的事業中去。一滴水放入大海，這滴水與大海就變成一個整體。大海未窮盡，這滴水也不會窮盡。這才是智慧的做法！智者和愚者的差別就在此。若能這樣做，心靈上的這些障礙和煩惱也都消盡了，自己同時也獲得了無比的快樂和幸福，這也是解脫自己、圓滿自己的一種方法。不論是行善還是積福，都是為了解脫、為了圓滿，這樣也達到自己的目的了。

將自己的身體、受用、善根供養給佛，這是真實的物質供養。

丁二、廣大意幻供養：

> 最勝衣服最勝香，末香燒香與燈燭，
> 一一皆如妙高聚，我悉供養諸如來。

最勝妙的衣服、妙香、末香、燒香，還有最殊勝的酥燈、油燈等各種燈。「妙高聚」意指像須彌山一樣高廣。這些供品，只是代表。即將人間、天界以及其他處所有清淨美好、珍貴稀有的物品都做供養。這是最殊勝的供養。因為我們越覺得殊勝，越覺得莊嚴時，生起的貪心就越大，所以要先拿這些東西來做供養，斷除我們對這些殊勝物品的貪著和貪心。

其實無論是天界的、人間的，還是其他處的所有清淨美好、珍貴稀有、又廣又高、無量無邊的東西都應該用來做供養。這些東西分無主的和有主的。無主的有美麗的山河大地、日輪、月輪等；有主的比如房子、車子、珠寶等。高科技的東西也可以做供養。其他處的，比如天界、龍宮裏的珍貴之物就更不用說了。總之，我們對所見、所聞、所想的一切都不要貪著，要將其毫無保留地供養給慈悲智慧的佛陀，供養給慈悲智慧的上師。

很多人都喜歡逛街，逛商場。有的人就喜歡耳環、項鏈等飾品。心想：這些太好了！我若買得起，能戴上這個該多好啊……有的人喜歡高科技的東西：「哎喲，蘋果電腦；哎喲，手機，iphone4。」一看價格：「哎喲，太貴了！」這都是貪心，自己總想得到這些。有的

聖尊普賢行願之王——普賢行願品講記

人不喜歡那些鑽石和高科技產品，但喜歡吃的、穿的，到超市裏一看，那麼多好吃的，想吃還不捨得買，心裏很難受地回來了。回家了還是不高興，還是放不下。「這衣服太好看了，我若能買得起該多好啊！誰能給我買呢？」不應該這樣，不能貪，當下都要做供養，這都是對治貪心的方法。每當我們一看到、聞到、想到這些清淨美好的東西，立即就供養給慈悲智慧的佛和上師，並憶念佛和上師的功德，如此既生起了歡喜心，又增長了信心與善根，同時還淨化了心靈，祛除了污染，淨除了貪心等煩惱。

供養支是對治貪心和吝嗇心的。有人心存疑慮：「若將我的身體、受用等都做供養了，我怎麼辦？」你要明白，只有做供養了，福德才會圓滿。有一句法語：「放下了才能得到，隨緣了才能順利。」那些大德高僧為什麼有那麼殊勝的福報和功德呢？為什麼事事如意、心想事成呢？就是因為一切隨緣了，一切放下了。

你放下的越多，得到的也越多。可我們有時候偏偏放不下：「這個可不能布施，到時候我怎麼辦呢？」其實根本不用考慮太多。「捨得捨得」，你捨的越多，得到的越多。你捨的時候，不是在表面上捨，而是從心裏

捨。不求、不執著的時候才會來。一切都隨你的心轉，到時候名聞利養都會有，因為這是修來的，是自自然然來的。

我經常給大家講：「火點上了，灰自然就會有。」有灰多麻煩啊，每天都要清理。雖然我們要的不是灰，但是沒辦法，火點上了就會有灰。雖然這些大德高僧要的不是名氣，不是利益，但到時一切都會有。

供養包括上供下施，今天我們講的是上供，還沒有講下施。無論是上供還是下施，都是為了對治貪心和吝嗇心。若沒有對治貪心和吝嗇心，就不叫供養，也不叫布施。供養或布施的目的是要修一顆施捨心。為什麼你的福德不圓滿，功德不圓滿呢？就是因為有吝嗇心、有貪心。若是沒有貪心和吝嗇心，你的福德和功德自然就會圓滿。

丙二、無上供養：

> 我以廣大勝解心，深信一切三世佛，
> 悉以普賢行願力，普遍供養諸如來。

無上供養，即屬於出世間的供養，也就是那些大菩薩們所證悟的境界，也可以說是他們做供養的一種方法。

　　「我以廣大勝解心，深信一切三世佛，悉以普賢行願力，普遍供養諸如來。」這裏再次提到了普賢行願力和自己勝解心的力量。完全平等、清淨的供養，是真正的普賢行願。也許我們現在無法想像，更不可能達到那種境界，但是我們現在可以相信。因為這是佛所證得的真諦，菩薩所證量的境界。一個是自己的廣大勝解心，另一個是普賢行願力。

　　廣大勝解心主要是自己要深信。通過修行，現量證悟不可思議的境界是最好的。如果現在還沒有證量，我們也可以通過聞思等方法，對淨見量的境界生起堅固不退的見解。雖然我們還沒有現證不可思議的境界，但是內心可以深信。

　　「普賢行願力」是指在十方三世一切佛刹的每一個極微塵中，都有十方三世一切佛世界的極微塵數的諸佛，這些佛一一處在菩薩海會的圍繞中。一切極微塵都是這樣的。然後，我們要做供養：在每一尊佛面前，都有一個自己，自己的手裏現出不可思議的供品。無論是天界的、人間的，還是其他處的所有清淨美好、珍貴稀

甲二　經義

44

有、有主無主的供品，都用來供養無量無邊的佛陀。

　　所供的對境是無量無邊的，能供者自己是無量無邊的，供品也是無量無邊的。不是在一千年、一萬年中這樣供養，而是在未來的一切劫中恆時做供養。這就是無分別的、平等的供養。在一個極微塵中有所有極微塵數的佛，一個也不遺漏，都成了做供養的對境。我們也不會顧此失彼，因為在一切佛面前都有一個自己，供品也是應有盡有。

　　供養的對境，供養者自己，所供養的物品都是清淨的，都是平等的，都是圓滿的。若是仔細去想，這些不屬於三界，而是超出三界的；這些不屬於我們分別心的行境，而是無分別心的行境。

　　我們要深信這樣一個真諦、實相和真理。因為這是大菩薩們通過千劫萬劫的苦修，才證得的真諦；這是佛通過三大阿僧祇劫的修煉，才證得的圓滿果位。我們要相信這樣的普賢行願，相信這樣一個不可思議的境界。

　　前面我們在做頂禮的時候，提到了「普賢行願威神力」；此處做供養的時候，再次提到了「悉以普賢行願力」。為什麼總提起這些呢？因為做頂禮的時候要相信普賢行願，有勝解心；在此處做供養的時候，也要靠普

賢行願，靠我們的勝解心。

這是真正的普賢行願，可以說是普賢菩薩的境界，也可以說是佛的境界。為什麼這樣說呢？因為普賢菩薩已經成佛了，他的境界就是佛的境界，只是他示現上是菩薩，以菩薩的形象來度化眾生，這是他發的願。八大菩薩等很多菩薩也和普賢菩薩一樣，他們早已成佛了，但會繼續以菩薩的形象來度化眾生。

在前面講過，「普賢」可以指一切菩薩，普賢菩薩的境界也可以說是一切菩薩的境界。比如說住於資糧道和加行道的菩薩，他們沒有真正現前這樣的境界，但是他們對這種境界也有一定的定解，有一定的信心，他們也在努力地去證得這樣的境界。對一地到十地的菩薩來說，這種境界已經現前了。雖然有些還沒有徹底現前，比如初地、二地、三地的菩薩還沒有究竟證得，但是這種境界也已經現前了。果位菩薩，比如普賢菩薩、文殊菩薩等這些大菩薩，他們在究竟上已經證得了。

雖然我們還沒有達到這種境界，還沒有現前這樣不可思議的境象，但是我們要深信普賢行願力。因為這是佛所證得、菩薩所證得的實相和真理。我們不是信佛的嗎？信佛就要相信佛這樣不可思議的境界，就要相信佛

所講的諸法的真諦，宇宙人生的真理。

　　科學家在講宇宙人生的真理，哲學家在講宇宙人生的真理，佛菩薩也在講宇宙人生的真理。雖然以我們的分別念無法能夠衡量，以我們的智慧無法能夠體驗，但這是佛親自講的，是佛自己證得的，自己親身體驗的。我們是佛的追隨者，是相信佛的，所以我們要相信佛所講的宇宙人生的真相和真理。

　　佛在菩提樹下成道的時候說：「我已經解脫了、圓滿了。若是有人想解脫，想斷證功德圓滿，可以跟我學，我可以教給他解脫的方法，可以教給他圓滿的方法。」若是你不想解脫，不想成佛，那就跟你沒有什麼關係了；若是你想解脫、想成佛，但是不想和佛學，佛也沒有話說，佛不會勉強你。當時有很多人想解脫、想圓滿，想跟隨佛。於是，佛次第轉了三次法輪，講了解脫的方法、成佛的方法，就是普賢行願。普賢行願也就是普賢菩薩的行願，也是偉大的佛陀的行願，也是一切諸佛菩薩的行願。現在我們要相信，並且爭取也能證得這種境界，真正能安住於那樣一個不可思議的境界。

　　此處可以具足三種信心。若是你特別喜歡這樣一個不可思議的解脫境界，這就是清淨信心。你也非常想進

聖尊普賢行願之王──普賢行願品講記

入那種狀態，也想達到那種不可思議的解脫境界，也特別想學修普賢行願，這就是欲樂信心。這都是諸法的實相和真理，為什麼你沒有證得呢？因為你有業障。就像空中的雲彩，它是突然聚集的，通過風等外力可以散掉。同樣，業障是突然來的，通過修行可以消掉。當業障消掉後，你也一樣可以進入那種不可思議的境界。你對這種境界沒有絲毫的懷疑，深信自己完全可以證悟這種不可思議的境界，這就是勝解信心。為什麼說「普賢行願」？因為佛的境界、菩薩的境界都是真諦。你要深信普賢行願力、勝解信力這兩種力量。普賢行是對境，勝解信是產生的信心。這個境界是佛所證得的，是菩薩所證得的；雖然你還沒有證得，但是對此深信不疑，就是勝解信心。

現在，一個極微塵中有所有極微塵數的佛，這些佛被猶如雲海般的眾菩薩圍繞著。在一個極微塵中為什麼可以現出整個極微塵數的佛以及眾菩薩這樣一個境界呢？因為諸法的實相和本性就是這樣。小可以顯現大，大可以融入小。比如時間，一剎那可以變成一個大劫，一個大劫也可以變成一個剎那。比如空間，整個世界可以匯入一個極微塵裏面，一個極微塵當中可以顯現所有

清淨和不清淨的剎土與世界。我們就要相信這個境界。「那麼多佛和菩薩，還有那麼多我和無數的供品，在一個極微塵裏面怎麼能裝得下呢？」都可以的。若是你明白、深信了緣起性空的道理，還有什麼做不到的呢？沒有做不到的，一切都變得非常容易：修行容易，解脫容易。

我們每天都上早晚課。早課的主要內容是上師瑜伽。根本上師在前上方，由所有的傳承上師、一切本尊、空行護法圍繞著，這些都可以顯現，不用懷疑。不只是在前上方，也不只是在觀想的時候有，而是處處都有，時時都有，你還用使勁去觀想嗎？觀得頭都疼了。這些本來就有，還用你觀嗎？若是你明白了、深信了，就OK了，就不用特意去觀了。你看，這樣多輕！修法本身就是一種輕自在，只要相信，就輕了，就自在了。發光、灌頂、除障等都是可以的。你已經明白了這樣一個不可思議的境界，也深信了這樣不可思議的境界，所以一切都變得容易了。「上師三輪所現三種字，依次放光三光入三輪。三光同時入於三輪處，獲得四種灌頂除四障，成為修習四道之法器」，這些一點都不難了。最後，一切佛融入上師，上師融入自己。一就是一切，一切就是一；大可以融入小，小中可以現大；多可以融入

一，一可以化為多。其實，一即是多，多即是一；大即是小，小即是大。若是你真正明白、深信了這個道理，就什麼都不難了。

晚課的主要內容是除障法。同樣，金剛薩埵佛在頭頂上降下甘露，消除我等眾生的業障，然後自己變成了金剛薩埵佛，放射出無量的光芒，一切眾生也變成了金剛薩埵，最後一切眾生融入自己，自己融入虛空。你看，這就容易了，一點都不難。若是你真正明白了緣起性空的道理，你才會真正地做到。之前我們都只是糊裏糊塗這樣念而已，沒有仔細地去思維或觀察。若是仔細地去觀察、仔細地去思維，有的人就會有疑惑了：「上師金剛薩埵佛怎麼能顯現在自己的前上方呢？怎麼能顯現在自己的頭頂上呢？怎麼還能發光，還能降甘露呢？甘露是暖的還是涼的？即使他發光了，降甘露了，和我有關係嗎？能融入我的心裏嗎？能融入我的體內嗎？我的心是摸不著、碰不到的，我的身體是肉身，我天天洗澡，但是水沒有進入體內啊！若是水能進入體內變成甘露，業障怎麼能變成膿血，魔障怎麼能變成小含生，罪障怎麼能變成煙、氣呢？又怎麼能從毛孔、腳底排出去呢？若是水能變成甘露融入體內，那我的業障、煩惱

障、病障、魔障都能消掉嗎？」

必須要生起疑問！你們現在還沒有這些疑問，這些疑惑都隱藏在阿賴耶識當中，根本沒有被發現。現在應該把這些疑惑都提出來，然後通過正知正見、通過智慧祛除這些疑惑。疑惑祛除了，就變成智慧了。其實我們開悟、證悟就是為了祛除疑惑。什麼叫現量見？什麼叫入初地？就是斷疑惑。所謂「大疑大悟，小疑小悟，不疑不悟。」有大的疑惑就會有大的證悟，沒有疑惑就沒有證悟。你們現在還沒有生起疑惑，是因為根本沒有去思維。只是覺得金剛薩埵佛降下了甘露，業障消除了，沒有想別的，這都是鸚鵡學舌。像鸚鵡一樣地在「哇哇」地念，念得很流利，就像猴子學人，學得也很像，但也只是學學樣子，什麼也沒弄懂。

現在一想：「哦，這是普賢行願，這是入不可思議解脫境界。」因為你現在還在輪迴中，相續還屬於三界，你的心和境界沒有超出三界，所以現在你以自己的分別心無法能夠衡量，以自己的境界無法能夠體驗。這不是法的問題，是你自己的問題。

如果有火箭，我們可以去月球。而現在沒有火箭，也坐不了火箭，所以我們沒有到過月球，也沒有看到過

月球上的東西。這是月球的問題，還是我們的問題？當然是我們的問題。同樣，那些大德高僧通過自己的見解和智慧達到了佛的境界，而我們沒有證悟，所以達不到佛的境界，這是我們自己的問題。就要這樣想。

「有上供養」還沒有超越，還屬於三界；「無上供養」已經超越了三界，超越了我們的想像。尤其是普賢行，這是佛的境界，沒有比這再高的了。我們要站在這樣一個不可思議的境界裏去供養、去修持。

廣修供養也是普賢菩薩十大願王之一。當時普賢菩薩跟善財童子講：

「復次，善男子！言廣修供養者：所有盡法界、虛空界十方三世一切佛剎極微塵中，一一各有一切世界極微塵數佛，一一佛所，種種菩薩海會圍繞，我以普賢行願力故，起深信解，現前知見，悉以上妙諸供養具，而為供養。所謂華雲、鬘雲、天音樂雲、天傘蓋雲、天衣服雲、天種種香、塗香、燒香、末香，如是等雲，一一量如須彌山王。然種種燈，酥燈、油燈、諸香油燈，一一燈炷如須彌山，一一燈油如大海水。以如是等諸供養具，常為供

52

養。善男子！諸供養中，法供養最。所謂如說修行供養、利益眾生供養、攝受眾生供養、代眾生苦供養、勤修善根供養、不捨菩薩業供養、不離菩提心供養。善男子！如前供養無量功德，比法供養一念功德，百分不及一，千分不及一，百千俱胝那由他分、迦羅分、算分、數分、喻分、優波尼沙陀分，亦不及一。何以故？以諸如來尊重法故，以如說行出生諸佛故。若諸菩薩行法供養，則得成就供養如來，如是修行是真供養故。此廣大最勝供養，虛空界盡、眾生界盡、眾生業盡、眾生煩惱盡，我供乃盡。而虛空界乃至煩惱不可盡故，我此供養亦無有盡。念念相續無有間斷，身語意業無有疲厭。」

「善男子！言廣修供養者：所有盡法界、虛空界十方三世一切佛剎極微塵中，一一各有一切世界極微塵數佛，一一佛所，種種菩薩海會圍繞。」這裏講的是供養的對境。

「我以普賢行願力故，起深信解。」這裏講的是普賢行願力和自己的廣大勝解心。

「現前知見，悉以上妙諸供養具，而為供養。所謂華雲、鬘雲、天音樂雲、天傘蓋雲、天衣服雲、天種種

香、塗香、燒香、末香，如是等雲。」這就是普賢行，就要以這種方式去做供養，這種做供養的方式完全是大菩薩的境界。

「一一量如須彌山王」，每一種供品的體積如須彌山王。

「然種種燈，酥燈、油燈、諸香油燈，一一燈炷如須彌山，一一燈油如大海水。」偈頌裏說「一一皆如妙高聚」，什麼叫「妙高聚」？比如說供種種燈，一盞燈如三千大千世界，一個燈炷（燈芯）如須彌山王，灌的油如大海的水。供燈就這樣供。真的是不可思議。

「以如是等供養具，常為供養。」僅僅以燈為喻，所有的供品都以這樣恆常的方式供養。這些都是物質供養。

普賢菩薩對善財童子講：「善男子！諸供養中，法供養最。」所有的供養中，法供養最殊勝。「所謂如說修行供養、利益眾生供養、攝受眾生供養、代眾生苦供養、勤修善根供養、不捨菩薩業供養、不離菩提心供養。」

第一，如說修行供養。佛不需要你供養的身體、受用、善根，佛之所以讓你做這些供養，並且接納這些供養，主要是用這些來做利益眾生的事。若是你真正修行了，就直截了當地弘法利生了。什麼是正法久住？正法要

住在哪裏？正法不是住在大殿裏，而是住於眾生的相續中。如果你修行了，相續中有佛法了，正法就久住了，這就是弘揚佛法；如果你修行了，相續中有佛法了，息滅了內心中的煩惱，解除了你內心的痛苦，這就是利益眾生；如果你修行了，取得了成就，通過你個人的努力，可以傳播佛法，傳播智慧，還可以幫助和利益眾生，這樣又連續不斷地、恆常地弘法利生了。所以法供養最為殊勝。如法修行本身就是一種供養，這是修行供養。

第二，利益眾生供養。如果你修行了，有成就了，就能弘揚正法了，就可以利益眾生了。這樣你就繼承了佛的事業，圓滿了佛的願望，這是佛最高興的事，對佛來說這是最大的孝順。你也就盡孝了，也可以說是報恩了。

第三，攝受眾生供養。攝受眾生就是要接納眾生。正如歌曲《上師的恩德》裏所寫：無論是美是醜，無論是善是惡，無論是顛倒還是愚癡，都一樣能以慈心、悲心去接納，去度化。這是攝受眾生。要攝受誰？就是你最討厭、最煩的人、最不想見、最不想接觸、恨之入骨的人。就要攝受、接納怨敵仇人、鬼神惡魔等眾生。

「他對我太好了，對我有恩德。」然後就去接納，這是自私，這不是攝受。同修道友之間也一樣，稍微有

聖尊普賢行願之王—普賢行願品講記

一點點態度不好了，就再也不去見了，再也不去接觸了，這不是攝受。對比較順心、順眼的人，就想多看看，多接觸接觸；對不順眼、不順心的人，就盡量躲避；對比較善良、比較慈祥的人，就想多接觸、多看看；對脾氣不好、態度不好的人，就躲得遠遠的，根本不想見，不願意接觸；對比較聰明、比較有智慧的人，如所謂的上師、大德，到處跑去見；對瘋子、乞丐，就躲得遠遠的。其實，這些眾生之間有什麼差別啊？

對佛來說，攝受眾生是最大的供養。因為佛把所有的眾生都視為自己身上的肉，視為自己的獨子——家裏唯一的兒子、女兒。當你去接納他、度化他的時候，佛就高興了：「這個人太好了！」尤其是你去接納那些比較醜、比較惡、比較愚癡的人，佛就更高興了。

第四，代眾生苦供養。這種供養是最殊勝的。作為一個菩薩或修行人，應該將一切勝利和利益都獻給眾生，把一切惱害和失敗都留給自己。什麼是自他交換、自輕他重菩提心？就是代眾生受苦。我們現在就要學菩薩的精神，學佛的精神。不要害怕傷害和失敗，不要總是希求勝利和利益，要修一個平等的心態。勝利和失敗是一樣的，有勝利就有失敗，有失敗就有勝利。利和害

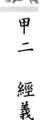

也是一樣，有利益就有損害，有損害就有利益。何時你修出了平等心，何時達到了那種平等的境界，才沒有分別。無論是勝利還是失敗，無論是利益還是損害，都是相對法，依舊是輪迴，依舊是痛苦。現在我們要超越，不逃避失敗，也不希求勝利；不逃避傷害，也不希求利益。平等才是真正的「入不可思議解脫境界」，平等心修出來了，當下就「入不可思議解脫境界」了。平等心是菩薩心、普賢行。有普賢行，才能進入不可思議的解脫境界。

「佛的要求太高了，上師的要求太過分了，一切勝利和利益都要獻給別人，一切損害和失敗都要留給自己。這些我可做不到，我只要不傷害眾生就可以了！」不要這樣認為。你只是不作惡、不傷害眾生，是小乘的境界。大乘要高出一層：不僅不傷害眾生，還要利益眾生；不僅利益眾生，還要把傷害留給自己，替眾生受苦。將眾生的痛苦拿到自己身上，將自己的快樂給予眾生，這種精神叫普賢行，是大菩薩的行願。

第五，勤修善根供養。晝夜不停地修善根，這是勤修善根。

第六，不捨菩薩業供養。不捨棄菩薩的事業——發

菩提心，行菩薩道。

第七，不離菩提心供養。無論在何時何處，在任何境界中都不捨棄菩提心，以利他心做供養。

普賢菩薩又對善財童子講：「善男子！如前供養無量功德」，「如前供養」就是物質供養。做物質供養也是功德無量。

「比法供養一念功德，百分不及一，千分不及一，百千俱胝那由他分、迦羅分、算分、數分、喻分、優波尼沙陀分，亦不及一。」雖然物質供養的功德如此廣大，如此不可思議，但是與一念法供養的功德相比，不及百分之一，千分之一，百千俱胝那由他分、迦羅分、算分、數分、喻分、優波尼沙陀分，這都是一些數字單位。這些數字單位一個比一個大，說明法供養的功德無法估量，是物質所無法相比的

「何以故？以諸如來尊重法故。」為什麼法供養的功德這麼大？因為一切如來都會尊重法，一切佛菩薩都由法而生。若是沒有正法，哪有佛？哪有僧？所以法供養是最殊勝的。

「以如說行出生諸佛故。」所有的佛都從法中而生。為什麼稱般若為「佛母」？無我的智慧、空性的智

慧是般若。十方三世一切佛都由般若而生，所以稱般若為佛母——佛的母親。

「若諸菩薩行法供養，則得成就供養如來，如是修行是真供養故。」精進修行，法供養是真正的供養。

「此廣大最勝供養，虛空界盡、眾生界盡、眾生業盡、眾生煩惱盡，我供乃盡。」我的供養是恆時的，這是普賢行，普賢十大願王都是無盡的。

「而虛空界乃至煩惱不可盡故，我此供養亦無有盡。」若是虛空有窮盡的時候，眾生的煩惱有窮盡的時候，我的供養才窮盡。因為虛空沒有窮盡的時候，眾生的煩惱沒有窮盡的時候，所以我的供養也沒有窮盡的時候。

「念念相續無有間斷，身語意業無有疲厭。」要恆時發這樣廣大的願。為什麼說菩薩行願是願中之王呢？就是因為沒有疲倦和厭足的時候，所以大家修行要振作一點！

現在是在百日共修期間，一天二十四個小時，修法時間只有四五個小時，最多也就六個小時，卻都疲倦得不得了。不要這樣！你看這裏講的：「念念相續無有間斷，身語意業無有疲厭。」應該晝夜不停地修，直到成就才算可以。那個時候就是修而不修，不修而修，沒有修與不修的差別。

聖尊普賢行願之王——普賢行願品講記

你們真想解脫嗎？真想進入不可思議解脫境界嗎？若是想，就要修普賢行，想修普賢行，就要這樣修。這是「廣修供養」。

乙三、悔罪支：

我昔所造諸惡業，皆由無始貪嗔癡，
從身語意之所生，一切我今皆懺悔。

「我昔所造諸惡業」：從無始劫以來到現在，我所造的一切惡業。

「皆由無始貪嗔癡」：這裏說的是惡業的因，即因貪嗔癡所造。什麼是惡？以貪心、嗔恨心，在愚癡的狀態下所產生的一言一行、所思所想都是惡。這裏講的是顯密共同的善惡標準。

正如佛講的：「諸惡莫作，眾善奉行。」學佛就要斷惡，就要行善。因為若是造了惡業，就要感受痛苦；若是行持善法，就可以獲得快樂。若是要斷惡行善，就要先分辨善惡，然後再取捨善惡。這都要有智慧、有修行。如果沒有智慧，你無法分辨善惡；如果沒有修行，

甲二　經義

就不能取捨善惡。若要分辨善惡，首先就要知道善惡的標準，然後拿這個標準來衡量。若是沒有善惡標準，你就不知什麼叫善，什麼叫惡。你自認為是善也不一定是善，自認為是惡也不一定是惡。此處所講的，因貪嗔癡所引起的都是惡，這就是標準。要拿這個標準來衡量、分辨什麼是善、什麼是惡。

你的所作所行，無論是打坐、念誦還是吃飯、睡覺等，是善是惡，就看你的心。若是在貪心、嗔恨心、愚癡的狀態下，無論是燒香拜佛，還是打坐修行都是惡。現在有些人燒香拜佛，只是為了自己的利益。有的人求家庭平安，有的人求自我解脫，這都是自私自利，是貪心。也有人是為了報仇來供佛拜佛的，這是嗔恨心。有的人無論是燒香拜佛還是念經修行，都是糊裏糊塗，沒有正確的目標和方法，這就是愚癡。這些都是在造惡業！「我怎麼是造惡業呢？我在燒香拜佛，我在念佛誦經，我在打坐修行啊！」但是你心地不清淨！若是在不貪、不嗔恨、不愚癡的狀態下，即使吃飯睡覺、為人處世也都是善。應該這樣分辨。

修行不在形式，而在心態。懺悔也是如此。

「從身語意之所生」：惡業通過身口意產生。現

61

在，修行再好的人也只能發現一些身惡業；對通過言語，尤其是通過意念造的惡業根本沒有發現，沒有覺察到。有時我們根本不知道自己在惡口罵人，根本不知道自己在挑撥離間，根本不知道自己在欺騙眾生，根本不知道自己在說沒有用的閑話，說引起貪嗔癡的話語。

由貪嗔癡通過身、語、意造下的惡業，將來都是要感受惡果的。我在「因果不虛」的課程裏講過，根據煩惱粗重的程度、次數的多少、動機的大小，可以將惡業分為上品、中品和下品。若是煩惱粗重、次數多、動機大，無論造的是身惡業還是語惡業都是上品，都要下地獄。中品轉生為餓鬼，下品要投生為旁生。

很多人認為，不造身惡業就可以了，口惡業就不注意了。「我現在已經不殺生、不偷盜、不邪淫了。」好像很了不起似的。其實，造妄語、惡語、綺語、離間語等語惡業和造身惡業沒有差別，都是一樣的！現在有的人連身惡業都沒有斷掉，有的人雖然斷掉了身惡業，但是沒有斷掉口惡業和意惡業。所思所想如果是自私心，想傷害眾生的心，貪心、邪見等，果報現前時，都要由自己來感受痛苦。

為什麼不注意自己的起心動念呢？為什麼不調整自

己的心態呢？不是貪就是嗔恨，不是惡念就是邪念。尤其對上師善知識，對同修道友，若生起這些不清淨的念頭，罪過非常嚴重，這不是一般的罪過！一切的果報都要由你自己來承擔。誰造誰受，不造不受。等到業力現前的時候，像洪水一樣，誰也攔不住。遇到佛法不容易，對佛法生起信心更是不容易。無論你相信與否，因果是自然規律，它是不假的，絲毫不爽。我們每天都在念「我昔所造諸惡業，皆由無始貪嗔癡，從身語意之所生，一切我今皆懺悔」。這個時候應該深入、仔細地思維。

「一切我今皆懺悔」：從無始劫以來到現在，由貪嗔癡，以身口意所造的一切惡業，在諸佛菩薩面前全部發露懺悔。所懺悔的罪業不是短時期內造下的部分罪業，而是從無始至今造下的一切罪業。造惡業的因是貪嗔癡三毒，造業的工具是身體、語言、心念。造惡業的體相有自造、教他造、見造隨喜三種。當看到、聽到、想到別人在造惡業，做一些不正當的事的時候，心裏若是隨著歡喜了，也要在無量無邊的佛菩薩面前不覆不藏，發露懺悔。

念《普賢行願品》做懺悔的時候，應該具足四種對治力，才能懺除這些罪業。此處是站在普賢行願的角度

講的四種對治力。

第一，所依對治力，也叫依止力。所依對治力有內所依對治力和外所依對治力。自己的勝解心是內在的所依，普賢行願是外在的所依。

在一個極微塵中，有所有佛剎土中整個極微塵數的佛陀，每尊佛都在菩薩海會的圍繞中。眾菩薩猶如大海，每一尊佛都由無數的菩薩圍繞著。所有的極微塵都是如此。佛菩薩無處不在，無所不知，無所不能，這是普賢行願。外在的所依是多麼殊勝啊！

我們就要相信這種境界，對這種境相能夠深信不疑，這叫勝解信力。這是內在的所依，也就是發菩提心。若是你明白，甚至深信這樣一個不可思議的境界，相信佛無處不在、無所不知、無所不能，幾乎就是勝義菩提心了，這是最殊勝的內在所依。

第二，厭患對治力，也叫破惡力。若有所依對治力作基礎，具足破惡力就容易了。佛無處不在，無時不在；淨土也是無處不在，無時不在。處處都有佛、處處都有淨土；時時都有佛、時時都有淨土。一切的不清淨、不圓滿都是自己的業障。如果真正知道了這個道理，你還會怨天尤人嗎？你還會向外找原因嗎？還會繼

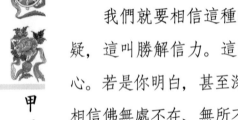

續造惡業嗎？不會的！破惡力就是知錯！這時，你自然就會知道自己的錯誤，自然就會知道自己的問題。看到一些不清淨、不圓滿的境相，這是正常的。但是你心裏要明白：「一切的不清淨，一切的不圓滿都是我自己的問題，因為我的心不清淨，業障沒有淨除造成的。」你不能怨天尤人，不能冤枉眾生。現在的世人都是這樣：「哎喲，我太冤枉了。」這不是冤枉，這是承受因果，是應該的！你今天煩惱痛苦了，卻向外找原因，認為是某事或某人造成的，這才是冤枉眾生。因為這不是他人的過錯，而是自己有業障的緣故。

大家看看，你身處清淨的道場，周圍都是道友和善友，還有那麼多煩惱和痛苦，還經常怨天尤人，冤枉眾生，這是在造業！你心裏想不通，由此而生的嗔恨雖然沒有說出來，沒有付諸行動，但是心已經動了。「從身語意之所生」，這是從意而生的惡業。我們現在總是怨天尤人，總是向外找原因，總是把責任推到別人身上。這樣一看，我們以前的所思所想、所作所為都是不講道理的，都是冤枉眾生的。所以，以後不要再這樣了，這不是眾生的問題，是自己的問題。若有這樣的認識，在任何情況下，都不會再到外面找煩惱、痛苦的原因。我

認為我講得很科學，很在理。

「上師說了，這個地方是淨土，這裏一切都是清淨的，我怎麼感覺不到啊？這裏也有很多不如法的事，也有很多不清淨的人啊！」那是肯定的。因為你心不清淨，怎麼能見到清淨的境相呢？你的智慧沒有圓滿，怎麼能有圓滿呢？不清淨的是你自己的心，不圓滿的是你自己的心，也就是所謂的業障、罪障。我們就要懺悔、消除這些！

如果沒有這樣的認識，儘管你每天都說「我要懺悔」，每天都修金剛薩埵除障法，沒有用！雖然你現在還沒有達到那種清淨圓滿的境界，沒有進入那種層次，但是你要相信，要明白。當你都能觀為清淨、圓滿的時候，就快成佛了。為什麼說七地以下的菩薩是不清淨地呢？因為七地以下的菩薩，所見還沒有完全清淨，完全圓滿。八地、九地、十地是相似於佛的境界，但是還沒有真正達到佛的境界，這時只能看到相似的清淨圓滿。當真正進入佛的境界時，才能見到一切徹底清淨圓滿的境界。因為這時你所有的罪障才得已徹底的清淨，所證的智慧才是徹底的圓滿，之前沒有啊！

什麼叫成佛？成佛就是達到了斷證圓滿的境界。佛

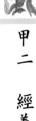

甲二 經義

有兩種：一種是自性清淨的佛，一種是斷證圓滿的佛。我們本來就是自性清淨的佛，我們現在要成的是斷證圓滿的佛。斷證功德什麼時候圓滿了，什麼時候才叫成佛。

懺悔的時候要具足四種對治力，所依對治力是普賢行願力和自己的勝解信力。若是不具備這兩點，很難做到懺悔。若你深信普賢行願，深信這樣一個不可思議的境相，深信佛無處不在，處處是淨土，具足破惡力——認錯知錯就不難了。你要知道這些不清淨的顯現都是自己的錯誤，你要承認這都是自己的問題，一點都不難。因為本來都是清淨的，都是佛，都是淨土，都是圓滿的。不清淨是因為自己的業障，不圓滿是因為自己的罪障。如果你真正能認錯改錯，你就徹底證悟了。

第三，返回對治力，也叫恢復力。如果你真正知道所有的問題都出在自己的身上，一切煩惱痛苦都來自於自己，自然就會有想改正的願望了。若是自己再不講道理，再去冤枉眾生，就是造業，就是在跟眾生結惡緣，將來要感受無窮無盡的痛苦。如果你真明白了這個道理，不再造惡業的決心自然就生起來了。

第四，現行對治力。如果自己覺悟了，心態放下了，能真正如法地去懺悔了，那麼你所在的這個地方也

是淨土，你自己也是佛。因為處處都是淨土，處處都是佛。若認為不是淨土，不是佛，就是自己的業障、罪障。這些都消掉了，當下就是淨土，當下就是佛，自己也是佛。心態一放下，立即覺悟：原來淨土就在眼前，佛就在當下。自己就在淨土中，自己就是佛。這樣現行力對治力立即就圓滿了，當下就是。

這就是四種對治力。現在我們是站在普賢行願的角度講的，是站在不可思議的境界中講的，尤其是站在佛和菩薩的境界裏講的，都是超越的。佛的境界是諸法的實相和真理，這才是宇宙人生的真諦，也叫回歸當初，也叫活在當下。若是想懺悔，就要這樣懺悔。你每天都說：「我在修金剛薩埵除障法，我在消業呢！」你不是在消業，而是在造業；你不是在念金剛薩埵心咒，而是在念我執我愛。雖然在表面上姿態擺得都很好，口中念得也很流利，但若是沒有放下貪嗔癡等煩惱，所做的一切都是惡。雖然你在寺院，在壇城，在修行的行列裏，在修金剛薩埵除障法，但若是念不轉，心態沒有放下，業障還是不能消除，還是在造業。

「佛經裏講了，上師也經常說，念百字明能消業，可我的業障怎麼越來越重了呢？不是說好好地修金剛薩

垛除障法就能消除業障，一切都會吉祥如意嗎？可我怎麼越來越糟糕了呢？」你要明白，念百字明有念百字明的方法，修除障法有修除障法的方法。一定要以正確的方法念，以正確的方法修，才能達到效果。如果修行不如法，不但沒有功德，反而有罪過。也許你學佛修行了，煩惱卻更多了，痛苦卻更大了。這不是佛法的問題，也不是佛的問題，而是你自己的問題，是你學佛修行不如法而導致的。

佛在《華嚴經》中講：「善男子，汝應於自己作病人想，於法作妙藥想，於善知識作名醫想，於精進修持作醫病想。」應以貪嗔癡煩惱為疾病想，自己為患者想，佛的教言、上師的竅訣為良藥想，善知識為名醫想，如法精進修行為醫病想。你現在是個患者，患的是貪嗔癡慢疑等煩惱之病，若是想治療，就要依靠名醫，聽醫生的話。醫生給你開藥，你必須按要求去服用。若是亂服亂吃，一把一把地吃，一桶一桶地喝，不但治不了病，反而還會送命。同樣，學佛修行若是東學西學，東抓西抓，就像亂吃藥，會斷送你自己的解脫慧命。

要依傳承，依儀軌，按次第修行。你若不這樣修持，自己盲修瞎煉，這是不如法修行。你們都依教奉行

了嗎？我說：「聞思修有次第，先聞法，再思維，再修持。」都不聽！認真聞法了嗎？進一步認真思維了嗎？去深入領會了嗎？沒有吧！戒定慧也是有次第、有程序的。受戒才能產生定，定中才會生起智慧。若是不受戒，身口意能清淨嗎？若是身口意不清淨，心能定下來嗎？若是心不定下來，智慧能生起來嗎？若是想解脫、想成佛，應該怎樣做，你們自己要明白。

「我不是已經修行了嗎？已經上山了嗎？已經出家了嗎？」上山又怎麼了？出家又怎麼了？如果心態沒有放下，貪心、嗔恨心、愚癡心還是那麼重，還是造業啊！雖然在形式上出家了，在表面上穿上法衣了，但你是不是真心實意想解脫、想成佛？你們應該好好地觀察自己的相續。

懺悔業障要具足四種對治力。我們每天都念《普賢行願品》，應該站在普賢行願的境界中做懺悔。今天我已經給你們講得很仔細、很明確了。若是再不去做，就是你自己的問題。

懺悔業障是普賢菩薩十大願王之一。當時，普賢菩薩對善財童子說：

「復次，善男子！言懺除業障者：菩薩自念我

於過去無始劫中，由貪瞋癡發身口意，作諸惡業無量無邊。若此惡業有體相者，盡虛空界不能容受。我今悉以清淨三業，遍於法界極微塵剎，一切諸佛菩薩眾前，誠心懺悔，後不復造，恆住淨戒一切功德。如是虛空界盡、眾生界盡、眾生業盡、眾生煩惱盡，我懺乃盡。而虛空界乃至眾生煩惱不可盡故，我此懺悔無有窮盡。念念相續無有間斷，身語意業無有疲厭。」

「善男子！言懺除業障者：菩薩自念我於過去無始劫中，由貪瞋癡，發身口意，作諸惡業無量無邊。」身為菩薩，做懺悔的時候會這樣想：過去無始劫中，由貪瞋癡引發身口意造下的惡業無量無邊。

「若此惡業有體相者，盡虛空界不能容受。」無始劫中所造下的這些惡業若是有體相、有形狀，即使將整個虛空作為容器，也容納不了。不用說無始劫中造下的惡業，大家仔細想一想，在今生今世中，從小到大、從少到老，造下了多少惡業啊？為什麼還不懺悔呢？心裏為什麼一點兒畏懼感都沒有呢？你們以前在世間、在紅塵中造下的惡業，都仔細想過嗎？無間罪、近無間罪、四重罪、八邪罪、十種惡業等自性罪，還有我們因沒有守住所

71

受持的別解脫戒、菩薩戒等戒律而犯下的佛制罪。

　　現在很多人都說：「我要學密法了，因為修密法可以即身成佛！」於是到處求密法。你這樣能求到嗎？佛法是向外求的嗎？你這樣能找到嗎？佛法是向外找的嗎？即使你向外找一百年、一千年，也找不到真正的佛法。因為真正的佛法就在當下，真正的佛法就在自己的相續當中，就在自己的心裏面。我們經常說「正法久住」，正法住在哪裏？真正的佛法、正法不是住在山上，也不是住在寺廟裏，而是住在眾生的相續中，住在眾生的心裏。你到外邊找不到，到印度、到西藏，到處拜、到處求，那是著相。

　　不用說無始劫來造下的惡業，僅在今生今世中，乃至在今天，從早上到現在，以身口意造下的惡業，你都根本沒有觀察過，沒有思維過。現在你在參加百日共修，真的要仔細觀察自己，到底是在造業還是在修行？是在學佛還是在學魔？

　　「我今悉以清淨三業」，以前造的是身惡業、語惡業、意惡業，是不清淨的身口意。現在通過身善業、口善業、意善業去消除這些業障，應該是清淨的身口意。

　　「遍於法界極微塵剎，一切諸佛菩薩眾前，誠心懺

悔，後不復造，恆住淨戒一切功德。」你每天修除障法時都念：「我以愚昧無知故……」是真心實意的嗎？都在口頭上，心裏根本沒有想。這裏講的是「誠心懺悔」，要實實在在，表裏如一，不覆不藏，發露懺悔。不能掩蓋，不能隱藏。在佛菩薩面前，你也掩蓋不了，隱藏不了。「今天好像上師沒發現，沒有事兒。」這只是你自己認為的。你的一舉一動，佛都能看到；你的一言一語，佛都能聽到；你的一心一念，佛都能知道，都一清二楚。你想掩蓋、想隱藏，那是做夢！若是你非要掩蓋，非要隱藏，那你就做吧！這是你自己的罪過，你欺騙不了佛菩薩。你有這種想欺騙的念頭和隱藏的心，本身就是一種邪見，一種惡業。

聖尊普賢行願之王——普賢行願品講記

「一切諸佛菩薩眾前」，這是所依對治力，即依止力。「誠心懺悔」，這是厭患對治力。「後不復造」，這是返回對治力，即恢復力。「恆住淨戒一切功德」，這是現行對治力。「恆住淨戒」，即恆時清淨。這裏具足了四種對治力。

「如是虛空界盡、眾生界盡、眾生業盡、眾生煩惱盡，我懺乃盡。而虛空界乃至眾生煩惱不可盡故，我此懺悔無有窮盡。」恆時懺悔。懺悔業障是需要力量的。這種

誠懇之心、決定之心，這種精神，正是我們需要的。

「若我要恆常懺悔，是否就不能成佛了？」成佛了也一樣可以懺悔，一樣要做善事，那時是替眾生做，給眾生表法。本師釋迦牟尼佛在世的時候，他也經常懺悔，也經常行持善法。佛成道以後，在轉法輪、攝受弟子的過程中，在示現上也是很辛苦的。他持戒非常清淨，修法也非常精進。並非成佛後就什麼也不做了，什麼也不修了，整天睡、吃、玩。哪有這樣的佛？大乘佛法裏所講的攝受弟子的四種方便裏，就有同行和共事。

「念念相續無有間斷，身語意業無有疲厭。」十大願王都是這樣，總結的時候都是無盡願。不是今天懺悔，明天不懺悔了；不是今年懺悔，明年不懺悔了；不是現在懺悔，未來不懺悔了；不是在因地懺悔，在果地（成佛的時候）就不懺悔了。這裏講，此懺悔沒有疲倦和厭煩的時候，也沒有知足和結束的時候。

當時善財童子那麼辛苦地依止了很多善知識，最後通過文殊菩薩的加持，親自見到了普賢菩薩。這時普賢菩薩告訴善財童子，同時告訴所有的眾生，應該這樣去行持普賢行願，這樣才能進入不可思議的解脫境界。

若是想進入不可思議的解脫境界，就要行持普賢行

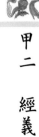

願。行持普賢行願就是行持普賢菩薩的十大願王，除此之外沒有其他方法。你若是想解脫、想成佛，就要這樣修行。不是因為佛菩薩慈悲、有智慧，眾生就能得度。佛菩薩雖然慈悲、有智慧，但眾生自己也要有福德和善根，才能得度。否則，佛再慈悲、再有智慧，也度化不了眾生。

我給大家講過：有時佛是萬能的，而有時佛是無能的。對有緣的眾生，對具有善根的人來說，佛是萬能的，可以讓你解脫，讓你成佛，讓你獲得永恆的快樂與幸福，讓你的福德和智慧當下圓滿。而對無緣的眾生，對沒有信心的人來說，佛是無能的，無法為你做任何事。這不是佛不慈悲，是你沒有辦法得到佛的加持。

乙四、隨喜支：

隨喜功德也是普賢行願，所以也要站在普賢行願的角度和境界裏做。首先要深信這樣不可思議的境界：在一個極微塵中有十方三世一切佛剎極微塵數的諸佛，都安住在菩薩眾會的圍繞中。在一個極微塵中就有這麼多的佛和菩薩，無盡法界的每一個極微塵都是如此。

聖尊普賢行願之王——普賢行願品講記

最好能進入那種不可思議的境界中。即使現在沒有這樣廣大神通的功德力，還沒有現量見到、沒有真正契入那種不可思議的解脫境界，最起碼也要深信這樣不可思議的境界。因為這是佛已經獲得的成就。比如，釋迦牟尼佛經歷了三大阿僧祇劫的苦修，最後獲得了這樣一個究竟的境界，其他十方三世一切諸佛都是如此。若是我們通過聞思修去領會、去體悟，也能達到這樣的境界。這是通過教證或理證都可以說明、可以抉擇的。我們站在這樣一個角度，站在這樣一個境界裏去做隨喜，才是最究竟的，才能圓滿功德。

十方一切諸眾生，二乘有學及無學，
一切如來與菩薩，所有功德皆隨喜。

「十方一切諸眾生」：「十方」指東、南、西、北、東南、西南、西北、東北、上、下。「諸眾生」指六道眾生，一切眾生都包括在三惡道與三善道這六道裏。三惡道是地獄道、餓鬼道、旁生道；三善道是人道、阿修羅道、天道。

「二乘有學及無學」：「二乘」指聲聞乘和緣覺

乘，即阿羅漢和辟支佛。「有學」是指修道上的，「無學」是已經證果的。

「一切如來與菩薩」：「一切如來」指十方三世一切佛陀。「菩薩」是大乘因地菩薩，即一地到十地的菩薩。這都是超越三界的。

這三句講的是十法界──六道及四聖。屬於六道的都是凡夫，聲聞、緣覺、菩薩、佛都是聖者。

「所有功德皆隨喜」：所有的佛菩薩、聲聞、緣覺以及六道一切眾生都具有功德，首先要明白和深信這個道理。我們站在普賢行願這樣一個不可思議的解脫境界去想，去講，處處都是淨土，處處都是佛。若感覺有不清淨和不圓滿，都是自己的問題，自己的業障。

佛菩薩有功德，聲聞緣覺也有功德，但是六道眾生，尤其是三惡道的眾生能有什麼功德和善根呢？普賢行願中講，一切處都是清淨的，一切眾生都是佛。所以六道眾生，包括三惡道的眾生也是佛。佛講過，十法界一切眾生都具有功德，皆具如來智慧德相。即使是地獄道的眾生、餓鬼道的眾生，他們的佛性、如來藏也絲毫不會被損害，依然是那樣清淨，那樣圓滿。

修普賢菩薩隨喜功德的行願，首先要有深信力。普

賢行願力與自己的勝解信力就是普賢行願。處處都是淨土，眾生都是佛，都具有功德，都具有如來智慧德相，只是有的沒有顯現，有的顯現了一部分，有的全部顯現了，只有這個差別。功德、智慧都是本具的，隨喜就要隨喜這樣的功德。所謂隨喜，就是隨著這樣一個不可思議的境相歡喜，對這些無漏的功德生起歡喜之心。

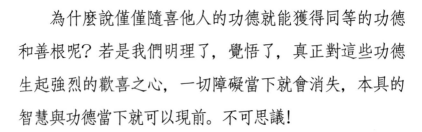

為什麼說僅僅隨喜他人的功德就能獲得同等的功德和善根呢？若是我們明理了，覺悟了，真正對這些功德生起強烈的歡喜之心，一切障礙當下就會消失，本具的智慧與功德當下就可以現前。不可思議！

我們現在學佛修行，為什麼沒有進步，為什麼沒有成就？主要是我們不明理，不覺悟，對這些功德沒有生起真正的歡喜之心，尤其對這樣一個不可思議的解脫境界、對這樣一個圓滿的境相沒有生起真正強烈的歡喜之心。為什麼說隨喜特別重要？就是這個原因。如果你不明白、不覺悟，怎麼能生起歡喜之心呢？當你生起了強烈、真實的歡喜心時，也就覺悟了、深信了。我們經常講「信心有多大，加持有多大；信心有多大，成就有多大。」就是這個意思。若是你對這樣一個不可思議的境界不深信，就不可能生起強烈的歡喜心。

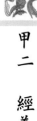

我們站在這樣一個角度講，這種歡喜之心也是所謂的「大樂」、「恆常樂」，是和我們的覺性無二的歡樂。生起歡喜之心時，覺性也就圓滿了，本具的功德和智慧也就現前了。

隨喜不容易，尤其站在普賢行願的角度做隨喜特別不容易。其實，普賢行願裏講的每一個內容，只有初地以上的菩薩才能真正進入這樣一個不可思議的境界，才能真正做到這樣的行持。我們現在還沒有達到這種境界，怎麼辦？我們可以發願，可以有這種希求，可以有這種意樂，盡量去領悟、去深信。我們現在只能以希求的心態和方式去修持。作為凡夫，我們只能做到這些。

隨喜功德也是普賢菩薩的十大願王之一。當時普賢菩薩對善財童子講：

「復次，善男子！言隨喜功德者：所有盡法界、虛空界十方三世一切佛剎極微塵數諸佛如來，從初發心為一切智，勤修福聚，不惜身命，經不可說不可說佛剎極微塵數劫，一一劫中捨不可說不可說佛剎極微塵數頭目手足，如是一切難行苦行，圓滿種種波羅蜜門，證入種種菩薩智地，成就諸佛無上菩

提及般涅槃，分布舍利，所有善根，我皆隨喜。及彼十方一切世界，六趣四生一切種類所有功德，乃至一塵我皆隨喜。十方三世一切聲聞及辟支佛、有學、無學所有功德，我皆隨喜。一切菩薩所修無量難行苦行，志求無上正等菩提廣大功德，我皆隨喜。如是虛空界盡、眾生界盡、眾生業盡、眾生煩惱盡，我此隨喜無有窮盡。念念相續無有間斷，身語意業無有疲厭。」

「復次，善男子！言隨喜功德者」，先隨喜佛的功德。「所有盡法界、虛空界十方三世一切佛剎極微塵數諸佛如來。」這是隨喜的對境。

「從初發心為一切智，勤修福聚，不惜身命，經不可說不可說佛剎極微塵數劫。」「一切智」就是佛的果位，也是遍知。「初發心」就是最初的發心，發的是無上菩提心，是為眾生成就佛果的心。我們每天也都在發菩提心，十方三世一切諸佛如來當初也是這樣發心的。

我們每天都在念：「為修持成佛要發殊勝菩提心！為度化一切父母眾生要發誓修持成佛！為早日圓成佛道要精進認真聞思修行！」我們不能只是發願。往昔諸佛發心發願以後，還要「勤修福聚」，不懈怠、不懶惰，

精進修持善法，積累自己的善根和福德。為了修行、為了成就，不顧一切，不惜身體和生命。聖者都是這樣求法，這樣求解脫的。而我們現在稍微有一點點艱難困苦、嚴寒酷暑，就灰心了。佛僅僅為了求得一句正法，上刀山、下火海，不惜付出一切！而我們卻總想輕輕鬆鬆、舒舒服服地就解脫成佛，這是不可能的，做夢去吧！解脫成佛哪有這麼容易？「不惜身命，經不可說不可說佛剎極微塵數劫……」經中講的不是年，而是劫！

「一一劫中捨不可說不可說佛剎極微塵數頭目手足。」佛是這樣修行、求法的！《法華經》中講，通過神通去觀察，此三千大千世界，小至一個芥子許的空間裏，也無不是菩薩為眾生奉獻生命的地方。聖者就是以這樣一種精神修道，最後才獲得成就，不是隨隨便便就能成就的。

諸佛菩薩都是在無數劫中精進修行，不惜一切代價求法修道，才成就的。為了佛法，為了修行，他們捨棄過無數的手足，更不惜捨棄自己的身體和生命。而我們是這樣的嗎？是拿自己的身體和生命來求法的嗎？不是吧！稍微有一點點高原反應就受不了，就回去了，跑得無影無踪了，連人都找不到了。稍微有一點點障礙違緣，又要跑

了，「家裏怎麼怎麼了，單位怎麼怎麼了……」若是這樣也能成就，你就這樣修吧，但願能成就！

這裏講的是精神和毅力！當時佛菩薩修道的時候，是以什麼樣的精神和毅力求法修法的？快到冬天了，天氣開始冷了，很多人都想下山了。每天都在想：「百日共修怎麼還不結束啊？」開始待不住了，還找很多理由：「我身體不舒服，家裏有事，我有病，要下去養病。」山上為什麼不能養病呢？養病為什麼必須要到紅塵裏，要到世間呢？就是想回去造業，沒有別的目的。

有的人覺得夏天山上舒服，就到山上來了，還跟家人說了很多理由——「快要舉辦百日共修了，這個機會非常難得，我必須去參加。」然後就跑到山上來了。天氣開始變冷了，快要到冬天了，這個時候就又想下山了，然後又有很多理由，跟上師和道友也這樣說：「我家裏怎麼怎麼了，不回去不行；我的身體怎麼怎麼了，我必須要下山……」行！在哪裏舒服，你就到哪裏修；哪裏條件好，你就到哪裏修。若是這樣能解脫、能成就，我就隨喜你了。將來成佛了，也肯定是個「舒服佛」。之前好像沒有「舒服佛」，但願將來有一個。但願將來還有一個「懈怠懶惰佛」。

對善根、功德應該生起歡喜之心，隨著這樣清淨的境相，隨著這樣圓滿的功德而歡喜。無論是對善法還是對功德，都應該有種強烈的歡喜之心。學法修行應該像在飢餓的犛牛面前放青草一般。在飢餓的犛牛面前放青草，它一剎那也等不了，會用勁吃。應該這樣精進。而現在我們聞法、修法，就像在狗的面前放草一樣。

「如是一切難行苦行，圓滿種種波羅蜜門。」他修的是大乘妙道，圓滿了種種波羅蜜門。

「證入種種菩薩智地。」所謂的得地就是證得智慧，所以是「智地」。

「成就諸佛無上菩提及般涅槃，分布舍利。」他發的是這樣的菩提心，然後行菩薩道，最後證得菩提果。在所化眾生面前示現成佛，輾轉法輪，最後為了眾生示現涅槃，給眾生留下了很多舍利。

什麼是佛舍利？其實，在眾生的相續中生起善根，提起正念，眾生修道得道，證得菩提，這才是真正的佛舍利。有的人到處求舍利，供舍利。若是你想供，就供這些有善根、有功德的眾生。你去拜他們，供他們，恭敬他們，這就是佛的舍利。佛舍利也是佛的一種事業，佛的事業應該在眾生的相續中。現在正是講隨喜的時候，你應該

聖尊普賢行願之王——普賢行願品講記

隨喜。眾生的相續中生起了剎那的善根，生起了剎那的正知正念，這都是佛分布的舍利，你就去拜吧，去供吧！想找舍利，就應該這樣找；想供舍利，就應該這樣供。雖然佛示現涅槃了，但是他留下了自己的教法。通過他的教法，眾生能提起正念，眾生的相續中能生起善念，甚至解脫成佛，這就是佛分布舍利的作用。

「所有善根，我皆隨喜。」我隨喜佛當初的發願，我隨喜佛所經歷的那麼多的苦難。佛當初發了無上的菩提心，你真心隨喜了嗎？若是你真的隨著歡喜了，一定也會發菩提心的。佛經歷了那麼漫長的時間，經歷了那麼多的苦難，你隨喜了嗎？若是你真的隨著歡喜了，那你現在也可以苦修了，為了佛法、為了修行，也可以奉獻一切、付出一切了。

我們總是在口頭上說：「隨喜、隨喜！」別說這些假話！你是真心的在隨喜嗎？說的都容易。你看佛圓滿了那麼多的殊勝法門，證入了那麼多的菩薩智地，才獲得成就，最後趣入涅槃。我們應該隨之歡喜，應該發自內心地發願：我也要發無上菩提心，我也要行這樣艱難的菩提道，我也要證得這樣殊勝的菩提果！就好比你現在特別喜歡錢，為了錢怎麼都行，七天七夜不吃飯、不睡覺都行，

當牛做馬也行，為了錢可以不顧一切。你們自己看看，一輩子受了那麼多苦，都是為了什麼？就是為了錢嘛，就是為了那麼一點點利益。這是因為你喜歡錢，對錢有歡喜心。仔細觀察一下自己，你現在對佛法、對修行，對發菩提心、行菩薩道有沒有這樣一種強烈的歡喜之心？

「及彼十方一切世界，六趣四生一切種類所有功德，乃至一塵我皆隨喜。」「六趣」指六道；「四生」指六道眾生主要通過四種方式出生：胎生、卵生、濕生、化生。這裏講的是隨喜六道所有眾生的功德。哪怕是點滴善根功德，我都隨喜。

此處隨喜的對境是什麼？是六道眾生。隨喜六道眾生所具有的所有功德和善根。「乃至一塵我皆隨喜」，再微不足道的善根和福德，我也要隨喜。隨喜是對治嫉妒心的，你若能隨喜，嫉妒心自然就沒有機會生起了。

「十方三世一切聲聞及辟支佛、有學、無學所有功德，我皆隨喜。」聲聞緣覺，有學無學，所有功德我都隨喜。

「一切菩薩所修無量難行苦行，志求無上正等菩提廣大功德，我皆隨喜。」一切菩薩所修的無量難行苦行，我都隨喜。

我們布施時，能捨的捨，不能捨的、不願意捨的就不捨；持戒時，能受的受，不能受的不受；修忍辱時，想忍就忍，不想忍就不忍。自己喜歡的、覺得順心的就忍；不喜歡、討厭的、反感的就不忍，甚至還以牙還牙。若是自己比較歡喜的人說幾句不好聽的話，甚至做了一些稍微有點過分的事，也不在意，因為自己喜歡，可以忍。若是不太順心、不太喜歡的人在態度或行為上稍微有一點點的冒犯，就接受不了了。精進也是，比較舒服的時候，心情比較好的時候學一學，念一念；稍微有一點點困難或挫折就徹底放棄了、不修了。哪有這樣的精進？修禪定也是，人少時稍微安靜點，可以打坐修一修；人多了覺得不安靜，就坐不住了。就像前幾天開法會之前，有的人心都飄起來了，在屋裏根本待不住，就想往外跑。你們有什麼可著急的？不能這樣！無論在什麼樣的情況下，無論在什麼樣的環境裏，都應該按部就班，精進修持。尤其是遇到對境和違緣的時候，更要精進，更要穩定。

總是告訴你們不要到處亂跑，都不聽。你們這樣三天打魚、兩天曬網地修，若是能成就，那就破記錄了。從來沒有這樣的成就者，也沒有這樣的佛。若是這樣也

能成就，肯定是非常獨特的佛。以前十方三世一切佛都不是這樣成佛的。若是這樣能成佛，肯定是當今時代的佛，和其他的佛都不一樣，那你真的了不起！

「如是虛空界盡、眾生界盡、眾生業盡、眾生煩惱盡，我此隨喜無有窮盡。」此處和前面還有些許不同，此處是恆時地做隨喜，所以心量更大了。我們往往是今天隨喜，明天又開始嫉妒了；隨喜這個人，嫉妒那個人。這個善根大，隨喜；那個善根小，不隨喜。

「念念相續無有間斷，身語意業無有疲厭。」時時處處都在對無量的功德與善根生起歡喜之心。

現在要拿佛法當鏡子對照自己，看看自己是不是這樣學修的？你現在修的是大乘佛法，尤其是大圓滿法。你到山上修行，對自己的所作所為應該負點責任吧！你上山的目的是什麼？你學佛的目的是什麼？你現在所做的這一切符合自己的目的嗎？你這樣做、這樣修，能成就自己的願望嗎？希望你不要背道而馳！

我講過，到山上來學佛修行，只有一個目的，就是求解脫、求成就。尤其我們現在主要修的是大圓滿法，這是即身成佛的法門，就需要這樣的發心。你現在的所思所想、所做所行、所言所語都符合要求嗎？與自己的

目的、願望達成一致了嗎？如是因，如是果。想成就菩提果，必須要修持菩提道；想修菩提道，首先要發菩提心。看看自己是否具備這些條件？真的，別總是糊裏糊塗地學佛！我經常強調，學佛應該有正確的目的，應該有正確的方法，這是最重要的。如果沒有正確的目標與方法，一切的努力和付出都是沒有意義的。為什麼佛如此強調發菩提心呢？這就是目標。你們好好反觀一下自己，有沒有正確的目標，有沒有正確的方法？若是有，就值得隨喜了！

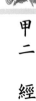

甲二 經義

儘管解脫成佛也有過程，很少有人立即就能解脫成佛的，但是作為一個學佛修行人，應該有正確的目標和方法。佛講了很多法門，有世間法，也有出世間法；有求自我解脫的，也有求成就佛道的。總的來說，有上士道、中士道和下士道的修法，你可以自己選擇。下士道是求人天福報的，即使是世間的福報，也不是誰都能輕易求到、輕易修成的，也要有正確的方法，最後才能實現這個願望。中士道者求自我解脫，想要證得聲聞和緣覺的果位，超出三界、實現自我解脫，也要有正確的方法。上士道者是為了救度眾生而希求功德圓滿的佛果。只有自己的功德圓滿了，才能度化眾生。不是為了自己的功德圓滿，而是為了

度化眾生，這才是大乘佛法的精神。

你現在自認為在修淨土法，修大圓滿法。淨土法與大圓滿法都屬於大乘佛法，是上士道，這樣就要發無上菩提心。我們經常念：「為修持成佛要發殊勝菩提心！為度化一切父母眾生要發誓修持成佛！為早日圓成佛道要精進認真聞思修行！」這就是一個大乘行者確定的目標與方向。你自己是不是真正確定了這個目標，然後再去修大乘妙道，行持六度萬行？

一切菩薩修無量難行苦行，如此行持實屬不易。他們是以什麼精神和毅力最後才成就的？就是無私地奉獻，無私地付出！在一切順境與逆境中，都是心平氣和、心甘情願地修持善法，這才是大乘精神。看看自己是不是這樣的？

很多人都想舒舒服服、隨隨便便地成佛，受戒也不願意受，忍辱也不願意修，什麼都不願意做。哪有這樣成佛的？前面我講噶當教言的時候講過：應該以正知正見為最親的朋友，應該以戒為師，這樣修行才能成就。現在是末法時期，大家都不願意受戒。哪有不受戒律、不守規矩的佛？一講戒律和規矩，都覺得有壓力，都覺得不自在。若是這樣，你就不是成菩薩的料，不是成佛

的料。如果你真正能從心裏去遵守規矩、受持戒律，這本身就是一種清淨，一種自在，根本不會感到有壓力。若不是發自內心的，肯定有壓力。

我在講隨喜支，你是不是真正歡喜？若是真正歡喜就不難了。希望大家用心去體會。

乙五、請轉法輪支：

> 十方所有世間燈，最初成就菩提者，
> 我今一切皆勸請，轉於無上妙法輪。

「請轉法輪」也要站在普賢行願的角度。首先要深信，在一個極微塵中有整個極微塵數的佛，每一尊佛都由眾菩薩圍繞著。自己在無量無邊的佛菩薩面前祈請轉法輪。

當時我們的佛祖釋迦牟尼佛在印度的菩提樹下成道後，七七四十九天沒有轉法輪，沒有傳法。帝釋王、梵天王以及很多天界的眾生，都拿著千輻法輪、右旋海螺等各種供品來請轉法輪，然後佛才開始轉法輪。

佛在三大阿僧祇劫中積累了資糧，成就了佛果，就

甲二　經義

是為了轉法輪。我們現在發菩提心，佛當時也發菩提心。佛發菩提心是為了救度眾生，沒有其他的目的。但是他為什麼沒有直接去度化眾生呢？佛知道，若是不成道，沒有轉法輪的能力，就度化不了眾生。他不是為了自己的解脫，也不是為了自己的成就，而是為了眾生。佛經歷了三大阿僧祇劫的苦修，最後成道了，本具的智慧現前了，功德圓滿了。雖然他要轉法輪，但是他沒有直接轉法輪，而是在菩提樹下安坐了七七四十九天。佛為什麼等眾生來請轉法輪呢？這是有密意的。他是想讓眾生知道，求法不容易，得法更不容易。他不是在體現自己的無上，而是在體現佛法的無上。

在積累資糧的方法中，為什麼有請轉法輪的修法呢？這是讓眾生知道自己應該有希求正法的心，要知道佛法的高尚，要知道佛法的珍貴。佛經歷了無數的苦難，最後才得到了法。雖然佛知道眾生苦，知道眾生需要正法，但是佛沒有立即轉法輪，不是佛不慈悲，這也是一種攝受眾生、度化眾生的方便。佛想讓眾生知道求法不容易，得法更不容易。應該有這樣的精神和毅力，要恆時「請轉法輪」，恆時希求正法，這樣正法才能融入相續，才能利益眾生。

聖尊普賢行願之王—普賢行願品講記

梵天王、帝釋王都是天界的尊主。他們拿著那些不可思議的供品來求法，來請轉法輪，佛才開始轉法輪。佛是想讓眾生知道：佛法要從虔誠心、恭敬心、信心中求得。否則，就不能得到佛法，不能得到正法。雖然佛出世了，也轉法輪了，佛法也還沒有隱沒；雖然你遇到了佛法，也在這麼殊勝的道場修行，但是你看看自己對佛法、對正法有沒有信心和恭敬心？有沒有強烈的歡喜心和希求心？其實這種歡喜心和希求心就是信心和恭敬心。有多大的信心，有多大的恭敬心，就能獲得多大的利益。

其實，無論佛示現成佛還是示現涅槃，佛的事業都是任運自成、恆常不變、自自然然的，佛並不需要通過你的祈請然後才轉法輪。那我們是不是不用修請轉法輪了？也不是。雖然佛的事業在一切處、一切時中恆時存在、普遍存在，但是法要通過眾生的善根和福德才能體現出來，這叫「請轉法輪」。眾生要有請轉法輪的心。在無量無邊的佛面前都有一個自己，發請轉法輪之心，去希求正法。希求正法的同時，相續中也在轉法輪。佛法只有通過眾生的善根，才能體現出它的作用。

請轉法輪就是有希求正法之心。如此，佛法的存在和作用就在當下。所以，眾生都應該修「請轉法輪」，

應該在諸佛菩薩以及上師善知識面前經常希求正法，祈請轉法輪，提高自己對佛法的信心與希求之心。這也是磨練自己、修煉自己的方法。

同時，我們也要勸請自己轉自心的法輪，提起自己的正念，提高自己的境界，這是最究竟的請轉法輪。心中的法輪一日不轉，一日就會陷於迷亂；心中的法輪一處不轉，一處就會顯現障礙。經常勸請自己心中的法輪常轉，就是時時提起善念與正念，增長自己的善根，提高自己的境界。其實所謂的「佛」就是我們的自性。「勸請轉法輪」也就是讓自心本具的功德和智慧顯現。

請轉法輪不要總向外找、向外求。佛在心中，真正的法輪也在心中。應該向心中的佛勸請轉法輪，開啟自己的智慧，增長自己的善根，遣除自己心靈和相續中的無明黑暗。祈願正法久住，也應該讓正法在自己的相續中常住。究竟來說，就是現見本性，回歸當初，這樣才有正法久住。否則，正法不可能久住。正法怎麼才能久住？心之自性就是究竟的正法，讓自性顯現，相續不離它的光明，正法就能久住。正法要久住在眾生的心相續中。

恆修請轉法輪支，能遣除謗法罪、捨法罪，生生世世不墮入邪見的黑暗中。這是最基本的功德和利益。

聖尊普賢行願之王——普賢行願品講記

請轉法輪是普賢菩薩的十大願王之一。當時，普賢菩薩跟善財童子講：

「復次，善男子！言請轉法輪者：所有盡法界、虛空界十方三世一切佛剎極微塵中，一一各有不可說不可說佛剎極微塵數廣大佛剎，一一剎中念念有不可說不可說佛剎極微塵數一切諸佛成等正覺，一切菩薩海會圍繞，而我悉以身口意業種種方便，殷勤勸請轉妙法輪。如是虛空界盡、眾生界盡、眾生業盡、眾生煩惱盡，我常勸請一切諸佛轉正法輪，無有窮盡。念念相續無有間斷，身語意業無有疲厭。」

「言請轉法輪者：所有盡法界、虛空界十方三世一切佛剎極微塵中，一一各有不可說不可說佛剎極微塵數廣大佛剎，一一剎中念念有不可說不可說佛剎極微塵數一切諸佛成等正覺，一切菩薩海會圍繞。」這是請轉法輪的對境。

「而我悉以身口意業種種方便，殷勤勸請轉妙法輪。」在佛或上師面前請轉法輪的方式應該是多種多樣的，即「種種方便」。

當時佛陀初次轉法輪的時候，梵天王、帝釋王等天

界的眾生，拿著不可思議的供品來求法，來請轉法輪，這是一種方便。也不是僅僅用這種方法求法、請轉法輪。雖然在佛、上師面前也許你會有一些所謂的過患，但這也許也是一種請轉法輪的方式。不要感到懊惱，念一轉就會變成修行。通過你的一些行為、一些做法，佛和上師也能開導眾生，也能引導眾生，也能輾轉法輪，同時可以驅除眾生心靈上的無明黑暗。

佛無處不在，佛的事業也是無處不在的，主要是你自己要有恭敬心和信心，能提起正念和善念。若能這樣，可以說當下就是請轉法輪。其實我們的一舉一動、所作所為都可以變成請轉法輪。若是能轉念，佛時時刻刻都在給你轉法輪。

「釋迦牟尼佛共轉了三次法輪，但都已成為了過去。將來彌勒菩薩也會轉法輪，但是對我們來說那是將來的事。我們現在是不是不能遇上轉法輪了？」不用擔心。佛無處不在，若是能提起正念，你隨時都可以請轉法輪，佛隨時也都可以給你轉法輪。

所謂「殷勤勸請轉妙法輪」，請轉法輪不是那麼輕容易的，要通過勤奮努力，通過堅韌不拔的毅力和不可動搖的信念來請轉法輪。請轉法輪還要有恭敬心、真誠

心和信心。若是能夠輾轉法輪，通過佛法，通過正法，可以讓眾生獲得暫時的安樂和究竟的利益。暫時的安樂是什麼？就是我們所求的平安、健康等。這些利益，佛法都能成辦，佛法都能賜予你。究竟的利益是什麼？就是能令眾生滅除煩惱，永遠地解脫煩惱和痛苦；能增長福德和智慧，究竟圓滿，即身成佛。我們現在覺得飛機、火箭對眾生很有利益，其實正法的力量和對眾生的利益才是不可估量、無法想像的，所以叫「妙法輪」。

佛法妙在哪裏？就是暫時和究竟的利益都能獲得。即使你用高科技也做不到這些，無法能夠擺脫煩惱，無法能夠獲得解脫，你的福德和智慧無法圓滿，你無法成佛其他所謂世間的平安和健康也很難得到。若是能做到，就可以不得病，可以不死亡。然而，世上哪有不得病的人？哪有不死亡的人？利用高科技手段的這些人，他們也一樣有煩惱，一樣有痛苦。高科技無法能夠解決的問題，通過佛法和正法能夠解決，所以叫「妙」。如果你想獲得佛法的利益，就要向佛勸請轉法輪。

請轉法輪支是必不可少的一種修法，所以你要以信心和恭敬心求佛法、求正法。佛可以給你轉法輪，通過這樣的方法和渠道，在你的心相續中可以提起正念和善念，同

甲二 經義

時增長你的善根，提高你的正見，這是佛給你轉的法輪。這樣你才能獲得這些暫時和究竟的利益。如果你以這種堅定的信念和毅力去求法，向佛請轉法輪，佛為你轉法輪，佛的法輪就會在你的心相續中轉起來，你自然就能獲得這些利益。如此善妙殊勝，所以叫「妙法輪」。

「如是虛空界盡、眾生界盡、眾生業盡、眾生煩惱盡，我常勸請一切諸佛轉正法輪，無有窮盡。念念相續無有間斷，身語意業無有疲厭。」這是當時普賢菩薩給善財童子講的，這就是所謂的普賢行願，都是以無盡來進行總結。

修請轉法輪也是普賢行願，我們今天講得很清楚、很徹底。大家應該用心去體會，好好地修持。如是地修，才能進入不可思議之解脫境界，才能解脫，才能成佛。如果你想解脫，你想成佛，就要這樣去做。

乙六、請佛住世支：

諸佛若欲示涅槃，我悉至誠而勸請，
唯願久住剎塵劫，利樂一切諸眾生。

當時，我們的佛祖釋迦牟尼佛對阿難說了三遍，說

聖尊普賢行願之王——普賢行願品講記

97

自己快要涅槃了，但阿難沒有聽到，因為魔王把阿難的耳朵堵住了。佛獨自來到一棵大樹下安坐，這時魔王過來了，祈請佛陀入涅槃，佛答應了。當佛要涅槃時，有一位叫珍達的居士知道了，於是非常懇切地請佛住世。佛為了滿足他的請求，繼續在世間住了六個月。佛的這種示現是為了教化我們這些眾生，教我們這些後學者要祈請佛不入涅槃。這也是度化眾生的一種方便。

佛住世、不入涅槃，佛的事業就住世；佛的事業住世，對眾生的利益就在當下。現在我們也要站在普賢行願不可思議的境界裏去修請求不入涅槃。

其實佛沒有涅槃的時候，佛的事業也沒有隱沒的時候。所謂的涅槃、隱沒只是示現而已。一些機緣下，佛示現成佛；一些機緣下，佛示現涅槃；一些機緣下，佛法示現住世；一些機緣下，佛法示現隱沒。實際上佛是不生不滅、不來不去、恆常不變的，佛的事業也是無處不在、無時不在、任運自成、恆常不變的。

佛與佛的事業都是遠離二邊、不生不滅、無來無去的。而我們現在為什麼要請求不入涅槃呢？我們要明白這種真相，要去證悟這種真理。我們現在講普賢行願不可思議的境界——佛和正法無處不在、無時不在。這就

甲二　經義

是諸法的實相與本性，也是我們的自性，我們要盡力讓它顯現，這樣你就明白了、深信了。當你證悟了自性，恆時安住於自性與法界當中，佛就恆時不離開你，佛法也恆時不離開你。

請求不入涅槃，就要請求自性佛不入涅槃。我們已經迷失了自性，現在不要再迷失了，這叫請求不入涅槃。佛不會涅槃，主要是我們自己是否有智慧。若是我們有智慧，佛是恆時存在的，是恆時不離自己的。我們隨時隨地都和佛在一起，隨時隨地都和佛無二無別。這樣就不用再到處去找佛，也不用到再處去求法了，如同《大圓滿願文》中所說的「尋覓修行自己徒勞因」。自己和佛無二，永遠都在佛的境界當中，如同水融入水。所以別到處跑、到處找高深的法。你是找不到的。

請佛住世也是普賢菩薩十大願王之一。當時普賢菩薩給善財童子講：

「復次，善男子！言請佛住世者：所有盡法界、虛空界十方三世一切佛剎極微塵數諸佛如來，將欲示現般涅槃者，及諸菩薩、聲聞、緣覺、有學、無學，乃至一切諸善知識，我悉勸請莫入涅槃，經於

一切佛剎極微塵數劫，為欲利樂一切眾生。如是虛空界盡、眾生界盡、眾生業盡、眾生煩惱盡，我此勸請無有窮盡。念念相續無有間斷，身語意業無有疲厭。」

「善男子！言請佛住世者：所有盡法界、虛空界十方三世一切佛剎極微塵數諸佛如來，將欲示現般涅槃者，及諸菩薩、聲聞、緣覺、有學、無學，乃至一切諸善知識。」這是請佛住世的對境。

「我悉勸請莫入涅槃。」在那麼多佛、菩薩、聲聞、緣覺、上師善知識面前都顯現出一個自己，拿著不可思議的供品去請求不入涅槃。這種境界完全可以達到。

「經於一切佛剎極微塵數劫。」佛答應不入涅槃，要住世多長時間？不是一年、兩年或者十年、一百年，而是要這樣永住，永遠不入涅槃。入涅槃是一種示現。佛可以恆時住世，但只能在眾生的心相續中恆時住世，而不是在紅塵中。因為究竟的佛就是我們的心性、自性，它是可以恆住的。

「為欲利樂一切眾生。」要利益一切眾生。

「如是虛空界盡、眾生界盡、眾生業盡、眾生煩惱盡，我此勸請無有窮盡。念念相續無有間斷，身語意業

無有疲厭。」

《普賢行願品裏》所講的很多境界都是不可思議的。真正的佛法就是這樣，就是不可思議的境界。你不明白是你的問題，你無法體會也是你的問題。因為你還沒有放下分別念，還沒有破除迷惑，所以進入不了這種狀態，也無法顯現這種不可思議的境相。這是普賢行願，是佛菩薩所證得的，所以我們要深信。而你自己通過努力修行，也一定能達到這樣的境界。

無論是請轉法輪還是請求不入涅槃，只有以虔誠心和恭敬心、以及堅韌不拔的毅力才能圓滿。但若是沒有智慧，也很難領悟。

乙七、迴向支：

所有禮讚供養福，請佛住世轉法輪，
隨喜懺悔諸善根，迴向眾生及佛道。

善根和福德要及時迴向。大家應該有智慧，要懂得善根和福德才是真正的珍寶。善根第一，生命第二，財產第三。我們能積累些許的善根都是非常不容易的。佛

經中有一個比喻：猶如黑夜裏的閃電，在眼前瞬間亮了一下。以此來形容眾生相續中生起的善念，就像閃電一樣非常短暫、稀有。

我們也可以觀察一下自己：雖然每天都在修法，表面上很精進，但都只是在形式上做。真正發自內心，從心裏生起的善念非常少，也非常短暫，所以積累善根很不容易。現在我們得到了人身，而很多眾生連人身都沒有得到；我們還遇到了佛法，而很多眾生根本遇不到佛法；我們每天還可以學修，而很多學佛人都沒有這樣殊勝的學修機緣和條件。儘管如此，我們真正發自內心學佛修行的時候也是非常少。我們這樣一步步仔細地想，最後才會明白我們現在是多麼幸運。你明白了以後，才知道這樣的機緣是多麼珍貴，然後才會珍惜。

六道輪迴裏有無量無邊的眾生，大部分都在三惡道裏感受痛苦，根本就沒有學佛修行的機會，更沒有斷惡行善的機會。在「暇滿難得」的課程裏講過，三惡趣的眾生猶如整個大地的微塵，天界和人道的眾生猶如指甲上的微塵。和三惡道的眾生相比，天界和人道的眾生非常少，幾乎沒有，尤其是遇到正法的人就更少了。大部分人都遇不到正法，也沒有真正斷惡行善的機會。遇到

正法的人裏，學佛修行的內外條件都具備，每天都在學佛、修行的人更沒有幾個！我們現在每天都可以聞法、修法。若是自己能精進，二十四小時都有學佛修行的機緣和條件。無論是在漢地還是在藏地，這樣的人都非常少。真的，大家要明白，為什麼我們遇上了這麼好的機緣呢？這是我們宿世修來的福報。人身難得我們已經得到了，佛法難聞我們已經聞到了，還有這麼好的學佛修行的機緣和條件，若是自己能精進，隨時都有成佛的可能啊！

當我們觀察自相續的時候，就會知道：真正從心裏行善、修法的人非常少。晚上就不用說了，能在睡夢中修行的人有幾個？在白天的十幾個小時中，要用幾個小時來做飯、吃飯，而能邊吃飯邊修行的人沒有幾個。絕大多數的人，吃飯的時候，不是貪心就是無記，沒有惡念就不錯了。在外面散步的時候也是如此。即使是上早晚課、上座或聞法的時候，也要反省一下：自己提起正念了嗎？是發自內心的嗎？真的，大家應該仔細這樣觀察。我今天為什麼要講這些呢？就是為了能讓你們了解自己。

生起善念不容易，真正能積累點善根更不容易。現

聖尊普賢行願之王——普賢行願品講記

在我們可以觀察一下自己的修行：上早晚課的時候，雖然姿態擺得都挺好，念得也很流利，但發自內心地懺悔了嗎？真正提起正念了嗎？沒有吧！上座的時候，是不是發自內心的？有的人根本沒有上座，在那邊做些無關緊要的瑣事，一個小時就這樣過去了，這叫虛度光陰！雖然有的人在表面上坐了，但不是昏沉就是散亂，真正生起正念了嗎？真正進入狀態了嗎？沒有吧！聞法的時候，好多人都是心不在焉，愁眉苦臉的。根本沒有用心聽，沒有從內心裏對正法、對佛生起歡喜之心。有的人雖然身在參加百日共修，每天都在學佛修行，但是善念、正念非常少！

　　為什麼說生起善念、積累善根非常不容易呢？就是這些原因。只有這樣仔細觀察以後，才能知道它的珍貴和稀有。一旦積累了一點點的善根，應該立即迴向，因為太不容易了，太珍貴了！六道裏那麼多眾生都沒有得到人身，都不能積累善根，而我們有這個機會，真的不容易。在這麼多年的學佛修行過程中，雖然每天在表面上努力了，但是真正能積累點善根，特別不容易。

甲二　經義

　　為什麼說「善根第一」呢？為什麼說「善根比生命還珍貴」呢？就是因為積累善根不容易。我們都認為如

意寶珍貴，因為如意寶稀有難得。能得到如意寶的人幾
乎沒有，如果有人得到了，那麼這個人太有福報了。善
根也是，如此珍貴的東西應該保存好，應該立即迴向，
否則不安全。若是相續中生起了邪見或者嗔恨心，善根
立即會被毀壞，就像被火燒死的種子一樣。稍微有了一
點點善根，若是被毀壞了，這是多大的損失啊！對一個
智者來說，這是一件多麼令人痛心的事啊！

　　對智者而言，積累善根太不容易了，善根太珍貴
了。善根是要以生命來修持、積累的，是要拿生命來保
護的。與善根相比，生命算什麼啊？在六道輪迴的過程
中，我們失去過多少的生命啊！失去生命是最容易的一
件事，而積累善根是最不容易的一件事！所以，對智者
來說，失去多少的生命都不算什麼，但若是失去善根，
損失就太大了，是最令他傷心的事。

　　你自己看看，你是智者嗎？是修行人嗎？你是不是
拿生命來保護自己的善根的？不是吧！根本沒有認識到
善根的珍貴，根本沒有去珍惜善根。很多時候都特別大
方：「行，我的善根可以給你。」要獻出一點點財和力
的時候就不行了。今天要捨掉財產，哪怕是幾百塊錢都
不行；稍微幫別人點忙——幫他人拿點東西、做點事都

聖尊普賢行願之王——普賢行願品講記

不行。對善根卻不在乎，誰要都給，特別大方。這種人哪有善根？根本沒有善根，怎麼給別人？這種人是不會有善根的，因為他根本沒有明白什麼叫善根。若是他明白，他會這樣大方嗎？那麼吝嗇身體，吝嗇財產，對善根卻特別大方，這是顛倒！

對一位智者、一個真正的修行人來說，善根第一，生命第二，財產第三。對照一下自己，你是個什麼樣的人？根本談不上是修行人。一位智者，一個有修行的人，一定會想盡一切辦法去保護善根。因為他們知道積累善根太不容易了，善根太珍貴了，而解脫成佛唯一要靠的就是善根，不是靠錢財，不是靠權力。

現在很多人說自己是學佛修行人，但是卻到處積累錢財，爭奪權力。一個智者、一個修行人應該是日日夜夜求解脫，日日夜夜求成就的，他們把一切希望都寄托在善根上。對他們來說，一旦善根沒有了，那是多大的損失，那是多麼令人氣憤、令人難過的事啊！失去了世間的福報，我們可以哭泣；失去了錢財，我們可以哭泣；失去了親人，我們可以哭泣。若是因為剛才的嗔恨而毀壞了善根，為了這個損失，你掉過眼淚嗎？沒有吧？根本沒當回事！

嗔恨心是毀壞善根最大的違緣。若你是個珍惜善根、保護善根的人，會輕易生起嗔恨心嗎？絕對不會的！為什麼要及時迴向呢？就是這個原因。只有及時迴向了，才能真正留住相續中的善根，才能真正保護善根，令善根安全。

迴向有很多方法，有迴向給自己的，也有迴向給眾生的。為什麼迴向給自己？其一，是為了自己能獲得暫時的利益、人天的福報。其二，是為了自我解脫。如果善根迴向了，一般情況下是不會浪費的。若是迴向給自己，善根太小了。因為你迴向給自己，只是利益自己一個眾生。若是為了自己能獲得暫時的利益、人天的福報而迴向給自己，即使你得到的再多，也不離痛苦的本性，以後還要輪迴。積累點善根多不容易啊！如果你迴向給自己，將這麼珍貴的東西變成了世間福報的因。通過這個善根，最終只得到了暫時的、微小的利益，還是離不開痛苦，離不開煩惱，這樣太沒有意義了！這是浪費自己的善根，浪費自己的福報。如果為了自我解脫而迴向給自己，也許能獲得解脫，但這還是自私自利，你的福德和智慧都不會圓滿。即使自己獲得了解脫，也是暫時的。所以這些都是不究竟的。

　　迴向給家人、迴向給親朋好友、迴向給有緣眾生，為了他們能獲得暫時或究竟的利益，這樣也可以，但這也是不究竟的。因為你迴向的對境是有限的，所以這個善根也是有限的。

　　那應該怎麼辦？大乘佛法裏講的迴向要具備兩個條件：一個是迴向給一切眾生，一個是迴向給菩提。眾生無量無邊，善根也會變成無量無邊。我們迴向善根，願成為眾生成佛的因，這是無上的、究竟的果位。既不是願善根成為他們獲得人天福報的因，也不是願善根成為他們獲得阿羅漢和獨覺佛的果位的因，而是成為成佛的因，成就菩提果的因。這樣又迴向給菩提了，迴向也具備了菩提心。

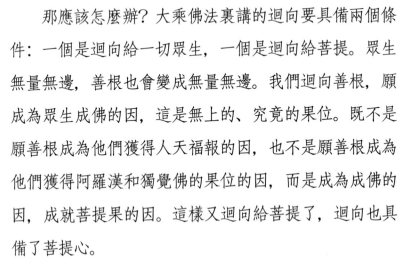

　　佛在經中講：「水滴落入大海中，海未乾涸其不盡。迴向菩提善亦然，未獲菩提其不盡。」一滴水放在大海裏，大海未窮盡，這一滴水也不會窮盡。同樣，如果善根迴向給眾生，迴向給菩提，善根就不會有窮盡的時候。

　　現在我們講普賢行願，我們迴向的時候，也應該站在普賢行願這樣不可思議的境界裏做迴向。什麼叫普賢行願？什麼是不可思議的境界呢？在一個極微塵中有整個極微塵數的佛。無論是佛還是淨土，都是無處不在

的。處處都是佛，處處都是淨土。為什麼我們感覺不到呢？為什麼看不到呢？這是因為我們有業障。

其實，善根也是周遍的，也是恆常的。無論是我們的善根還是眾生的善根、佛菩薩的善根，處處都有。只是現在這些善根沒有在眾生的相續中成熟而已。若這些善根成熟了，當下就會現前本具的光明與智慧，這樣眾生當下就能證菩提果，當下就成佛了。所以，我們現在把這些善根迴向給眾生，發願在無量無邊眾生的相續中成熟這些無量無邊的善根。

眾生為什麼不解脫、不成佛呢？主要就是因為這些善根在眾生的相續中沒有成熟。眾生的相續沒有清淨，還有染污，所以本具的光明沒法顯現出來。這些善根在眾生的相續中成熟的同時，眾生的相續也就清淨了，就沒有這些罪障了，本具的光明現前，當下就證菩提果，當下就成佛了。這是最究竟、最圓滿的一種迴向。現在我們修普賢行願，就要站在不可思議的境界裏，做這樣一個不可思議的迴向。

這是迴向支的偈頌。我們把前面所修持的頂禮、讚嘆、供養、請佛住世、請轉法輪、隨喜、懺悔等等一切善根迴向給眾生，願眾生早證菩提，早成佛道。我們既

可以站在世俗諦的境界做迴向，也可以站在勝義諦的境界做迴向。現在我們修普賢行願，應該站在這樣一個勝義諦、不可思議的境界裏做迴向。

在普賢菩薩的十大願王裏，「普皆迴向」是最後一願。前面我們講了禮敬諸佛、稱讚如來、廣修供養、懺悔罪障、隨喜功德、請轉法輪、請求不入涅槃。常隨佛學、恆順眾生這兩願在後面再講。我們按偈頌首先講的是七支供，迴向支是七支供的最後一支。

普賢菩薩當時對善財童子講：

「復次，善男子！言普皆迴向者：從初禮拜乃至隨順，所有功德，皆悉迴向盡法界、虛空界一切眾生，願令眾生常得安樂，無諸病苦。欲行惡法皆悉不成，所修善業皆速成就。關閉一切諸惡趣門，開示人天涅槃正路。若諸眾生，因其積集諸惡業故，所感一切極重苦果我皆代受。令彼眾生悉得解脫，究竟成就無上菩提。菩薩如是所修迴向，虛空界盡、眾生界盡、眾生業盡、眾生煩惱盡，我此迴向無有窮盡。念念相續無有間斷，身語意業無有疲厭。」

「言普皆迴向者：從初禮拜乃至隨順，所有功德，皆悉迴向盡法界、虛空界一切眾生。」這是迴向的對

境。包括前面講的禮敬、讚嘆、供養、懺悔、隨喜、請轉法輪、請佛住世以及常隨佛學和恆順眾生，這一切所有的功德都迴向。

「願令眾生常得安樂，無諸病苦。」我們將功德和善根迴向了，願以此令眾生恆常獲得安樂，不要有這些病苦等磨難和痛苦。

「欲行惡法皆悉不成。」很多人正在造惡業，甚至在造不該造的惡業。若是眾生想去做惡業，通過我們這些善根的力量，令其出現重重違緣障礙，不要成功。

「所修善業皆速成就。」若有眾生想修善法，想做善事，願通過我們善根的力量，祛除他們的違緣障礙，令其善法迅速成就。

「關閉一切諸惡趣門，開示人天涅槃正路。」願通過我們迴向的善根，令眾生關閉一切諸惡趣門，開示暫時獲得人天果位、究竟獲得涅槃之正路。如果眾生造惡業，將來就要墮落惡趣，所以要關閉將來墮落惡趣的門；如果眾生行持善法，暫時能獲得人天的安樂，究竟能獲得四聖的果位，所以要開顯將來投生善趣、獲得四聖果位的門。

「若諸眾生，因其積集諸惡業故，所感一切極重苦

聖尊普賢行願之王—普賢行願品講記

果我皆代受。」無始劫以來，眾生造了很多的惡業。眾生因此而在惡趣中承受這些果報，感受極其嚴重的苦果時，我皆代眾生受苦，不讓眾生感受痛苦。我們就要修這樣一個勇敢的心，替眾生受苦。「眾生因造惡業而遭受惡果的時候，由我來代受，由我來承擔。」要發這種自他交換的菩提心。

「令彼眾生悉得解脫，究竟成就無上菩提。」願眾生得解脫，通過修持而能獲得無上菩提的果位，即成佛。

「菩薩如是所修迴向，虛空界盡、眾生界盡、眾生業盡、眾生煩惱盡，我此迴向無有窮盡。」「虛空界盡、眾生界盡、眾生業盡、眾生煩惱盡」都是不可能的。即使有一天都窮盡了，此迴向無有窮盡。

「念念相續無有間斷，身語意業無有疲厭。」迴向也是恆時的。我們若是能站在普賢行願的角度，在這樣不可思議的境界中去做迴向，這個迴向是無有窮盡的。若是這樣，念念相續也是無有間斷的，身語意業也是無有疲厭的。

迴向還有三輪體空的迴向和相似三輪體空的迴向。如果你能站在普賢行願的角度去做迴向，也就包括了三輪體空的迴向。

平時我們做迴向，應該有三輪體空的攝持，這是證悟空性的見解與智慧。也許有人會疑惑：「我的善根怎樣能迴向給一切眾生的呢？通過我的善根，一切眾生怎樣能獲得殊勝、究竟的菩提果呢？」只有你站在三輪體空的角度，站在空性、緣起性空的境界裏去想去做，才能想明白，才能做得到。

迴向的對境——眾生、所迴向的善根、迴向者自己，這叫「三輪」。「體空」指無有自性。無論是普賢行願的境界，還是我們現在所講的「三輪體空」，這些只有在你真正證悟空性以後，才能真正了知，才能真正做到，之前很難。

大家現在做迴向時，好像沒有什麼可難的，好像很容易，其實不是這樣的。這是因為你根本沒有仔細去想，沒有用心去體會，沒有如理如法地去做。只有你用心想了、領會了，如理如法地做了，才知道這個不容易，這不是一般人能做到的。你現在還沒有意識到有這麼難，甚至連存有疑惑的心念都沒有生起來，僅僅是在表面上做，在表面上修而已。

為什麼每天都講這些？希望大家不要總是在一個層次上停滯不前。否則，不會有進步，更不會有成就。應

聖尊普賢行願之王——普賢行願品講記

該深入一點，再深入一點！應該提高一點，再提高一點！你們總是停留在這樣一個層次裏，覺得自己能盤腿、能把儀軌偈頌流利地念出來就可以了。其實這都不算什麼。直到成佛的時候，你才會徹底明白。直到你成佛的時候，覺性才是圓滿的，之前不會有圓滿的。

如果大家不想解脫、不想成佛，留在山上也沒有意義，不要在這裏浪費光陰。如果大家是真心想解脫、想成佛，就實在一點，應該用佛法來對照自己，用佛法來改變自己。應該每天都有進步，每天都有變化，每天都能更深入地領會佛法，每天都能提高自己的境界，這是很重要的！否則，想成就是很難的。

乙八、（願差別）分十六：一、修煉意樂清淨；二、不忘菩提心之道；三、自在無礙行；四、利益有情；五、披精進甲；六、會遇同分菩薩；七、令善知識歡喜；八、常見如來常興供養；九、攝持正法；十、得無盡藏；十一、趣入；十二、力；十三、修習對治；十四、菩薩諸業；十五、隨學諸佛菩薩的迴向；十六、淨土願。

丙一、（修煉意樂清淨）分三：一、修煉常隨佛學意樂；二、修煉莊嚴國土意樂；三、修煉利樂有情意樂。

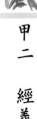

甲二　經義

114

丁一、修煉常隨佛學意樂：

> 我隨一切如來學，修習普賢圓滿行，
> 供養過去諸如來，及與現在十方佛。
> 未來一切天人師，一切意樂皆圓滿，
> 我願普隨三世學，速得成就大菩提。

「我隨一切如來學，修習普賢圓滿行」：這裏主要表達的是一種希求，發願要向十方三世一切諸佛學習圓滿的普賢行，也可以說學習一切諸佛菩薩的思想和行為。

對佛菩薩的思想和行為有歡喜心、希求心，叫「願」。這個願很重要。為什麼要發願呢？如果對佛菩薩的思想和行為沒有歡喜心、希求心，就不會去學修這些。不去學修這些，相續中就不可能產生這些思想和行為。為什麼說「信心有多大，成就有多大」就是這個原因。你喜歡和希求的程度決定你成就、圓滿的程度。信心與願望越強烈，成就的速度也越快。

我們是不是有歡喜心？是不是有希求心？若要有歡喜心和希求心，首先要明白什麼是佛菩薩的思想、佛菩薩的行為。佛菩薩的思想和行為就是發菩提心、行菩薩

道。你對發菩提心、行菩薩道是不是有強烈的希求？只有明白了什麼是發菩提心、行菩薩道，才會有特別強烈的歡喜心和希求心。那時你自然就會發菩提心，自然就會行菩薩道，比如布施、持戒、忍辱、精進、禪定、智慧等六波羅蜜多。佛菩薩通過發菩提心、行菩薩道，最後都獲得了永久的解脫，獲得了斷證功德圓滿的果位。所以我們現在要跟他們學。

若是要解脫、要成佛，就要發菩提心、行菩薩道，就要斷除自私自利的心態，要具有究竟的利他心，要學修菩薩的學處，即六度萬行。

佛成道時講：「我有解脫、圓滿的方法可以教給眾生。」每一個眾生都有佛性，都能解脫，都能成佛。若是想解脫、想成佛，就要按佛的要求和方法去做。我們現在沒有發什麼特殊的願，只是決定了要跟佛學。因為我們也想解脫，也想圓滿啊！

世間所有的眾生都想解脫，都想圓滿。無論是人還是動物，之所以晝夜不停地四處奔波，都是為了擺脫煩惱、解脫痛苦，其實也就是希求解脫，希求佛果，只是沒有這樣表達而已。一說「要解脫、要成佛」，很多人都認為這是很神秘的東西，認為這是宗教的一種說法，

甲二 經義

其實不然。所謂「成佛」就是福德和智慧都達到圓滿。每個眾生都在渴求這樣的結果！

解脫成佛的方法只有佛有，因為現在唯一解脫、成佛的只有佛。唯有佛擺脫了煩惱和痛苦，唯有佛圓滿了福德和智慧。他已經實現了自己的願望，已經達到了自己的目的。我們現在就要相信這些。我們只能跟佛學，以佛為究竟的導師，按佛的方法和要求去做，最後才能徹底解脫，徹底圓滿。我們如果想解脫成佛，就不能將天魔外道、世間的神以及其他的眾生視為究竟的導師，不能跟他們學修。雖然人、天人、旁生以及餓鬼等眾生都在追求解脫、追求完美、追求圓滿，但是他們的所思所想和所做所行都是背道而馳的，都是輪迴的因，都是痛苦的因，因為他們沒有智慧。「我隨一切如來學」，就是跟佛學，跟如來學。諸佛如來解脫的方法就是「修習普賢圓滿行」，普賢行願圓滿了，就可以徹底解脫，徹底圓滿了。

佛徹底解脫、圓滿成佛的方法就是修持普賢行願，就是發菩提心、行菩薩道。發菩提心是他們的所思，行菩薩道是他們的所行。他們是以這樣的思想和行為，最終解脫、圓滿了。我們要向佛學，就學普賢行願。現在這些菩

薩，尤其是這些得地的大菩薩，他們不是自己明白的，而是實實在在、真真切切地跟佛學了之後才明白的。他們的思想和行為才是解脫成佛的因，才是圓滿的因，他們在修學的道路上已經是不退轉的了。所以我們現在就要修習普賢圓滿行，修習普賢菩薩的思想和行為。

佛是通過學修這樣的思想和行為而最終解脫、最終圓滿的，所以我們現在也要學修這些思想和行為，這是解脫自己、圓滿自己唯一的方法。若是學修世間凡夫的思想和行為，不但不能解脫，不能圓滿，反而會事與願違，越來越煩惱，越來越痛苦。所以我們現在就要放下和斷除世間的這些思想、方法和手段，因為這些跟解脫都是背道而馳的。若要解脫、要圓滿，必須要跟佛學，必須要按照佛的思想和行為去做。

什麼是出離心？就是與世間的思想和行為背道而馳，斷除世間的思想和行為，對屬於世間的思想、行為不能有絲毫的貪戀，這樣才有真正的「我隨一切如來學，修習普賢圓滿行」。什麼是世間的思想？就是貪心、嗔恨心、愚癡、害心、邪思邪見等這些煩惱。什麼是世間的行為？就是殺、盜、淫、妄語、惡語、綺語、離間語等身語意的所作所為。

我在《〈噶當教言〉講記》中講過：「一切行為當中，最殊勝的行為是和世人相反。」如果你還存有世間的思想和行為，口裏卻說「我隨一切如來學，修習普賢圓滿行」，那是騙人的，最終騙的是你自己。「若是不隨一切如來學，不修習普賢圓滿行，就無法解脫成佛，不能圓滿。所以，我要隨一切如來學，我要修習普賢圓滿行！」這是你自己發的願！若是還沿襲世間的思想和行為，你就是在欺騙自己。最終你還是不能解脫，不能圓滿。因為你和世間法還沒有斷絕關係，還是沒有放下世間法。

我說過，發菩提心要有出離心的基礎。若是沒有出離心的基礎和前提，你還是沒有隨如來學，還是沒有修習普賢行。對照一下自己，是不是真正明白了？是不是真正想向一切如來學修普賢的行願？對這些是不是有真正的歡喜心和希求心？

「供養過去諸如來，及與現在十方佛」：「過去諸如來」就是過去世中所顯現的一切佛。「現在十方佛」是正在住世，正在示現成佛，利益眾生的這些佛。

「未來一切天人師，一切意樂皆圓滿」：「未來一切天人師」是指未來的一切佛。「天人師」指佛，佛是

聖尊普賢行願之王——普賢行願品講記

天界人間一切眾生的供養處，是天界人間一切眾生的引導者，所以尊稱為「人天導師」。這句偈頌可以這樣解釋：未來的佛中，如八地、九地、十地的菩薩快要成佛了，但還沒有真正成佛，願他們迅速成佛。有的已經在密嚴剎土成佛了，但還沒有示現成佛，願他們機緣都能成熟，迅速示現成佛。「一切意樂」指他們所具有的想成佛的心。「皆圓滿」指迅速成佛或者示現成佛。也可以這樣解釋：「一切意樂」也可以指我們的心願。我們想向過去佛學，向現在佛學，向未來佛學，希望這樣的心願都能迅速成就、圓滿。根據前後文的銜接，前一種解釋似乎更通順。

「我願普隨三世學，速得成就大菩提」：這是總結性的偈頌。我願普隨過去世、現在世、未來世的一切諸佛學，願迅速成就大菩提，即迅速成佛。「三世」指過去世、現在世、未來世。過去世的佛、現在世的佛、未來世的佛都是我們學修的榜樣。一切眾生都是未來佛，雖然在表面上看是應該向佛學，但實際上一切眾生也是我們學修的榜樣。

我們怎麼跟這些眾生學呢？從普賢行願的角度講，一切處都是淨土，一切眾生都是佛。是佛還是眾生，就

甲二　經義

看自己的心態。如果你心態不清淨，覺性沒有圓滿，對你來說，佛也是眾生；如果你自己的心清淨了，覺性圓滿了，對你來說，眾生也是佛。

佛是無處不在的。在你的世界裏，在你的心相續中，誰佔的位置最大，對你的觸動和影響最大，也許那個人就是佛，是特意來度化你的。你沒有意識到，這是你自己的問題。為什麼給你示現得那麼不清淨？為什麼示現上那麼令你討厭？是因為你的心不清淨，所以示現的境相也不清淨。這就是你自己的業障，因為一切都是唯心所現。

你覺得自己身邊最討厭的這個人就是佛，這就是「隨一切如來學」。什麼是普賢行？你能把他看成佛，能將他的所作所為都當做是一種磨練自己、修行自己的機會或竅訣，這就是「修習普賢圓滿行」。這裏說的是我們身邊最有緣的佛，其他的一切也都如是。一切萬事萬物、一切眾生都是你的導師，都是佛。無論是順境還是逆境，一切境相都是消除業障、積累資糧的機會和方法。

我給大家講過，一切眾生、萬事萬物都在給我們表法，讓我們開悟，這些就是殊勝的導師，就是所謂的佛

陀。若是真心想向十方三世一切如來學，若是真心想修學這樣圓滿的普賢行願，就要這樣認知。處處是佛，處處是法，所有這些顯現都在引導你，都在幫助你解脫。你只有真正明白了，真正做到了，才有「我隨一切如來學，修習普賢圓滿行」，才能「速得成就大菩提」。迅速、瞬間獲得圓滿菩提，成就圓滿果位，當下就圓滿了。我講過：「世上沒有完美，想開了、想通了就是完美。」一切清淨圓滿就在當下。能活在當下，才有一切清淨，一切圓滿。

丁二、修煉莊嚴國土意樂：

> **所有十方一切剎，廣大清淨妙莊嚴，**
> **眾會圍繞諸如來，悉在菩提樹王下。**

「所有十方一切剎」：十方所有清淨不清淨的一切剎土。「十方」概括了一切處。

「廣大清淨妙莊嚴」：十方所有的剎土都和西方極樂世界一模一樣。「廣大」就是無量無邊，無有邊際。「清淨」就是沒有業力和煩惱，一切的境相都不是由

業力和煩惱而顯現的。比如，輪迴就是由業和煩惱形成的。既遠離了業和煩惱，也不是業和煩惱的果，遠離了這樣的因和果，這叫清淨。「妙莊嚴」是形容與西方極樂世界一樣，山河大地、各種建築等都是由各種珠寶裝飾而成的，處處都是圓滿的。因為眾生喜歡珠寶，覺得這都是最珍貴的、最圓滿的，所以以珠寶為喻來形容清淨剎土。

「眾會圍繞諸如來」：這些淨土裏也有佛，由很多菩薩圍繞著。「眾會」是指眾菩薩。「圍繞諸如來」指圍繞著佛。在西方極樂世界，眾菩薩圍繞著阿彌陀佛，左邊是大勢至菩薩，右邊是觀音菩薩，無量無邊的菩薩圍繞在周圍。一切剎土不僅外器世界與西方極樂世界一樣，內情眾生也與西方極樂世界一樣。

「悉在菩提樹王下」：這些佛都在樹中之王——菩提樹下，發出無量的光芒。賢劫千佛都要在印度的菩提樹下示現成佛，所以「菩提樹」是成佛的一個代表。他們都在菩提樹下成佛，都在轉法輪。

十方所有的剎土都變得與西方極樂世界一模一樣，剎土中也有無量無邊的佛和菩薩，這也是願。其實，本來也是如此。「一塵中有塵數剎，一一剎有難思佛。」

處處都是淨土，處處都有佛；哪裏都有淨土，哪裏都有佛。大家現在就要發願，願我等一切眾生都能迅速成就這樣圓滿的菩提果位。

丁三、修煉利樂有情意樂：

十方所有諸眾生，願離憂患常安樂。
獲得甚深正法利，滅除煩惱盡無餘。

前面主要講的是外器世界，現在講的是內情眾生。

「十方所有諸眾生」：「十方」包括一切處；「諸眾生」指住於一切處的所有眾生，包括人及非人，有形和無形等一切眾生。

「願離憂患常安樂」：願眾生遠離身心疾病，遠離身體和心靈上的一切痛苦，遠離一切的不幸、災難，恆常獲得安樂，恆時住於安樂的狀態中。

「獲得甚深正法利」：願眾生都能遇到正法，都能真正修持正法，都能獲得正法的利益。

「滅除煩惱盡無餘」：願眾生的一切煩惱痛苦都滅除無餘。所斷的功德圓滿了，所證的功德也就圓滿了，

當下就是佛了。最終願眾生都能當下解脫，當下成佛。

十方一切眾生本來都是佛，本來就是清淨的，但現在都被罪障遮蔽了。願所有眾生都能獲得正法，都能滅除這些煩惱、罪障，都能發掘自己的佛性，當下解脫，當下成佛，當下圓滿。這就是普賢行願，這就是不可思議的解脫境界。我們現在就要修煉這樣的境界，盡量去領悟，盡量將自己的心安住於這樣殊勝的境界中去修煉。煉成時，當下就解脫了、圓滿了。這就是修煉意樂清淨。大家好好對照自己，好好修煉自己。

丙二、不忘菩提心之道：

> 我為菩提修行時，一切趣中成宿命。
> 常得出家修淨戒，無垢無破無穿漏。

「我為菩提修行時」：無上正等正覺的果位叫「菩提」。「我為菩提「指為了度化眾生，自己發誓發願修持成佛，為了度化眾生而希求這樣的果位。只有獲得了這樣究竟的果位，才有度化眾生的能力。

一個大乘行者學佛修行的目的就是為了度化眾生，

這是他唯一的願望。這裏體現的是一個大乘修行者的精神。大多數修行人都是求世間福報的，雖然修小乘法的聲聞和緣覺不求世間福報，但他們求自我解脫。大乘行者不求世間的福報，也不求自我解脫，也不求寂滅。大乘修行者當初的發心與唯一的願望是不墮輪涅二邊——既不墮落輪迴邊，也不墮落涅槃邊。為解脫、為成佛都不是大乘行者，最終為眾生才是大乘行者。他的解脫以及究竟的成就都是為了度化眾生，沒有其他目的。無論他是求往生還是求即身成佛，都是為了度化眾生。

我們現在修的是淨土法和大圓滿法。淨土法是臨終往生的方法，大圓滿法是即身成佛的方法。這兩種修法都不是為了自我解脫，不是為了自己功德圓滿，而是為了度化眾生。大乘行者修淨土求生西方極樂世界，迅速成就，迅速成佛，乘願再來度化眾生，這是他唯一的目的與願望。大乘行者求即身成佛，就是現在就要成佛，當下就要成佛，然後去度化眾生。他當下解脫，當下成佛，當下圓滿了，也是為了度化眾生。你仔細觀察一下自己的發心，無論你求生淨土，還是求即身成佛，都是不是為了度化眾生？

現在有的人心裏非常著急：「我什麼時候能度化眾

生？我什麼時候能把眾生都度盡了？」有這樣的精神，有這樣強烈的願望，可以確定你是一個大乘行者。普賢行願裏講的都是大乘佛法，講的都是大乘行者的願行——思想和行為。

「我為菩提」，就是為了度化眾生發誓修持成佛。這裏還有願菩提心和行菩提心的區別。願菩提心是為眾生要成佛，行菩提心是為了成佛要學修六度萬行。「萬行」是指一切菩薩的學處，這都是成佛的因。這兩種決心叫願菩提心和行菩提心，一個是為果而發的願，一個是為因而發的願。這是龍欽巴大士的一個殊勝的觀點。

發願行菩提心了，就要落實到行動中，就要學修自他平等、自輕他重、自他交換這三種願菩提心的學處。行菩提心的學處，即一切菩薩的學處都總集在六度裏，就是學修布施、持戒、忍辱、精進、禪定、智慧。從現在起，一直到證得菩提果即成佛之前，都要持續不斷地發這樣的願，不斷地行持這樣的道。不是今天機緣好，發願去做一做，明天不方便，就不去做了；不是今年我發心行持六波羅蜜，明年就不發心了——而是日日月月年年相續不間斷，一直保持這樣的思想與行為，乃至生生世世。

解脫、成就沒有這麼容易、這麼快。但是現在我們遇到密法了，尤其是遇到大圓滿法了，也許今生或現在就有解脫、成就的機緣，但這是特殊情況。而《普賢行願品》裏講的是大乘境界，大乘妙道，它講的不是密法，也沒有著重講大圓滿法。我們的佛祖釋迦牟尼佛經歷了三大阿僧祇劫的苦修，最後才成道。一般情況下，不可能在一生中就能獲得究竟的果位。雖然發菩提心、行菩薩道了，但還要經歷很多的生死輪迴！

「時」就是指在發菩提心、行菩薩道的過程中。

「一切趣中成宿命」：「趣」指我們投生的地方——六道。這是他的一種願望，一種希求。「一切趣中「指的是無論自己轉生到三善道——天界、阿修羅、人間，還是轉生到三惡道——旁生、餓鬼、地獄。「成宿命」，有一種神通叫「宿命通」，就是能憶念和回想起在過去世中自己所發的願和所做的事。最好有這樣的宿命通。自己所發的願不能忘掉啊，自己要做的事不能放棄啊！因為當時我們發願的時候，有十方三世一切諸佛菩薩及大德高僧們作為見證者，我們是在他們面前發心發願的。而且所發的願是「乃至菩提果「間，即從現在起一直到證得菩提果位——成佛之間，我發菩提心、行

菩薩道的這種思想和行為永不忘掉，永不放棄。這個願不能一轉生就忘記或捨棄了。所以願「一切趣中成宿命」，能想起自己過去世中所發的願，過去世中所做的事，然後，在今生也繼續發這樣的願，繼續做這些事。

想起、憶念這些就是為了繼承過去世中的願力，繼續發願，保持這樣的思想與修持。其實，你若是相信緣分，相信自己所具有的機緣，這也叫宿命通。宿命通不完全是去觀察和知道過去世中的那些事情，也不是要依靠肉眼和分別念。相信因果，相信緣分，就是宿命通。你現在遇到了佛法，並且能修持佛法，就說明你過去世中也肯定遇到過佛法，修持過佛法。否則，在今生今世中不可能遇到和修持佛法。你能對此深信不移，這叫宿命通。自己能在今生遇到大乘佛法，發菩提心，行持了大乘妙道，說明自己在過去世中肯定也發過菩提心，行持過菩薩道，今生才有這樣的機緣，對此你應深信不疑。現在自己發菩提心、行持菩薩道了，過去世中應該也是這樣，這就是自己的緣分，自己的使命。

你想知道過去，就看現在；想知道未來，也可以看現在。雖然現在是末法時期，但是能遇到佛法，遇到大乘佛法，就說明你在過去世中也修持過佛法，也是大

乘行者。尤其是你今生今世遇到了密法，遇到了大圓滿法，說明你過去很多世中修持過佛法，積累過殊勝的資糧，今生今世才有這樣的機緣。能得到人身、聞到佛法、遇到密法，而且對無上大圓滿法生起信心，這說明自己過去世中，不僅發過菩提心，而且還修持過無量的菩薩行。否則，不會有這樣殊勝的機緣。你現在要相信自己。

也許在修持佛法，修持大圓滿法的過程中會有一些違緣障礙，這說明你過去世中肯定也有同樣的一些因緣，也做過一些同樣的或類似的事情。所以你應該懺悔，更應該堅定信念，更應該保持正念。

一切的一切都和過去世有關聯。若是對此深信，也可以叫宿命通。要知道和明白過去世中的事，就要靠法眼和慧眼。相信因果、相信緣分，這叫法眼。知道事情的因緣，自己過去串習過什麼因，現在就會有什麼果。明白這樣的真相，深信這樣的真理，這就是慧眼。有法眼和慧眼，你就有宿命通了，這也是一種神通。

現在你應該相信：我現在能發菩提心，說明在過去世中肯定也發過菩提心，現在要繼續發；我現在行持菩薩道，說明過去世中肯定也行持過菩薩道，現在要繼續

行持菩薩道。就是要生生世世連續不斷地這樣做。

　　尤其是我們遇到了密法，遇到了大圓滿法，真的是離成佛不遠了，離圓滿不遠了，斷證的功德快要圓滿了。過去很多生生世世中所發的菩提心，所行持的菩薩道，都快要圓滿了，我們應該法喜充滿，應該迫不及待地企盼著：什麼時候圓滿啊？真的，快了！因為我們不但遇到了大圓滿法，而且對大圓滿法生起了信心。大圓滿法是九乘之巔，是即身成佛的方法，是當下解脫，當下成佛的方法。大圓滿法如同在山頂，其他無論是聲聞乘、緣覺乘，還是波羅蜜乘；無論是事部、行部、瑜伽部，還是瑪哈瑜伽、阿努瑜伽，都是爬山的過程。阿底瑜伽──大圓滿法是山頂。到了山頂就到達目的地了，就成佛了。

　　為什麼說大圓滿法是以果為道？它就是一個究竟的果位，就是山頂，是終點。根基分上等根基、中等根基、下等根基。上等根基也分為上等的下等、上等的中等、上等的上等。你有這樣的緣分與根基，遇上了大圓滿法，對大圓滿法生起了信心，說明你的根基是上等的上等。若是真正能明白，真正能深信，就在這兒迫不及待地等著成佛就行了！真的快了！解脫快了，成佛也快了！

聖尊普賢行願之王──普賢行願品講記

有的人可能有疑惑：不是說成佛很難嗎？怎麼我成佛能這麼快啊？你若有宿命通，就要相信：在過去很多生生世世的修行過程中，你也經歷過很多苦難，你也不容易。現在你和其他眾生不一樣！你已經爬到山頂了，就差最後一步了，一邁就到了！真的，現在就差那麼一點點！沒有無緣無故解脫成佛的，沒有一步登天的，你不是沒有經歷過爬山的過程，你也是一步一步走過來的，確實不容易！在今生今世能遇到無上的妙法，能對大圓滿法生起信心，你一定是在很多生生世世當中消除了業障，積累了善根，今天才終於有了這樣一個機會。成佛不容易，但是現在對你來說，太容易了，因為你已經快到了！要相信自己的宿命。在過去的很多生生世世中，我們經歷了很多苦難，經歷了很漫長的過程，不斷地消業積福，今天終於遇到了大圓滿法，終於對大圓滿法生起了信心。真的快了！要相信自己！

連續不斷地發菩提心、行菩薩道，這就是願。我們現在就要這樣堅定地發願：無論自己投生到哪裏，都不忘掉菩提心，都不捨棄菩薩道。「不對吧？不是說地獄裏不能修行嗎？餓鬼哪有發菩提心的？這些地方不都是無暇處嗎？不是沒有學佛修行的機會嗎？」發願的時候

不要想這些。什麼都不重要，發菩提心重要！什麼都不重要，行持菩薩道重要！也許我今生發的願不能圓滿，但若是要生死輪迴，無論投生於哪一道，都不忘掉菩提心，都不捨棄菩薩道，這就是發願。通過發願修煉自己的心態，修煉自己的毅力。

「常得出家修淨戒」：在現在世及未來世的一切世中，都不忘菩提心，不捨菩薩道，都能出家修行。出家有身出家和心出家，心出家才是真正的出家，心出家是斷除對世間的貪戀。

出家了應該具有別解脫戒。別解脫戒有在家受持的，也有出家受持的。在家受持的別解脫戒是居士五戒；出家受持的別解脫戒是沙彌戒、比丘戒、比丘尼戒等。「現在我所受的居士五戒、沙彌戒或比丘戒，是不是別解脫戒？」不一定。別解脫戒必須要有出離心的攝持。如果沒有出離心的攝持，你現在所受持的居士五戒不是別解脫戒，你現在所受持的沙彌戒、比丘戒、比丘尼戒也不是別解脫戒。

戒有別解脫戒、菩薩戒、密乘戒。密乘戒的基礎是菩薩戒，菩薩戒的基礎是別解脫戒，別解脫戒的基礎是出離心。出離心是一切戒的基礎，沒有出離心就沒有真

正的戒，沒有出離心就沒有戒學的功德。最好是有出離心，讓自己的內心遠離紅塵，讓自己的心和紅塵分離。雖然你現在身為出家人，也許是沙彌（尼），也許是比丘（尼），但若沒有斷掉對世間的留戀和貪著，就不是一個表裏如一的出家人。有的在家人，現在也許受的僅是居士的一戒、二戒、三戒、四戒或五戒，但若是他斷掉了對世間的貪戀，放下了對世間的貪著，雖然這個人的身還沒有真正出家，但實際上可以說是個真正的出家人。要發願生生世世都能出家，生生世世都能斷除對世間的貪戀，生生世世都能放下世間的瑣事。

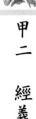

甲二　經義

現在有的人雖然出家到寺院當比丘了，也許現在要當法師講經說法了，開始攝受弟子了，但是卻還沒有斷掉對世間的貪著，沒有放下世間的瑣事，還在留戀紅塵，還是貪圖世間。是不是真正的出家人，還要看自己的內心。有一句俗語：「佛和賊不知道在何處。「不知道賊在哪裏，很難判斷；同樣，不知道佛在哪裏，也很難判斷。是在出家人裏，還是在在家人裏；是在法師裏，還是在普通的信眾裏──很難說。世間有很多法師、堪布、活佛、上師，有很多所謂的大德高僧，在表面上看，都是很清淨，很有修行的，但真的不好說是佛

還是賊。雖然表面上看似很偉大，很了不起，實際上不好說。這些人裏也有很多表裏不一的，表面上裝佛、內心裏存賊心的人也有很多。有些人看上去沒有文化知識，也沒有能力的，但在這樣普通的人群中，也許有真正的佛，有真正的菩薩。佛菩薩以什麼樣的形象來度化眾生，用什麼樣的方便來度化眾生，很難說。

內心真正能斷除對世間的貪戀，能放下世間的瑣事，這是發菩提心、行菩薩道的唯一的助緣與條件。這裏主要強調的是不忘掉菩提心，不失去菩薩道，生生世世都能發菩提心，能行持菩薩道。出家修行便是此願行的助緣和條件。

我給大家講過，沒有出離心就不會有真正的菩提心。連對世間的貪戀都沒有斷掉，怎麼會有菩提心？菩提心是在出離心的基礎上才有的，所以要「常得出家修淨戒」，生生世世能夠出家修行，尤其是心出家。如果身也能出家是最好的，尤其是當今時代，若是你真正能出家修行，對自己的修行以及將來的弘法利生事業都會有一定的幫助和利益。如果你身暫時不能出家，心能出家也是一樣的。

現在有的人說：「我一到紅塵、一到世間，就不能

精進修行了。」有的人還擔心：「我現在是在家人，還是個居士，我肯定沒有機會弘法利生吧！」不一定。若是你真正有出離心和利他心，在哪裏都能精進，以什麼樣的身份都能幫助和利益眾生，你不用擔心。若是沒有真正的出離心，心態沒有放下，沒有放下世間的瑣事，沒有斷除對世間的貪戀，即使你在山上，即使你在精進修行，即使你有福報出家、穿上法衣了，也許對你的修行以及將來的弘法利生事業也不會有什麼特別的幫助和利益，成就還是很困難的。你們好好地思維一下，好好觀察觀察自己。

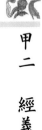

其實，真正能出家修行，這確實是生生世世修來的福報，也是一件值得隨喜的事。但是現在我不怎麼注重出家，也不怎麼贊同這樣出家，因為什麼？難！你是不是真正放下了？機緣是不是真正成熟了？若是，那真是太好了。若不是，僅僅是看到別人穿法衣出家了，自己就激動，也模仿，那不行。真的，別激動。別人出家穿法衣，那是人家修來的福報啊！你們有什麼可激動的？自己真的要仔細觀察。

現在，你們在這裏發心出家，最少要當半年常住居士，再當半年行者。為什麼不讓你們直接出家呢？我有

點懷疑，你們真的這麼快就放下了？真能出家修行，有這麼容易嗎？藏地很多人從小出家，這是一種傳統。但是有些人長大以後就有了自己的想法，不願意出家了。你們不一樣，你們現在都有思維和選擇的能力，都知道該做什麼，出家是自願的。藏地的出家人，他們小時候不會思維這些，也不懂出家好不好，父母說好就是好，父母要你出家，你就要出家，都是父母的心願，自己沒有權力選擇。父母也是好心，讓他從小出家接受佛法教育，特別希望他能真正出家修行，解脫成就。大部分人也都能堅持修行。很多人雖然小時候是依父母的心願而出家的，但是長大以後，自己接受了一定的教育，也願意繼續出家修行，從而獲得了成就，能夠度化眾生。有些人雖然現在還沒有成就，還不能度化眾生，但他們仍在寺院或山上閉關繼續堅持修行。你們自己一定要想好，是不是真正放下了？出家的機緣是不是真正成熟了？

我經常給大家講，出家不是一年兩年的事，是一生一世的事。人的一生說短也很短，說長也很長。我從七歲出家到現在，這麼多年，也不是事事都順利，也經歷了很多的坎坷和磨難。現在你們有這樣一個清淨的道

場，也有這麼殊勝的條件，每天都有善知識的引導，有善友們的幫助，還有各種修行的助緣，在這樣的情況下，出家修行不難。我們要重視出家這件事，出家修行不是茶餘飯後的事。既然下了這個決心，無論什麼時候，哪怕是上刀山、下火海，也不能捨棄誓言，也不能毀壞戒律。真的，這套法衣不是今天想穿就穿，明天想脫就脫的；不是今天想出家就出家，明天想還俗就還俗的。自己要慎重考慮！若是真正放下了，真正有這樣的機緣，那真是你的福報，非常值得隨喜。

甲二　經義

「無垢無破無穿漏」：什麼是「淨戒」、「無垢」？就是不貪戀世間，不受染污。出離心有小出離心和大出離心，小出離心是斷除對世間的貪戀，大出離心是斷除對輪迴和涅槃二邊的貪戀。大出離心是大乘佛法裏講的出離心，不僅要出離輪迴，還要出離涅槃。既不求世間福報，也不求自我解脫，遠離二邊，這叫大出離心。你只有小出離心，僅斷除了對世間的貪戀也不行，這裏講的是普賢菩薩的行願，都是大乘佛法，所以還要斷除對涅槃的貪戀，這叫「無垢」。

「無破」，在大乘佛法裏，所謂的戒體是一種決心。無論是求解脫、求成佛，還是發菩提心、行菩薩

138

道，自己的決心不動，就是「無破」。如果自己的決心不動搖，戒體就不會被破壞。有破戒的行為，是因為你的決心動搖了。如果你的決心沒有動，就不會做出破戒的事情。所以不動搖決心，這是根本。

「無穿漏」是指你修持戒律要有三輪體空智慧的攝持，對所持的戒、能持之自己以及持戒的過程這三輪都沒有分別或執著。能以三輪體空的智慧來攝持，這叫「無穿漏」。實際上，也就是斷除了煩惱障和所知障。

生生世世能出家，能修持清淨的戒律，這是發菩提心、行菩薩道而利益眾生的唯一條件。若是自己的戒律不清淨，決心不堅定，總是動搖，就度化不了眾生，幫助不了眾生。即使精通一切佛理，即使表面上再清淨，即使出口成章也沒有用。若是自己沒有一個清淨的相續，沒有一個堅定的信念，怎麼能感動眾生呢？怎麼能感化眾生呢？佛度化眾生不是靠學問、靠技術，佛度化眾生不是靠口才、靠外貌。佛度化眾生靠的是清淨的戒律，靠戒、定、慧三學。戒是相續清淨；定是禪定，有堅定的信念；慧是智慧。如果自己相續不清淨，心態不堅定，沒有善巧方便，度化不了眾生。

「出家修淨戒」是發菩提心、行菩薩道的唯一條件

和助緣。大家應當發願，以出家和清淨的戒律為條件，在學修菩提心的過程中，生生世世能想起自己所發的願和所行持的道，生生世世都能出家受持清淨的戒律，能修持菩提心。

出家有身出家和心出家，這裏主要指心出家。若是沒有出離心，就沒有清淨的戒律。戒有別解脫戒、菩薩戒和密乘戒。密乘戒的基礎是菩薩戒，菩薩戒的基礎是別解脫戒，別解脫戒的基礎是出離心。若是沒有出離心，無論是沙彌戒還是比丘戒、比丘尼戒，都不是真正的別解脫戒。所以，是否是別解脫戒主要看有沒有出離心。在有出離心的基礎上受持這些戒律，才會變成別解脫戒。真正能放下對紅塵的貪戀，對世間的貪著，這是非常重要的。在這個基礎上，自己若是有身出家的機緣和福報，對自己的聞思修和將來的弘法利生事業都有一定的幫助和利益。如果心沒有出家，沒有斷除對世間的貪戀，沒有真正放下紅塵，身出家也沒有多大意義。如果出家，希望大家能發自內心地出家。若是真正能披剃出家，在寂靜處修行，或是以這樣的身份去弘法，這也是一種非常殊勝的福報。

「出家修淨戒」即出家修持清淨的戒律。其實戒就

甲二　經義

是淨。若是相續清淨、戒學圓滿，就是淨。若是相續沒有清淨，戒學就沒有達到圓滿。若要發菩提心、行菩薩道，就要相續清淨，尤其是要斷除對世間的貪著，這是非常重要的。因為發菩提心、行菩薩道，第一要把握自己，第二要幫助別人。「把握自己」是指在發利他心，做利益眾生的事情時，自己能不被染污，不捨棄道心。有想幫助他人的心是好事，但必須以能把握自己，能保持自己相續清淨為前提。發利他心，去利益眾生時，自己不能被染污了。之所以要有出離心和清淨的戒律，就是為了保護自己。

有人覺得自己應該去利益眾生，因為自己是大乘行者，應該發菩提心、行菩薩道。若是能把握自己、保護自己相續，這樣做沒有錯。否則，雖然你自以為的發心是正確的、清淨的，實則未必。因為你盲目地去做利益眾生的事情，卻沒有智慧的攝持，這樣的心態本身就有問題。按世間的角度，也許你當下的發心是好意，是為了對方。但是世間和出世間不一樣。佛法裏講，要有智慧地去發利他心，有智慧地去做利他的事情。若是沒有以智慧來攝持，而是盲目地去做事，盲目地去接觸眾生，最後把自己都染污了。這樣以盲引盲，後果不堪設

想，將來不僅自己要下地獄，還會帶著很多人一起下地獄。那是多大的過失啊！所以這不是隨隨便便的。

不忘菩提心之道，就是要發菩提心、行菩薩道。怎樣發菩提心、行菩薩道呢？就是生生世世能出家修淨戒，能受持清淨的戒律，能保護自己的相續。「修淨戒」就是以正知正見保護自己的三門，以正知正見保護自己的相續。噶當教言《問答錄》中講：「所有的朋友當中，正知正見為最究竟的朋友。」你有正知正見這個朋友，和他形影不離，然後到紅塵中去接觸眾生、利益眾生，不僅不會染污自己，而且一定能幫助和利益他人。

每個人的緣分和根基不同，所以能得到利益的程度也不一樣。有的人根基好，與你的緣分好，也許你能直接利益他，當下能度化他。有的人與你的緣分不好，根基也不是很好，他當下也許對你生起了煩惱，甚至因你而造業，但這也是與他結上了緣。雖然他們暫時生煩惱、造業了，可能要先下地獄感受惡的果報，但他遲早會被度化的。因為他已經和菩薩結上緣了，將來有一天，你一定能和他再次接觸，那個時候就可以直接利益他、度化他了。主要是你要有真正的菩提心、利他心。

要具有真正的菩提心，說起來容易，做起來很難，

甲二　經義

不是隨隨便便的。有清淨戒律的基礎，有圓滿智慧的攝持，這樣的利他心才是菩提心。「我是不是要去幫幫他們？我是不是應該跟他接觸接觸，鼓勵鼓勵他？」這不是純淨的利他心，也不是菩提心。利他心和利他心不一樣。一個相續清淨、具有智慧的人，他所發的利他心和所做的利益眾生的事情是不一樣的。為什麼要「常得出家修淨戒」呢？為什麼要以出離心為前提條件呢？為什麼要斷除對世間的貪著、貪戀呢？若是你沒有斷除對世間的貪戀，就去接觸社會，接觸紅塵，是很危險的。因為你自己還沒有斷掉貪著，你的貪心還在，貪人、貪錢、貪名利、貪地位，最後讓自己陷進去了。現在不是有很多這種現象嗎？口頭上說要利益眾生、度化眾生，然後到世間、到紅塵，最後自己破戒了；還有很多人為了暫時的利益，拿佛法造業，這都是染污眾生的相續！我希望你們以後不要這樣「利益眾生」。守持清淨的戒律，讓自己身口意三門變得清淨，這是基礎。

我們發願要生生世世都能出家，修持淨戒，生生世世都發菩提心、行菩薩道。怎樣發菩提心，行菩薩道呢？

天龍夜叉鳩槃茶，乃至人與非人等，
所有一切眾生語，悉以諸音而說法。

「出家修淨戒「是基礎和前提條件。主要是心出家，要具有出離心。首先斷除對世間的貪著，相續自然就清淨了，然後再用各種語言講經說法。這就是唯一利益眾生的方便。

為什麼要以各種語言講經說法呢？此處以天人、龍族、夜叉、鳩槃茶這幾類眾生做代表，說明眾生有各種種姓。人與非人的種姓不同，語言也不同，所以要以各種語言來說法——「所有一切眾生語，悉以諸音而說法。」

有的人可能有疑惑：「天人語、龍語、夜叉語等等，我怎麼學啊？」若是自己發心到位了，就有說法的能力了。什麼是「有說法的能力」？當自己的相續、發心完全清淨了，無論怎樣都能跟眾生溝通，不用擔心，不必顧慮。佛當時講法時，包括佛的一舉一動都是在說法，不是必須要用語言。那麼，這裏為什麼說「以諸音而說法」呢？這是隨順我們的概念和分別心來講的。我們往往認為說法肯定要用語言，否則就不能說法。其實

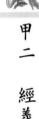

佛是不說而說，說而不說。佛自己說過，他一句佛法也沒有講過。

其實佛法是無色無形的，沒有顏色，沒有形狀。它是無處不在的，通過眾生的善根與福德得以體現。若是你的相續真正清淨了，真有說法的能力了，以何種方式說法都可以。比如，佛示現為人，就用人的語言說法，但是其他眾生也能聽到。來聽法的天界眾生聽到的是天語，來聽法的龍宮眾生聽到的是龍語，來聽法的夜叉、鳩槃荼等非人聽到的就是他們自己的語言。如果眾生的善根成熟了，機緣成熟了，都能聽到，都能感受到。如果眾生的善根、因緣沒有成熟，即使他就在你身邊，和你同樣種姓，他也不一定能聽得到，更不可能接受得到佛法。現在也許我們覺得自己聽懂了、明白了，但是不一定。你所聽到的不一定是佛法，你所明白的也不一定是佛法。

相續清淨，發心清淨，這是講經說法唯一的條件。如果相續清淨了，發心清淨了，你就有說法的能力了。當你說法時，誰的善根、機緣成熟了，誰就能聞到佛法，誰就能得到佛法的利益。我們也可以有這樣的發心與願力：我現在先修好自己，將來弘法時，能夠以藏

語、漢語、英語等各種語言說法，利益眾生。

說法是利益眾生唯一的方便。佛當時講，他幫助眾生、利益眾生的方法，不是用手把眾生的痛苦拿掉，不是用水把眾生的業障洗掉，也不是將他自己相續中的見地轉移到眾生的相續中，而是引導眾生走上解脫成佛的道路，讓眾生明白諸法的實相和真理，開啟眾生的智慧。

當眾生明白了諸法的實相和真理以後，煩惱和痛苦自然就能解除了。眾生為什麼煩惱，為什麼痛苦呢？主要是因為愚癡顛倒。不明諸法的實相真理叫愚癡，分別執著叫顛倒。當有分別執著的時候，煩惱痛苦也會隨之而來。現在就是要破除這樣的無明，讓眾生明白諸法的實相真理，讓眾生明白怎樣分辨善惡、取捨善惡，這樣才能真正利益眾生。

真的，大家要有智慧。能引導你、開導你的善知識、上師，也要相續清淨、能說法。想找善知識，想找上師，就找這樣的人。若是不能給你講經說法，不能讓你明白諸法的實相真理，即使他的名氣再大、神通再大，也沒有辦法令你解脫。佛的神通是最大的，但佛也沒有辦法用手拿掉你的痛苦。若是自己不明理，自己不

甲二　經義

修行，只通過佛的加持力和神通力就能讓自己解脫成佛，那麼佛就不用傳這麼多法了，在成道後直接把所有眾生的痛苦都拿掉就行了。這是不可能的。

現在是末法時期，很多人都找各種理由、藉口去造業，破壞自他的相續，尤其是修密法的人。密宗的成就者叫持明。持明上師有三種：第一種是比丘身份，第二種是沙彌身份，第三種是居士身份。最好是比丘身份，他所持的戒律是比丘戒，在這個基礎上有光明的境界；中等的是沙彌身份，他所持的戒律是沙彌戒；下等的是居士身份，他所持的戒律是居士戒。三種身份的持明上師都是證悟者、成就者。即使是最下等的居士身份，也是受居士戒的，也是斷邪淫的，不是隨隨便便的！希望大家有正知正見。

以貪嗔癡所作的一切都是惡，沒有例外。你看看自己的相續是清淨的嗎？有沒有貪心、嗔恨心、愚癡？佛講的是因果，因果是自然規律，沒有例外的情況。如果你自己不清淨，以貪嗔癡所作的一切都是惡，沒有別的。所以，作為一個修行人，無論在何種情況下，無論在何種條件下，都應該拿生命來保護相續。其他人沒有分辨能力，也不用去分辨。自己最清楚自己的相續，自

己是不是完全清淨了？貪嗔癡等煩惱是不是徹底斷掉了？這樣很好分辨，很好判斷，不用觀察那麼多，不用輕易地判斷別人。在不貪、不嗔恨、不愚癡的狀態下所作的一切都是善，在貪心、嗔恨心、嗔癡的狀態下所作的一切都是惡，這就是佛講的善惡標準。我們就要拿這個標準來衡量自己。

真的，人的一生是很短暫的。得人身不容易，聞到佛法不容易，出家修行更不容易，把世間的這些瑣事徹底放下吧！別總想這些沒有用的，總念著這些不該念的，在任何情況下都應該保持相續的清淨。沒有以貪嗔癡度化眾生的，沒有以不正當的行為度化眾生的。顯宗裏沒有這樣講過，密宗裏更沒有這樣講過。

作為一位持明上師，是不會破壞眾生的相續的。雖然三種持明上師的身份不一樣，但他們的境界是一樣的。他們相續清淨、發心清淨，真正能以慈心和悲心給眾生講經說法，引導眾生，讓眾生來聽聞佛法。

偈頌中講「悉以諸音而說法」，我不只是給人講法，也給很多有形無形的眾生講法。

我每天講法前念了很多偈頌，發自內心地祈禱佛陀，祈禱蓮花生大士，祈禱無垢光尊者，祈禱全知麥彭

甲二 經義

仁波切，祈禱上師如意寶，祈禱所有的根本上師。祈禱上師如意寶時，我仔細地想過，自己對法王的信心源自哪裏？是不是因為法王有名氣？是不是因為法王座下有很多弟子，大家都崇拜他？人都喜歡名氣大的人，都喜歡跟著別人激動。我是否也是這樣呢？我觀察過，我不是這樣的。

我為什麼祈禱法王後，再祈禱所有的根本上師呢？因為無論是過去世還是現在世，令我證悟法性、空性的一切根本上師，無論是以法王的身份，還是以乞丐的身份，我都要感恩，都要祈禱。所以，我念完上師如意寶祈禱文後，再接著念的四句偈頌，就是祈禱所有的根本上師。

最後一句念的就是：「天龍夜叉鳩槃荼，乃至人與非人等，所有一切眾生語，悉以諸音而說法。」我要開始灑佛法的甘露了，天龍夜叉等人和非人這些眾生，我邀請你們來接受佛法的甘露！我為什麼每天都念這些？主要是發這樣的心，發這樣的願。願力不可思議，心的力量不可思議，一定能圓滿。也許有人懷疑：「這些眾生能來嗎？即使來了，他們能聽懂嗎？」一定能！我深信！

當時佛傳法的時候也是這樣念的，也是這樣發願的，所以我現在鸚鵡學舌般地跟著佛這樣念；因為我相信佛的真言。我沒有什麼能力，但是佛的真言有不可思議的加持，這些眾生一定會來的，他們一定能聽到我所說的法，也一定能受益。

我以前跟大家講過，我不擔心沒有眾生來聽我說法，一個人沒有也可以。若是自己發心到位了，我天天都可以講，隨時都可以講，給那些無形的眾生講。人與人之間不好溝通，不好接觸，也許跟其他眾生的緣分更好些。他們一定都能聽到，得到的利益也許會更大，因為佛的真言、佛的加持是不可思議的。

勤修清淨波羅蜜，恆不忘失菩提心。
滅除障垢無有餘，一切妙行皆成就。

「勤修清淨波羅蜜」：努力勤奮地修持波羅蜜。「波羅蜜」是彼岸的意思，到達彼岸的方法也可以叫波羅蜜。我們現在勤奮努力學修的是到達彼岸的波羅蜜。到達彼岸的波羅蜜是一切菩薩的學處，總集起來就是布施、持戒、忍辱（安忍）、精進、禪定、智慧這六度。所謂「清淨波

150

羅蜜」，就是要有證悟空性智慧的攝持，布施、持戒、忍辱、精進、禪定都要有證悟空性智慧的攝持。能站在三輪體空的角度去行持，就是波羅蜜。比如，今天我們做布施，若是沒有站在三輪體空的角度，只是布施，而不是布施波羅蜜。波羅蜜必須有智慧的攝持。

「恆不忘失菩提心」：「恆」是生生世世，也可以說時時刻刻都不忘掉菩提心，不捨棄菩薩行，不忘掉自己所發的願，不捨棄自己所行持的道。若是具備前面「一切趣中成宿命」、「常得出家修淨戒」、隨有情語言而說法、調柔相續、勤修六度等方法與因緣，就能做到「恆不忘失菩提心」。

「滅除障垢無有餘」：這是發願，要斷除發菩提心、行菩薩道當中的違緣。「障垢」就是業障、煩惱障、所知障、習氣障。業障的根是煩惱，要斷掉業障，就要斷掉煩惱。業障和煩惱障障礙解脫，所知障和習氣障障礙成佛。我們不僅要斷所知障，更要斷習氣障。如果把習氣障都斷掉了，就是「無有餘」。若是不去斷除煩惱，今天消業、明天又造業，明天消業、後天又造業。每天都在消業，也在造業，舊業還沒有消盡，又在造新業……只有把貪嗔癡等煩惱徹底斷掉了，業才能沒

有。沒有業力的牽引，輪迴自然就結束了。無論是修空性還是修大圓滿，都不能分別，不能執著。如果刻意去控制這些思想，是沒有意義的。只有把習氣障都斷掉，才不會執著三輪，才不會分別。這就是「無有餘」。

「一切妙行皆成就」：一切菩薩所有殊勝的行持皆成就、圓滿。「妙行」，就是菩薩的殊勝行為。斷掉了業障、煩惱障、所知障、習氣障，才有「妙行皆成就」。

發菩提心、行菩薩道是生生世世的，一直到成佛都不能間斷。這就是恆時不忘失菩提心之道。

丙三、自在無礙行：

於諸惑業及魔境，世間道中得解脫，
猶如蓮花不著水，亦如日月不住空。

「於諸惑業及魔境」：「惑」指煩惱；「魔」指天魔、煩惱魔、色蘊魔和死魔等四魔。

「世間道中得解脫」：出家、獲得解脫都離不開世間。「世間道」三指六道輪迴，也指世間八法。無論在六道裏，還是在世間八法中，可以當下解脫。解脫不是要離

開六道，成就也不是要離開世間八法。雖然在六道裏，但不屬於六道；雖然在世間八法中，但是不被世間八法束縛、控制。這就是大乘的特點，它和小乘不一樣。其實，對一個大乘行者來說，世間八法是修煉的一種方便，也是度化眾生的一種方便。只要自己的相續沒有被世間八法染污，沒有受到世間八法的影響，沒有因為世間八法而生煩惱，沒有因為世間八法而造業，就可以了。

普通凡夫會被世間八法染污，因為他們總是想追求快樂、逃避痛苦，患得患失，所以非常煩惱。自己去追求快樂，得不到快樂時，就會痛苦；自己想逃避痛苦，卻逃避不了，反而更痛苦；追求讚嘆，不願接受誹謗，於是就患得患失——這就是受世間八法的影響了。心裏沒有放下世間八法，總是被世間八法束縛，相續受到了染污。如果起煩惱了，患得患失，生起貪心、嗔恨心、嫉妒和傲慢心等這些非理作意，就是相續被染污了。因為沒有放下，沒有看破，所以不得自在，不得快樂。什麼叫看破？明白稱譏、毀譽、苦樂、利衰等世間八法都是空性的、無常的，都是在時時變化，在剎那剎那中生滅，沒有恆常的，沒有不變的。

我經常給大家講，我們不是要逃避，而是要勇敢地面

聖尊普賢行願之王——普賢行願品講記

對。一切都是無常的，都在剎那中生滅，隨時在遷變。諸法的實相就是如此。心裏明白，有所準備，這樣自然就沒有恐懼了，自然就勇敢了。痛苦來了，你也不會太在意，不會隨之痛苦，因為它也會變；快樂來了，你也同樣不會得意忘形，因為它也會變。有快樂就有痛苦，有痛苦就有快樂，這就是諸法的實相。快樂來了，就迎接痛苦；痛苦來了，就迎接快樂——你要有這個準備。

「若是這樣，仍然是一會兒快樂、一會兒痛苦，與此前有什麼區別？」不一樣。你知道一切都在變。雖然境在變，但是心不變；雖然境在動，但是心不動。心不變了，不動了，這叫解脫。這樣才有恆常的快樂，之前是不會有的。只要是變化的，就是痛苦的。因為佛講過三大根本苦：變苦、行苦、苦苦。為什麼說六道輪迴只有痛苦，沒有安樂呢？因為都是變化的。你心態不變，心不動，這叫解脫。這時才會感覺到真正的快樂，才會享受到真正的快樂。

所謂「三分痛苦，七分快樂」，這是世間的概念，世間人是這樣認為的。其實這「七分快樂」只是相對的快樂，在佛法裏它也是一種痛苦。為什麼世間人把苦當成樂、假當成真？因為凡夫顛倒。若是從佛法的角度上

講，按諸法的實相和真理來分析，這「七分快樂」也是痛苦的。世間只有痛苦，沒有安樂，因為世間是變化的。

順境會變，逆境也會變，心不動不變就行。雖然生了滅了、來了去了、好了壞了，但心都了了分明，如如不動。心沒有跟著境動，沒有跟著境變，就可以了。境的變化是很正常的，若是你明白了，有準備了，心就不會動了，從而對一切境相都能很淡定地看待。他的感情動搖了，很正常；他的態度變化了，很正常。什麼叫動心？一變一動，就覺得「天塌了、地陷了，完了……」天沒有塌，地也沒有陷，是心塌了，心陷了——這叫動心。一會兒高興，一會兒又傷心；一會兒覺得快樂，一會兒又覺得痛苦——這叫動心。如果心不動，心裏有準備，一切都很正常。快樂來了，沒有特別的高興；痛苦來了，也沒有特別的害怕，特別的煩惱。主要是不受世間八法的影響，自己的相續沒有因此而受到染污，就OK了。

為什麼說「如幻如夢」呢？萬法本來就是如夢如幻的，就像看電影一樣。看戰爭片、愛情片，裏面什麼角色都有。要演戰爭，拿武器打仗了，但是心不會動。要演愛情，開始談戀愛了，沒有什麼，也是如幻如夢的。這樣就

聖尊普賢行願之王——普賢行願品講記

不會受影響。如果你沒有動心，沒有因此生瞋恨心、貪心，也沒有因此而煩惱痛苦，相續就不會被染污。

「於諸惑業及魔境」，主要是指消業、斷煩惱。苦集滅道四諦中，「苦」指輪迴，「集」指煩惱，苦諦和集諦是因果關係，集諦是苦諦的因。煩惱是輪迴的因，若是沒有煩惱了，輪迴自然就結束了。斷了煩惱，也就不造業了。沒有業力的牽引，也就不輪迴了。尤其我們現在修大圓滿法——當下成佛之法，隨時都有成佛的可能。成佛以後，雖然身還在人間，還在紅塵，還在自己的家裏，但是沒有煩惱，沒有業力的牽引，所以就不屬於輪迴，就解脫了。

成佛以後，是不是家也變成了天堂，升到空中去了？是不是就變成了神，每天不吃不喝，可以供起來了？不是這樣的。和以前一樣，還是在人間，還是那個人，生活和身體不會有太大變化。「我還是那個人嗎？我還做那些事嗎？我還要在那個破家裏待著啊？我還要面對那個人嗎？」是的。你還是那個身體，還是那份工作，但是你不用害怕，因為沒有業力的牽引，沒有煩惱痛苦，只有開心快樂。

成佛之前，你一直覺得「這是個破家」；成佛後，

甲二　經義

雖然環境沒有變，還是那個小屋，還是那個家，但是心態變了。心態一變，態度一變，對家的認識，對所處空間的認識，對他人的認識就變了，這個家就變成了西方極樂世界。自己感覺「這個家比天堂還好」，天堂裏還有凡夫，這裏沒有，都是佛。這都是唯心所現，自己覺得是西方極樂世界，就是西方極樂世界；覺得是天堂，就是天堂。

之前，你認為那是最不聽話的孩子、最討厭的人；成佛後，他的模樣沒有變，但是你對他的態度和看法變了。「這是菩薩，這是阿彌陀佛的幻化，是來度化我的……」甚至覺得他比阿彌陀佛還殊勝，比觀音菩薩還殊勝。因為阿彌陀佛在西方極樂世界，顧不上我，觀音菩薩也不能經常來看我。我身邊的這個人比阿彌陀佛還好，天天照顧我，天天磨練我的習性。

我們現在想：「好像是觀音菩薩，好像是阿彌陀佛幻化的吧，我也觀觀清淨。」現在我們是刻意在想在觀。當你覺悟時，你身邊的人就是阿彌陀佛的幻化，就是阿彌陀佛。因為他的功德可能和阿彌陀佛一樣，但是恩德比阿彌陀佛還殊勝。為什麼說「上師的恩德比佛還殊勝」呢？也是這個意思。佛和上師的功德是一樣的，

聖尊普賢行願之王──普賢行願品講記

但恩德不一樣。上師對我們的恩德比佛的恩德還大，超越了佛的恩德。這時你也許覺得：「我身邊的這個人比阿彌陀佛還殊勝，比觀音菩薩還殊勝，因為他們在功德方面也許沒有差別，但是能這樣直接攝受我、度化我，對我的恩德比佛菩薩的恩德還大！」這樣，你的覺悟和境界都提高了，就成就了。

　　若是內心不變，外境變得再好也沒有用。我們現在的生活水平、家庭條件和以前相比是天壤之別，有翻天覆地的變化，但是沒有用啊！環境變得再好，即使你的家變成了天堂，但你內心的煩惱和痛苦也許比以前更嚴重了，比以前更多了，這樣也沒有意義。其實，好與不好，殊勝與不殊勝，和外境沒什麼關係，都是自己心的概念而已。心裏覺得髒就是髒，覺得不髒就是不髒。

　　對一些東西，我們覺得特別髒；但是對一些東西，就不覺得髒。比如說人民幣，經過那麼多人的手，怎麼會不髒呢？怎麼會不傳染呢？但是從未聽說「人民幣傳染」、「美元傳染」。對再破再舊再髒的人民幣或者美元，也不覺得髒。有些人貪得更厲害，得到人民幣了，先親一口，然後就裝到口袋裏去了——就是因為太愛錢，得意忘形了。對有些表面上看挺乾淨的東西，我們

卻還怕有細菌或病毒，所以不敢碰，更不敢用。

　　一切都是心，外境變不變都行。其實心一變，外境也就變了。所謂的「天堂」、「西方極樂世界」，只是一種說法而已。實際上自己的心清淨了，就是西方極樂世界；自己的福報到了，就是天堂，沒有別的。「我覺得我那個小屋就是天堂，就是西方極樂世界。」你的悟性和境界提高了，一切境相也在提高，但是外境不用變。

　　「我覺得是西方極樂世界，是天堂，但其他眾生看不是啊！」這裏講的是你的感受、你的境界，和別人沒有關係。即使別人覺得是地獄也無所謂，你自己感覺是西方極樂世界就行。如果別人說這是西方極樂世界，但是你感覺是地獄，那就是地獄。到了某個地方，有的人覺得這個地方太殊勝了，有的人卻認為這個地方太不好了。處於同一個地點、同一個空間，有的人會煩惱，有的人會快樂。看同一個人，有的人覺得太好了、太可愛了，有的人覺得太差了、太凶了。人的感覺就是這樣，完全是唯心所現。

　　一切都是心，心不動就沒有事，心裏清淨就是清淨。我們不是要逃避，而是要面對。只要以好的心態去面對，一切都是「世間道中得解脫」。如果沒有煩惱、

沒有業力的牽引，你當下就解脫了。在人間，在你自己的家裏，你仍然可以解脫，可以圓滿。

「斷除魔境」是指沒有煩惱，沒有業力。「魔」指蘊魔、煩惱魔、死魔、天魔這四魔。成佛的時候就是要斷除四魔，斷除四魔就成佛了。四魔就是障礙，都是自己的業、煩惱及心靈上的所知障和習氣障。沒有煩惱、沒有業力的牽引，就是解脫了；若是斷掉了業障、煩惱障、所知障和習氣障，四魔自然就消失了。四魔消失了，沒有這些障礙，當下就成佛了。

若是成佛了，人的模樣、形狀不一定變，即使變也只是稍微變一點，變化不會太大。如果一個個都成佛了，一下子變得那麼高大，這個大殿

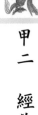

都容納不下了，怎麼辦啊？建道場的時候，應該多建幾個大房間，誰成佛了就把誰裝到裏面去。不是這樣的！成佛了，模樣、形狀也不會變，但是智慧開了，境界高了，就不一樣了。一切法的本性都是通達無礙的，一切福報和機緣都是任運自成的。像上師如意寶所講的一樣：「自在了自己的顯現，同時也自在了他人的顯現。」

那些大德為什麼有那種攝受力和感化眾生的能力？

160

不是因為他們口才太好了，不是因為他們勢力太大了，而是因為他有這樣的境界，有穩定、覺悟的心態，有清淨的相續。什麼叫加持？就是有一種這樣的吸引力。

「猶如蓮花不著水，亦如日月不住空」：這是用比喻來說明智悲雙運的大乘行。

「猶如蓮花不著水」：智不住世間，即不住有邊。雖然蓮花出於水，但是不著水。同樣，雖然佛菩薩在六道裏，處於世間八法中，但是沒有被輪迴染污，也不受世間八法的控制。因為他已經大徹大悟了，具有大智慧了，把一切法都看得通通透透、明明了了。如同一位有智慧的老人在看一群小孩子玩耍一樣。

一群小孩子一會兒高興，一會兒又傷心了；一會兒打架，一會兒又和好了……變化無常。其實，哪有值得高興的？哪有值得傷心的？但是他們自己就有這樣的感覺。以前，我們這裏的小孩子都玩一種遊戲：擺很多白色、黑色和花色的石頭，黑色石頭代表牛，白色石頭代表羊，花色石頭代表馬。當自己有很多「牛」、「馬」、「羊」的時候就唱歌，特別快樂。其實，哪裏有牛、馬、羊啊？都是石頭嘛！但他們自己就這樣認假為真。別人不能碰這些「牛」、「馬」、「羊」，若是

碰亂了、弄散了，他們就會哭。自己最好的「馬」若是被另一個小孩子偷走了，他們會很傷心、很生氣，甚至去打架，打不過還會哭。其實就是一塊石頭而已。一位智者在旁邊看，哪有什麼可傷心的啊？哪有什麼可高興的啊？但世間人就是這樣，沒辦法。

我們在佛菩薩面前就是這樣，有時候像個瘋子，有時候像個小孩子。一個瘋子在一邊喊啊、跑啊……別人會怎麼看？肯定會同情他：這個瘋子太可憐了。佛菩薩看我們也是如此，但我們感覺不到。

佛經裏有這樣一個公案：有一位國王，身邊有一位懂天文學的大臣，他推算出再過幾天會下大雨，雨水裏有一種毒，誰喝了誰就會發瘋。這件事除了國王以外，誰也不知道。國王將自己使用的井蓋得嚴嚴的，一滴雨水也進不去。幾天以後，果然下了一場大雨，除了國王以外，這個國家所有的人都因喝了雨水而發瘋了，但是所有的瘋子卻說國王是瘋子。沒有辦法，國王只好喝了那種雨水，也瘋了。

世間人都是「瘋子」，你稍微有一點點正知正見的時候，就不能再「瘋」了。這時必須要有這樣的認識：「他們都瘋了，但是我可不能瘋。」一定要去保護這

個正知正見，別讓它失去。若是讓它失去了，跟著他們瘋，就徹底完了。

因為我們這些凡夫貪嗔癡慢等煩惱太重了，真的失去理智了。一會兒貪心上來了，一會兒嗔恨心又上來了，一會兒嫉妒心又上來了，一會兒傲慢心又上來了。因為貪心，不該想的都想了，不該做的都做了。這難道不是失去理智了嗎！你認為這是正確的嗎？你認為這很正常嗎？這都是顛倒的，這叫「瘋子」！你想想後果，它的果報多嚴重啊！喝了會讓人發瘋的水不算什麼，若是生起嫉妒心、傲慢心就完了。真的，我們自己要先明白，先找到問題的根本所在，這也是種開始。然後再去想辦法，把這個根本問題解決了，這叫抽薪止沸，這樣才能徹底解決問題。若僅僅在表面上找原因，在表面上解決問題，是徒勞無益的。這是揚湯止沸，不是解決問題的好辦法。

若是真正有智慧，看世間的一切人與事時，就像看一群小孩子玩耍一樣，像一個正常人看一群瘋子一樣，他不會受此染污。雖然身處輪迴，身處塵世間，但是他不屬於輪迴，也不受世間的影響。這是因為他有智慧。誰有智慧，誰就能做到這些。「猶如蓮花不著水」，雖然是在輪

迴裏，雖然是在世間，但是也可以不屬於輪迴，也可以不受世間的影響，可以徹底不煩惱、不痛苦。

「亦如日月不住空」，悲不住寂滅邊，不住空邊。日月晝夜不停地在天空中運行，但是它「不住空」，天空不阻礙它的運行。為什麼眾生在六道輪迴裏晝夜不停地輪轉呢？就是因為有煩惱、業力的牽引，所以不自由地轉。車輪為什麼不停地轉？因為有發動機的牽引。轉經輪為什麼不停地轉？因為有人在推拉，想停也停不下來，沒辦法只能轉。同樣，眾生在六道裏沒有任何自由，想轉也得轉，不想轉也得轉。

有的人把自己未來的工作和生活都計劃得非常好，「憑我的學歷，應該能找到如意的工作吧！應該能找到一個很好的伴侶吧！」想得都很美。但是也許到時候根本找不到工作，即使暫時找到了一個，也不稱心，跟自己的預想有天壤之別。「暫時就幹這個工作吧！慢慢再找。」然而也許就更差了。組建家庭時也是如此。有的人想得很好，要求也很高，想找個有錢有勢的伴侶，然而根本找不到。即使找到了，卻不是想像中的那樣。自己又委屈又痛苦，不想過還沒辦法離婚，想過又覺得沒意思。這就是所謂的「活沒有信心，死沒有決心」。就

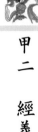

這樣無可奈何地過日子，眼看著一輩子就這樣過去了，最後徹底失望，只能等著死了。雖然很委屈、很難過，但是沒有辦法，這就是業力，是不由自主的。

佛菩薩「亦如日月不住空」地在輪迴裏走，但是他沒有煩惱，也沒有業力的牽引。這是以他們的大悲心和願力而轉輪迴的。悲心和願力都是自己自願發的，所以是自由的，不受控制。由於悲心與願力的感召，佛菩薩自由自在地在六道裏走。他們可以有自己的事業，可以自己安排。到什麼地方去度化眾生，應該度化什麼樣的眾生，應該以什麼身份、什麼方式去度化……自己完全可以把握，任運自成。主要看自己的願力在哪裏，悲心在哪裏。

「漢地眾生太苦了，應該去度化漢地的眾生！」悲心就生起來了，願力就生起來了，然後以這個悲心和願力去度化他們。以什麼方式度化？以講經說法的方式度化。以什麼身份度化？以出家法師的身份去度化。

「藏地眾生太苦了，應該去度化藏地的眾生！」悲心又生起來了，願力又生起來了。以什麼方式度化他們？以念咒或轉轉經輪的方式度化。讓他們多念咒，讓他們多轉轉經輪。當時法王就是這樣，發現藏民太苦

聖尊普賢行願之王——普賢行願品講記

了，以什麼方式度化他們呢？以「瑪尼括羅」的方式，就是用觀音心咒轉經輪的方式度化他們。然後讓大家發心轉，大家就都開始轉。對藏民來講，這是最合適的度化方法。很多藏民念經持咒特別費勁，字音念不准，聞法聽不懂、記不住，打坐就更難了。轉經輪是最圓滿的一種修持方法。雖然他們沒有太多的文化，但是他們的心很虔誠。用心轉轉經輪，自相續中的法輪也在轉，自相續中的煩惱也就隨之消失了，世界上的一些災難、磨難也就消除了。二力合一，達到圓滿，這是一種善巧方便。

如果有悲心和願力，就不會墮入寂滅。阿羅漢入於寂滅，不去度眾生。獨覺佛只求自我覺悟，沒有自覺覺他、自度度他的發心，因此他們落入了寂滅邊（空邊）。菩薩有悲心和願力而不入涅槃。這麼多如母眾生都在六道裏輪迴，菩薩不可能袖手旁觀，自己在一邊「獨覺」，因為他們有悲心和願力。所有的眾生都是我們宿世的父母，所以不能見死不救。儘管阿羅漢和獨覺佛也有一部分悲心，也覺得眾生可憐，也覺得應該救度眾生，但是他們的悲心非常弱，沒有菩薩那種勇敢的發心。阿羅漢和獨覺佛的悲心就如斷臂的母親，唯一的孩子被水沖走了，她不是不悲傷，也不是不想救度，但是

實在沒有能力，沒有辦法，只能無奈地看著。菩薩的悲心就像英勇果敢的父親，唯一的兒子留在戰場上了，他不可能有片刻的猶豫，會立即沖回去，把兒子救出來。雖然都是聖者，都有悲心，但是阿羅漢和獨覺佛沒有菩薩那種悲心和願力。

菩薩有悲心和願力，所以不住寂滅邊，也不墮落有邊。「亦如日月不住空」，就是這個意思。

智悲雙運，既不墮落三有輪迴，也不墮落寂滅涅槃。自利成就法身，他利成就色身，二身雙運的果位叫「入不可思議解脫境界」。他們是以智慧不住三有——「猶如蓮花不著水」；以悲心不住寂滅（涅槃）——「亦如日月不住空」。

乾旱之地不會生長出蓮花。同樣，如果你離開了世間，離開了眾生，怎麼能圓滿福德和智慧呢？智慧是在人和事中磨練出來的，它不是一種逃避。在一切境界中，心如如不動，這叫圓滿智慧。雖然淤泥特別濕，特別髒，但出於其中的蓮花卻是那麼純淨、美麗。所以，一個真正的大乘菩薩、大乘行者應該在世間、在紅塵。正如一些古大德所說的「愚人出境不亡心，智者亡心不出境」。一個愚癡的人遠離世間，放棄自己的責任和義

務，但妄心卻沒有死。「妄心不死，真心不活。」一個智者雖然在世間、在紅塵，沒有出境，但他沒有妄心。他已經斷除了分別，放下了妄念，這是最根本的區別。

雖然你在寺廟裏，身為出家人，但是妄心卻沒有死，對紅塵的貪戀還沒有放下，總是東想西想、四處分別，這沒有多大意義。你能剃度出家，穿上三法衣，也是宿世修來的福報。但是不能只停留在表面上，應該落實到相續中，你的相續應該因此而有所變化。剃頭髮應該是剃除煩惱，穿三法衣應該是相續中具有戒定慧三學的功德。若是暫時沒有這些功德，也要爭取盡快具足這些功德，表裏如一。

有的人雖然頭髮剃得光光的，但是內心的煩惱一點都沒有減少，甚至還增長了。看到比較順心順眼的，就生起貪心了；看到不順心不順眼的，就生起嗔恨心了。不應該這樣！應該提起善念，具足悲心與恭敬心，不應該有貪心、嗔恨心。同修道友應該是善友，應該互相團結、關愛，一定要有這樣一個明確的觀念。以前在世間，與周圍的人是造惡業的伴侶，現在彼此之間應該是修道的伴侶，做善業的伴侶。因為發心變了，心態也應該轉變。

大家要有正知正見，要以正見去守護三門。「男女眾之間不允許接觸，甚至不允許看。」這是規定，也是戒律。但若是靠另外的人來控制或看管就難了。你們都不是孩子；若是小孩子，可以看管，可以打幾下、喊幾聲。你們都是大人了，已經老了，自己應該管好自己，應該保護好自己的戒體，應該保護好自己的相續。作為一個出家人，任何時候都應該約束自己，不能隨便。

若是一位智者，即使是在世間、在紅塵裏也無所謂。否則，即使是在山上、在寂靜處，也無濟於事。寂天菩薩在《入行論》裏講，駿馬雖然在鬧市中，但它們總是很溫和、很調柔。老虎等猛獸雖然在森林裏，在山上，可它們依然很凶惡、很嗔恨。

即使是在寂靜處、在山上，儘管是一個人閉關，但若是內心的煩惱沒有減少，自己的相續沒有調柔，和在世間有什麼區別？有些人在山上閉關十年、二十年，一下山就不行了，無惡不作。還有些人先前生起了一個善念，三步一拜到拉薩，非常不容易。到拉薩以後，把自己的手指也供佛了。可是回來後，卻殺盜淫妄樣樣都做，死的時候也是很慘的。在朝拜者、上山閉關的人當中，有很多成就者，但是也有這種業際顛倒的人。

寂天菩薩以駿馬比喻一位智者，一個有修行的人；以老虎比喻有的人雖然在寂靜處，在山洞裏閉關，但相續卻沒有絲毫變化，一下山就無惡不作。所以，把法融入相續是很重要的。若僅僅是擺樣子，在表面上再下功夫，也沒有用。

　　我們現在是在寂靜處，在這麼清淨的道場發心出家，穿上了三法衣，覺得很殊勝，覺得自己也很了不起。過兩年、三年……開始業際顛倒了，還俗了，跑到山下去了，又開始造業了。這樣出家還不如不出家。大家的決心要堅定一點，徹底一點。有的人雖然下決心了，但是不徹底、不堅定，總是動搖：「是不是該下山了？」不要這樣。在我們還沒有達到那種自在境界的時候，應該和世間的瑣事斷絕關係，對這些徹底絕望。如果徹底下決心了，就安穩了。

　　其實人生很短暫。這裏有的人很年輕，但很多人離死亡都不太遠了。有些年輕人也許覺得自己還年輕，沒經歷過什麼，出家是不是早了點？不早了！既然下決心了就徹底點，不要經歷這些世間的瑣事了。以前說過，沒有世間的朋友也沒有關係，有正知正見的朋友就行。其實一個人獨來獨往也挺好。我經常講，我從七歲出家

到現在，真的沒有感覺過孤獨。

出家不是不好，但是必須要放下。心態放下了，出家是一種享受；心態放下了，出家是一種自在。若是心態放不下，出家就不自在了。這裏也不自在，那裏也不自在；有這個壓力，有那個壓力；想做這個不行，想做那個也不行。若是這樣，就是發心不到位。發心到位了，一切都到位了。把心態放下了，幸福就在當下，快樂就在當下。

能出家是福報，能出家是快樂。大家有沒有感覺到自己有福報？有沒有感覺到很快樂？若是沒有，說明心態還是沒有放下。有的人想得太多了，將來怎麼辦啊？有病了怎麼辦啊？老了怎麼辦啊？這些不用你操心，一切都隨緣。若命中有一定會有，若命中沒有就不會有。若是命中沒有這個福報，你成家生孩子，生了十幾個也沒有用，病的時候還是沒人看，死的時候還是沒人管。若是自己命中有這個福報，雖然沒有家，沒有孩子，但是病的時候，身邊的同修道友也許會更熱情、更周到地照顧你。那時候也許成了上師，弟子們都來搶著伺候你。若是真放下了，真成就了，死了以後，連你的屍體都捨不得燒，必須要供起來。這多好啊！

171

丙四、利益有情：

悉除一切惡道苦，等與一切群生樂，
如是經於剎塵劫，十方利益恆無盡。

「悉除一切惡道苦」：願能鏟除一切眾生的身心之苦。「惡道「指三惡道。三惡道的苦非常嚴重，很多苦我們無法想像。這裏用三惡道的苦來代表一切苦，包括上三道的苦。

「等與一切群生樂」：發願能平等地給予一切眾生暫時的安樂，以及究竟的解脫。「一切群生」指一切眾生。「樂」指身心能獲得安樂，能獲得解脫。「等」就是平等。無論是人還是其他眾生，都是平等的。所有眾生都不願意感受痛苦，都想獲得安樂；都不願意六道輪迴，都想獲得解脫。所以，無論是人道的眾生還是其他道的眾生，都是一樣的。

「如是經於剎塵劫」：這是指時間。在一切剎土的微塵數的劫當中，鏟除三惡道、三善道這些眾生身心上的痛苦，給予這些眾生暫時的安樂和究竟的解脫。佛菩薩在世間就要做這項事業，時間是一切佛剎中極微塵數

的劫。不是年，更不是月，而是以劫為單位。不是一劫兩劫，而是十方三世一切佛剎中的極微塵數的劫，無量無邊，無始無終。

「十方利益恆無盡」：這講的是空間。「十方」覆蓋一切處，指一切處的眾生。不是一個國家，也不是一個宇宙，而是十方一切處中的眾生。「恆無盡」就是恆時無盡地鏟除眾生苦，給予眾生樂。

沒有不去利益眾生的時候，沒有不想利益眾生的時候，是恆時的、無窮無盡的！我們就要發這樣一個願。發利他心，做利他的事，沒有時間和空間的界限。發利他心，做利益眾生的事情，沒有勤作和休息的差別，是恆時的。「如是經於剎塵劫」，時間無量無邊；「十方利益恆無盡」，空間無量無邊。存利他心，做利他事的時間和空間都是無量無邊的。無論是在修道的時候，還是將來成道的時候，都在做。應該發利他心，存利他心，做利益眾生的事，行利益眾生之道。我們應該這樣發願，有這樣的欲望，有這樣的希求！

「我現在還沒有能力，自己現在還沒有成道，發不了利他心，更做不了利益眾生的事情。」不能這樣想！在解脫的道路上，尤其在殊勝的大乘行道上，心量不能

總是縮小，做事情不能總是退縮。不能等到將來有能力的時候、將來成道的時候再發利他心，再做利他行。因為要跟佛學，要跟菩薩學，就要學他們的思想和行為。雖然現在沒有真正的利他心，但是你要有欲望和希求，讓自己盡快、立即具有利他心。雖然現在還沒有利益眾生的能力，但是應該爭取盡快地具足能力，去度化眾生，去利益眾生。你學佛修行，發菩提心，行菩薩道，存利他心，做利他事，應該猶如懦夫懷裏鑽蛇，美女頭上燃火一般。一個特別膽小的人，懷裏突然鑽進了蛇，他會立即想辦法把蛇趕開，不可能有片刻等待。一位自認為很美的女人，特別在乎自己的容貌，頭髮突然著火了，她會立即想盡辦法把火熄滅，不會有片刻的等待。所以，存利他心、做利他事也不能等待，應該迫不及待地去做。

　　「怎麼還發不出來利他心呢？怎麼還不能做利益眾生的事情呢？」「百日共修快結束了，怎麼一點進展都沒有，怎麼一點成就都沒有呢？」應該為這些著急上火。大家經常著急上火，嘴上都起泡了，但不是為了這些事，而是為了一些世間的瑣事。也許是我沒看透，但願是為了修行、為了成就著急上火。

現在很多人都說自己要學佛，要修行，要解脫成佛。但是沒有別的目的，就是想享受。成佛了，就不要感受痛苦了，福德智慧都圓滿了，只在那邊享受就可以了，像有些老板發了大財一樣。不是這樣的，應該去做利益眾生的事。六道裏的眾生都是我們宿世的父母，他們受盡了痛苦，我們不能見死不救啊！心裏應該這樣想：「眾生界盡，眾生煩惱盡，我的利他心，我利益眾生的事業才窮盡。」還可以發更大的願，發更大的心：「即使虛空窮盡了，眾生窮盡了，但是我利益眾生的事業不能窮盡。」也許有人這樣想：「虛空窮盡了、眾生窮盡了，你還利益誰啊？」這是願！修行道上不能懦弱，必須要勇敢一點。「虛空不會窮盡，眾生不會窮盡，業不會窮盡，煩惱也不會窮盡。一旦窮盡了，我的利他心，我利益眾生的事業也不會窮盡」，應該這樣發願，這也是為了磨練自己的心態！「我解脫了，就不用感受痛苦了；我成佛了，就可以享受了。」這不是大乘行者。若是存有這種心態，很難圓滿！

解脫是心要解脫，圓滿是心要圓滿。心解脫束縛，心態變得無量無邊、無窮無盡，這才是圓滿。這也是磨練心，磨練習性，驅除煩惱障、所知障，同時顯現光

聖尊普賢行願之王──普賢行願品講記

明，圓滿自性。利益有情沒有空間、時間的界限。在一切時、一切處中，要發利他心，做利益眾生的事情，也就是「恆無盡」！

行住坐臥、吃喝拉撒，任何時候都應該存利他心，做利他事。而不是每天只顧貪吃，呼呼地吃；貪睡，呼呼大睡。不是在這些時候就沒有利他心了，就不做利益眾生的事情了。「恆無盡」，應該是任何時候都發利他心，做利他事。

「吃飯是為了解除飢餓，這裏還能有利他心，還能做利他的事嗎？」若是有菩提心的攝持，可以啊！吃飯也是為了眾生，若是不解除飢渴，就沒法保護身體，沒法生存了。保護身體、生命是為了修持佛法，為了成就佛果，這也是為了眾生。若要成就佛果，就要有菩提心；成佛以後，就要真正地去利益眾生了。最終都是為眾生，最終都能利益眾生。發菩提心、行菩薩道有直接和間接的區別，有的是直接利益眾生，有的是間接利益眾生。你吃飯的行為若是有菩提心的攝持，這是間接地利益眾生，間接地發利他心。吃飯可以先做供養，然後當成加持品吃；也可以先做簡供，當做一種圓滿的修行：這些都是轉為道用的方法。

甲二　經義

「在那邊呼呼大睡，這還能有利他心，還是利益眾生嗎？」若是有菩提心的攝持，也可以啊！你現在雖然沒有定力，做不到在夢中都能修持正法，進入光明的境界，但若是有菩提心的攝持，睡覺也是間接的利益眾生，這也是一種利他心。

這裏僅是以吃飯、睡覺為例，一切的所思所行都可以存利他心，都可以變成利益眾生的一種行為。若是沒有仔細領會，這些機會都會擦肩而過。

我們每天都在念這段偈頌，而且念好幾遍，但是都擦肩而過了，根本沒有去領會它的意義，更沒有把這樣一個究竟的道融入生活、納入相續。這樣發利他心，不是為了自己，也不是為了身邊的幾個眾生。現在我們對比較善良、比較順心的人，可以存利他心，做利他行。對不太順心、比較凶惡或惡劣的人，就做不到存利他心，做利他行了。這是對境上的分別。當自己的心情比較好，心態比較好的時候，可以發利他心，做利他行。若是心情不好了，心態糟糕了，利他心在相續中就無影無踪了。若是想和佛學，想和菩薩學，就不能這樣。

《普賢行願品》是隨佛、菩薩修學中最主要的一部分。上師如意寶講，他不希求別的，只希求大家每天能

聖尊普賢行願之王——普賢行願品講記

念誦或修習《普賢行願品》的功德和善根。所以，無論是學佛修行，還是解脫成佛，都應該依靠《普賢行願品》。大家應該重視《普賢行願品》，它是《華嚴經》中的精華；《華嚴經》是佛所說的一切法的精華。可見，《普賢行願品》是精華中的精華。

龍樹菩薩在龍宮裏發現了《華嚴經》，它分上中下三部。釋迦牟尼佛所化剎土──娑婆世界，它是一個三千大千世界。而上部《華嚴經》的字數是十個三千大千世界的微塵數，當時龍樹菩薩想把這個法弘揚到人間，但是沒辦法弘揚，因為量太大了。不用說南瞻部洲，整個三千大千世界也容納不了。中部《華嚴經》的量也非常大。下部是《大方廣佛華嚴經》的一個提綱，量也非常大。

我們解脫成佛的希望應該寄托在《普賢行願品》上，大家對此不能擦肩而過，不能輕視。《華嚴經》包含了佛所說的一切法，《普賢行願品》是《華嚴經》的精華，這裏也包括了一切法。很多人都好高騖遠，都追求高深的無上密法──大圓滿。其實，無上密法──大圓滿法都包含在《普賢行願品》中。主要看自己怎樣去領會，怎樣去接受這個法義。悟性越高，它所講的境界

甲二 經義

178

越高。若是自己有悟性，有智慧，就能了悟它所講的境界。若是沒有這個悟性與智慧，即使是修立斷法、頓超法等再高深的法，你也悟不到，而只能悟到世間的一些境界或方法而已。

無論是世間法還是出世間法，無論是大乘還是小乘，無論是顯宗還是密宗，都是平等的，主要是看你自己的悟性，看你自己的境界，看你自己的根基，所以不要擦肩而過。為什麼歷代祖師、上師如意寶都這麼重視《普賢行願品》呢？這是有意義的。我為什麼講《普賢行願品》呢？也是為了能引起大家的重視。其實它的詞句含義說難也難，說不難也不難。若是在字面上去領會，很簡單，也很明了。但是它真正的含義，只有一地以上的菩薩才能領會。想要真正徹底證得，只有等成佛以後了。

丙五、披精進甲：

我常隨順諸眾生，盡於未來一切劫，
恆修普賢廣大行，圓滿無上大菩提。

聖尊普賢行願之王——普賢行願品講記

大家每天都在修、都在念，不要只在口頭上念，不要只在形式上修，盡量要做到心口一致。我們講精進度的時候，講過擐甲精進。猶如我們要到戰場上和敵人交戰，先穿上盔甲，保護好自己，這樣心裏就有把握了，膽量就更大了。同樣，我們要發利他心，要做利他事，要發菩提心、要行菩薩道，心裏應該有數。

所謂「眾生無邊誓願度，法門無量誓願學」，自己發誓：「雖然眾生是無量無邊的，但是我仍然要去度化他們，直到輪迴窮盡、眾生窮盡。」「雖然利益眾生的方便法門無量無邊，但是我發誓發願都要學，直到學完，直到學成。」這種誓願就是盔甲。發菩提心、行菩薩道，尤其是真正利益眾生的時候，應該有這樣的誓願，有這種心量。就如同車的發動機，車的質量好壞主要看發動機，若發動機好，車子就好。同樣，自己是在行小乘道還是行大乘道，能不能行持圓滿，主要看這個願。願大就是大乘，願小就是小乘。願大則心大，成就也大；願小則心小，成就也小。成就的大小完全取決於心，取決於願，這是我們修行上的主要動力。

「我常隨順諸眾生」：「諸眾生」指的是六道一切眾生。

甲二　經義

「盡於未來一切劫」：時間是在一切劫中，沒有開始也沒有結束。

「恆修普賢廣大行」：「普賢廣大行」就是普賢菩薩的所想所行，也可以說是一切佛的所想所行，因為普賢菩薩是佛。他顯現為菩薩，但他是位後菩薩，不是當位菩薩。當位菩薩是指住於一地到十地的菩薩，位後菩薩是已經成佛了的菩薩。普賢菩薩已經成佛了，是十一地即佛地，獲得了阿耨多羅三藐三菩提，就是佛果。既然他已經成佛了，為什麼還示現為菩薩呢？他以菩薩的形象來度化眾生，在相上更方便一些。

我們講極樂世界圖的時候，為什麼阿彌陀佛在中間坐著，兩位菩薩在兩邊站著呢？這一切的顯現都是度化眾生的一種方便，這裏有特別的含義。從相上來講，在六道裏直接利益眾生，菩薩比較方便。按世間法來形容，阿彌陀佛相當於國王，兩位菩薩以及其他菩薩相當於大臣、將軍。國王下達命令，這些大臣去落實，將軍親自到戰場上去對抗敵人，國王不能輕易動身。國王是一個國家的主幹，需要特別保護。

我們經常念阿彌陀佛，求生淨土。到臨終的時候，阿彌陀佛可能不親自來，而是安排兩位菩薩來。如果眾

生實在執著要求，就幻化一個阿彌陀佛。體上沒有分別，但是在相上、在眾生面前，應該有一點點分別。如果相上沒有高低之分，一切就混了。為什麼兩位菩薩在身邊站著呢？他們要做佛的事業，要去利益眾生，怎麼能舒舒服服、穩穩當當坐著，哪有這個時間？你看觀音菩薩忙的，實在沒有辦法，幻化出那麼多眼睛看眾生，幻化出那麼多只手救度眾生。

普賢菩薩也是如此，他的願力也很廣大。他當時也是這樣發的願，以菩薩的身相度化眾生。在體上，普賢菩薩和阿彌陀佛無二無別，但在相上二者是有分別的。他發願的時候，沒有發「自己示現成佛」這個願，而是如同觀音菩薩、地藏菩薩一樣，輪迴不空，不示現成佛，以菩薩的身份度化眾生。

普賢菩薩已經成佛了，「普賢行願」也可以說是佛的行願。普賢菩薩是以菩薩的形象度化眾生的，也可以說是一切菩薩的思想和行為。「普賢」也可以指一切菩薩，一切菩薩也就是普賢。「普賢行願」可以說是普賢菩薩的所想所行，也可以說是一切菩薩的所想所行。

「廣大行」，普賢菩薩的十大願王的確廣大，完全是站在一真法界的境界中講的，沒有時間和空間的界

限，所以是「廣大行」。我們就應該學修這些。

「圓滿無上大菩提」：能恆時修習普賢廣大行，自然就能證悟圓滿無上菩提了。

普賢行願就是利益眾生的思想和行為。他的思想不離利他心，他的行為不離利他事。在這個過程當中，「我常隨順諸眾生」。他在一切時、一切處中，恆時不停地修行普賢廣大行——利他心和利他事。

無論是發利他心，還是做利他事，都不是隨隨便便的。很多人對此都有疑惑：「我的心是好的，做的事也是好的，怎麼沒有如是的結果呢？」世間人總是求果報，總是等回報。自認為發利他心了，自認為做利他事了，然後就迫不及待地等著：「什麼時候我的身體能好？什麼時候我的家庭能平安？什麼時候我才能解脫？什麼時候我才能圓滿？」一天過去了，兩天過去了，一個星期過去了……開始懷疑了：「不是說發菩提心、行菩薩道，一切都能圓滿嗎？一切都能心想事成嗎？我這個利他心、利他行怎麼像往海裏扔石頭一樣，什麼反應也沒有呢？」

利他心和利他行都要有智慧的攝持。「哎呀，他太可憐了，我給他點東西……」這不是利他心，不是利益

聖尊普賢行願之王——普賢行願品講記

眾生，不是發菩提心，不是行菩薩道。因為對方貧困、殘疾而幫助他，這也是一種利他心和利他行，但不是大乘佛法裏講的利他心和利他行。大乘佛法裏講的利他心、利他行與普賢行願裏講的一樣，都是平等的，都是無分別的。雖然你在發利他心，做利他行，但應該有菩提心的攝持，應該有廣大智慧的攝持。「眾生愚癡顛倒，造了惡業，才落到今天這個地步……」因此而可憐眾生。「現在機緣到了，他需要我的幫助，我應該去利益他。」這才是有智慧的想法。這種發心與理念和普通的凡夫完全不同。

「普通的凡夫」是指大乘佛法裏所講的沒有發菩提心的人，他遇到殘疾人或有困難的人，也許會發利他心。但是他沒有智慧，也沒有菩提心，僅僅是因為這個眾生很可憐而去幫助他。這是一般的同情心，是一般的善事。佛和菩薩的發心就不一樣了，佛菩薩知道他痛苦的原因，也知道他是有緣眾生，應該結緣，應該為他種下善根。若是他本身非常有善根，直接就可以利益他；若是他善根尚未成熟，但只要與他結上了緣，給他種下了善根，他就跑不掉了，將來就有機緣度化他了。所以要有智慧地恆順眾生。

菩薩發利他心、做利他事時，會去恆順眾生。通過智慧觀察他是何種根性，因緣在哪裏。

當時密勒日巴求法的時候，首先遇到的是一位成就大圓滿的上師。那位上師告訴他：「我這個法很簡單，晝修晝成佛，夜修夜成佛，隨時修隨時成佛。」但是他前面有一句話：「若是具有善根。」密勒日巴覺得自己以前學咒術學得很快，學降冰雹之法，一學就會。那些也是不容易成就的，普通人都學不會、修不成，但是自己學會了、修成了，自己的善根應該沒問題，應該能修成。於是他也不學不修，睡醒了就吃，吃飽了就睡。幾天後上師來了，看他是這種狀態，就說：「我的口氣確實有點太大了，以你這種行為，是不能成就大圓滿的。」其實這也是有意義的。這位上師觀察到了他不是修大圓滿的，是修大手印的。他的根性、因緣不在這裏，應該在瑪爾巴大譯師那邊。然後就告訴他，「在某個地方，有位瑪爾巴上師，經常到印度求法，現在在藏地弘揚大手印。你的因緣在那兒，你應該到那裏去修行。」他一聽到瑪爾巴上師的名字，心裏就生起一種不同的感覺，當下就淚流滿面。他自己也知道，那就是與自己宿世有緣的上師，應該去找他。

他找到瑪爾巴上師以後，瑪爾巴當時也不收他為弟子。瑪爾巴是位在家身份的成就者，天天要放犛牛，還要耕地，非常忙，哪有時間攝受弟子？他還有其他弟子，他們偶爾也來求法，但瑪爾巴上師不像我們這樣每天都講法。密勒日巴非常虔誠，瑪爾巴雖然沒法拒絕，但也找了好多借口。密勒日巴說：「我是拉多地區來的一個罪孽深重的大惡人。」瑪爾巴一聽就生氣了：「你罪孽深重和我有什麼關係？都是你自己造的！誰讓你殺那麼多人，誰讓你造那麼大的惡業？還到我這裏來宣揚。」不願意接受他。其實這也是考驗，但是不能不接受啊，因緣到了，瑪爾巴也沒辦法。密勒日巴更堅定，他說：「我現在一無所有，吃、住、法，都要靠您老人家。」前面有一個條件，就是身口意可以完全供養給上師，不然他不敢這樣說。瑪爾巴又生氣了：「你的身口意給我有什麼用？我不需要這些。你膽子也太大了吧！要吃住，還要法。你修行、成就為了誰？還不是為了你自己？難道是為了我？」密勒日巴很固執，還在那裏懇請。最後馬爾巴沒辦法：「行，要麼我管你吃住，然後你到別處去求法；要麼我傳給你法，吃住你自己解決。」密勒日巴一想，自己跋山涉水，千里迢迢來到這

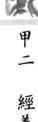

甲二　經義

裏，就是為了求法，於是選擇了求法，吃住自己解決。他沒地方住，上師瑪爾巴就讓他到牛棚裏住。

第二天，他出去化緣，化到了很多青稞回來，心裏很高興：「我化到了這麼多青稞，上師一定會很高興。」他知道瑪爾巴脾氣不好，但是他得到的東西多啊！瑪爾巴示現上也是很貪財的。瑪爾巴的房子是個簡陋的木房，他背著很沉的青稞到了門口，蹲到地下放袋子時，碰到了瑪爾巴住的木屋，房子搖晃了。瑪爾巴又生氣了，出來把他打了一頓。

密勒日巴不容易，但是瑪爾巴觀察到了他的根性、因緣，心裏有數，必須要以這種方式攝受他。對密勒日巴來說，這是最合適的，也是最快速的消業方法——通過苦行達到圓滿成就。那諾巴依止帝洛巴、瑪爾巴依止那諾巴，都是很艱難的，密勒日巴依止瑪爾巴的過程也是如此。

最後密勒日巴成就了，要攝受弟子時，瑪爾巴告訴他：「現在是末法時期，具有你這種信心的眾生很少，所以以後你攝受弟子的時候不要跟我學，不要用這種方法，應該以溫和的方式去度化。」後來密勒日巴在攝受弟子的過程中很溫和。惹瓊巴經常不聽密勒日巴的話，

聖尊普賢行願之王——普賢行願品講記

經常和密勒日巴頂嘴，自己想去哪就去哪。惹瓊巴年紀也不小了，好像四十多歲了。有一次，密勒日巴不讓他去拉薩，但是他一定要去，密勒日巴也沒辦法。惹瓊巴去了以後，就遇到了障礙。儘管最終他也成就了，但是遇到了很多障礙，修行過程也很艱難。密勒日巴為什麼沒有用粗暴的態度、行為來度化眾生？因為要知道眾生的根基、緣分在哪裏，隨順眾生。

我們現在也是如此。如果想度化身邊的眾生，應該觀察他們的根性、因緣在哪裏，不應該直接說，「你必須要學佛，必須要修行！若是你不跟我學佛，不跟我修行就離婚！」不能太直接，這樣就沒有隨順眾生。應該想點辦法，他的根性在哪？他的緣分在哪？雖然他不願意念經，不願意打坐，但是他願意聽佛歌，願意聽我們《大圓滿歌曲集》裏的歌曲，你就唱給他聽。儘管他現在不願意去廟裏，不願意去道場修學，也沒有事，陪他看看電影，陪他到外面運動運動，在這個過程當中，可以引導他。比如，看戰爭片時就對他說：「殺了那麼多人，你看這些可憐的眾生。」看其他的電影時，可以說：「你看，多無常啊！」就這樣慢慢地引導他。如果遇到的是不信佛，甚至是特別反對，看似一點善根和因

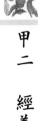

緣都沒有的人，也不能硬碰硬，應該先恆順他。他實在反對，接受不了的時候，你就偷偷地學，默默地學；他比較高興的時候，你們兩個比較合得來的時候，就透露一點，慢慢讓他接受。別太著急，這也是一種方法，這就是恆順眾生嘛！

我們要度化、幫助身邊的眾生，因為這都是與我們最有緣分的眾生。若他們實在沒有這個根基，一點機會都不給你，你對他一點辦法都沒有，也沒有事，把善根迴向給他，然後默默地發願：願他相續中的善根盡快成熟，盡快生起信心；願自己能盡快度化他，幫助他。願的力量是不可思議的，若是你能真心發願、發利他心，就能為他種下善根。真的，心和心是相通的，如果你真正用心去利益他，善根一定能融入他的相續，這是絕對沒有問題的。現在科學家研究證明，連水這種物質都能接受信息，接受心的力量、接受萬物的力量，何況是人呢？

人有心，物質是心的幻化、顯現，也可以說是心，但是物質沒有心。若是物質有心，比如柱子有心、水有心，就要承認柱子能成佛，河流能成佛，但是不能這樣承認。有的人講，物質也有心，有見聞覺知，這是不正

聖尊普賢行願之王——普賢行願品講記

189

確的。它們是心的顯現，是心的遊舞。比如，大海和波浪看似兩個，實際上是一體的。心和心的顯現看似兩個，實際上是一個。有情眾生可以成佛，無情眾生不能成佛。

丙六、會遇同分菩薩：

所有與我同行者，於一切處同集會。
身口意業皆同等，一切行願同修學。

曾經有一次，阿難跟佛說，他才知道，修行大部分成就的取得都要靠善知識和善友。佛說，這個觀點是錯誤的，不是大部分成就，而是一切成就的取得都要靠善知識和善友。在這裏也是如此，主要是發願生生世世不離善友。

「所有與我同行者」：「行」指的是普賢行，即發菩提心、行菩薩道。在思想上是發菩提心，在行為上是在行菩薩道。自己是修大乘佛法的人，是發菩提心、行菩薩道的人。那什麼樣的人可以成為自己的善友，成為自己的道友呢？也是發菩提心，行菩薩道的人。若是對

方沒有發菩提心、行菩薩道，就不是善友，不是道友了。搞世間八法的人，貪欲世間的人，是不是同修，是不是道友呢？不是！這些求自我解脫的阿羅漢，是不是同修，是不是道友呢？也不是。

同修道友的面比較廣。無論是修世間法，還是修解脫，只要是學佛人，都是同修，都是道友。但在此處所講的同修道友指「與我同行者」。我們是修大乘佛法的，是修普賢行的，同行者也應該是修大乘佛法的，也應該是修普賢行——發菩提心，行菩薩道的。這些才是真正的「同行」，才是真正的同修，真正的道友。

「善友」中的「善」也有不同層次的解釋。在這裏，善友是指發菩提心、行菩薩道的人。因為在修行道路上，一切成就的根本與來源就是善友——同修道友。我們依止善知識先要觀察，選擇什麼樣的人做為道友也需要先觀察。他是不是已經發菩提心了，是不是已經行菩薩道了？如果是，就可以作為同修，可以成為道友。這才是真正的善友。

真正的善友應該一起發菩提心、一起行菩薩道的。不是見到了、親近了，就生起嗔恨心、貪心、傲慢心和嫉妒心，甚至一起造惡業。比如，一起說妄語騙眾生，

聖尊普賢行願之王──普賢行願品講記

一起說惡語罵別人。你們現在就是這樣的！在外面轉大殿的時候，一起說綺語；在房間裏，一起說離間語。在師徒之間、同修之間、朋友之間挑撥離間，說長說短，說善說惡，說是說非，破壞人際關係。這樣也是「同修」，修惡道；也是「道友」，成為惡道的友。通往三惡道，墮落三惡道，也有路，也有方法，也有因。通往三惡道的因叫道。一起造墮落三惡道的因，成為造惡業的對境，互相幫助造惡業。這就是惡道的友，同修的是三惡道。一起殺生、偷盜、邪淫，一起說妄語、綺語、惡語、離間語，一起貪戀世間的福報，一起去怨恨別人，一起存害心，盤算著傷害眾生，一起說道友的是非。有的還說法門、說上師、存邪見……這不是佛法裏講的同修道友，而是世間裏講的「同修道友」。

「於一切處同集會」：自己有沒有找到真正的善友，有沒有找到真正的同修？若是找到了，就要去親近。同修、善友也很重要啊！這是修行上的伴侶。親近真正的善友，修道、成就就容易了。因為你事事都會受到對方的影響，除非真正得地的時候，才不會受身邊人的影響。

如果你親近惡友，就會令相續中僅有的戒定慧的功

德逐漸損減，罪惡逐漸增長，能引生一切過患。有的人剛開始很好，但是受朋友、受身邊人的影響，誤入歧途，殺、盜、淫、妄、貪心、害心、邪見日日增長。所以，何時何地都要遠離惡友。這些很重要啊！」我不是要度化一切眾生嗎？尤其應該度化這些惡人。「這沒有錯。但是你現在沒有能力，定力還不夠，先遠離一下，不能被牽引，讓自己沉淪下去。不能親近惡友，要親近善友。

如果能依止、親近一個善友，尤其是一位發菩提心、行菩薩道的真正的同行菩薩，和他共住，久久熏染，你自然而然就能發菩提心、行菩薩道，功德自然增上，過患自然減少，能引生一切的功德利益。找到了一個真正的同修、善友，應該好好地親近他。

「身口意業皆同等」：跟著他學，他怎樣做你也怎樣做，他怎樣說你也怎樣說，他怎樣想你也怎樣想。如果是一位真正的善友，一個真正的大乘行者，就應該跟著他學：學發菩提心、行菩薩道，學清淨、忍辱、精進等。

「一切行願同修學」：「一切行願」指普賢行願；「同修學」指一起學、一起圓滿。即使不能趕到前面，

聖尊普賢行願之王—普賢行願品講記

也應該同時進步，同時圓滿，不能落到後面。

自己觀察一下，無論是在山下還是在山上，你最喜歡的，心裏經常掛念的，經常想見到，想跟他說幾句，想跟他待一會兒的這個人，是不是已經發菩提心、行菩薩道的人？是不是善友？也許你自己的觀察、判斷會有錯誤。如果大家都認同他是表裏如一的發菩提心、行菩薩道的人，是有目共睹、眾所周知的，你就應該好好地親近他。一切處中都應該和他聚會，身口意業都應該和他同等。

確實有這樣的人，確實能找到這樣的善友。當你找到了修行道上的伴侶的時候，應該多看他的功德，盡量地喜歡他的功德，學習他的功德。不應該看他的過患，不應該生起貪心、嗔恨心、嫉妒心。大家看看自己，是不是在親近善友？在以什麼方式親近善友？

此處是一個大乘道場，是修無上瑜伽、無上密法——大圓滿法的道場。這裏只可以有道友，不可以有其他的關係。這裏修的是大乘妙道，這裏修的是即身成佛的大圓滿法，自己也應該與道友一起共修。這是親近善友。

自己要發願，同時也要祈禱上師三寶：願在一切處中，都能值遇善友，不遇惡友；願生生世世在一切處

甲二　經義

中，都有和自己同行者。願與這些道友於一切處中同集會，身口意業皆同等，圓滿普賢行願。《宣說文殊剎土功德經》中講：「諸法依緣生，住於意樂上，何者發何願，將獲如是果。」自己的意樂就是願。好好祈禱，好好發願，上師三寶的加持不可思議，自己心的力量、願的力量不可思議。真的，修行難就難在這裏：處處遇到惡友，影響道心，無法前進。若是我們能處處遇善友，不遇惡友，就順利了。所以我們要發願：生生世世，一切處、一切時中，只遇善友，不遇惡友，尤其在初學階段。

我從七歲出家到現在，二十多年了，最起碼沒破過根本戒。這不是我太有本事了，也不是我太有定力了，主要是善友的功德。我出家時，我們的寺院很小，僧人也少，但是他們對戒律要求的非常嚴格，持戒非常清淨。在這樣的環境、因緣下，自己的身口意三門保持得還算比較清淨。不敢說沒犯過支分戒，但是敢說沒犯過根本戒。十九歲時我到了五明佛學院，就更不用說了。其實小時候在寺院，以及後來在五明佛學院，什麼樣的人都有，也不是沒有惡友，也不是沒有犯戒、還俗的，但是我沒有遇到。在我身邊經常和我一起共住的這些人，戒律都非常清淨，對自己的要求非常嚴格。這些善友熏染了我。在大家的幫助

聖尊普賢行願之王——普賢行願品講記

下，我清淨持戒的決心更大了。

喇榮下面有一個道場，那裏有一位秋恰堪布，是一位苦修者。他生活非常簡單，是大家非常認同的一位上師，在藏地也是非常有成就的，和我們的上師如意寶是同齡人，經歷過很多事情，包括文革。他的戒律非常清淨。

當時我自己的因緣在喇榮，依止了上師如意寶後，便沒有再依止其他上師的想法。但是他持戒特別清淨，所以一直有個願望：到他那裏發個願，願自己生生世世戒律清淨。因為他戒律清淨，是清淨持戒的模範，按佛法的觀點來講，有不可思議的加持力。但是一拖再拖，直到有一天那位上師突然圓寂了。聽到這個消息後，心裏有點遺憾，老人家活著的時候沒有去親近，沒有緣分去見。趁著他的法體還沒有火化，我們決定趕過去拜見他的遺體。那一次，不知道別人當時是怎樣發願的，但自己發的願是：願自己能生生世世持戒清淨。從那以後，自己清淨持戒的決心更大了。那時我二十多歲。

因為受到了身邊這些善友的影響，所以一直有這樣一個堅定的誓願。為什麼要講這個？因為善友太重要了。「是不是到了寺院，到了佛學院，遇到的都是善友？」不一定。也有很多因犯戒而離開寺院道場的，但

是我沒有遇到。我希望大家應該好好祈禱，好好發願，不然惡緣什麼時候成熟不好說。說好聽的，隨時都有成佛的可能；說不好聽的，隨時都有成魔的可能。大家得人身不容易，遇正法不容易。若是真想今生解脫，真想即身成佛，決心應該下得徹底一點，實在一點。說是要解脫、要成佛，但是你看自己的決心是不是很強烈？是不是很徹底？有的人還在分別這個分別那個，還在想這個念那個。不要這樣。

若是不想解脫，不想成就也可以；若是真心想解脫，真心想成就，就應該和紅塵斷絕關係，徹底放下世間的人事物。有的人總發信息，打電話，看這個看那個。你是以什麼心態看的？最初看一看覺得挺好，再看一看覺得更好，經常看、經常看，最後就難以自拔了……希望大家互相都成為善友，不要成為惡友。

當時，喇榮佛學院的上面全是男眾，下面尼姑寺全是女眾，上師講法時，都在一個大殿裏。平常上師如意寶講法就是講法，不會輕易強調清規戒律。但是有一次，上師說得非常嚴重：「大家都在一個道場，一起修道，而且都已經出家了，互相之間不能染污，不能有不應該有的關係。若是有了，就相當於喝我的血，吃我的

聖尊普賢行願之王——普賢行願品講記

肉！」這是他老人家為了那麼一件事，一生當中唯一一次說過的嚴重的話。

所以我經常講，學來學去，修來修去，最後連造業都不會了。不該造的業都造了，不該犯的戒都犯了。想造業，有別的地方，用不著在這裏造業；想造業，有別的對境，用不著在這裏找對境。我希望大家互相都成為善友，不要成為惡友。因為這是修善的地方，大家都在下決心修善，彼此應該是善友；這是道場，是修道的地方，大家都在下決心修道，彼此應該是道友。

丙七、令善知識歡喜：

所有益我善知識，為我顯示普賢行，
常願與我同集會，於我常生歡喜心。

令善知識歡喜更重要。這是在顯宗裏講的，密宗裏更是這樣。

「所有益我善知識」：顯宗裏稱善知識，密宗裏稱上師，層次越高，要求越嚴。比如，九乘之巔的大圓滿法中，要將上師視為佛，視為法身佛，要這樣去依止、

去修持。「令我證悟法性者，祈禱根本上師尊。」令你證悟法性，令你證悟本性的人，就是你的根本上師。

「為我顯示普賢行」：「普賢行」就是普賢菩薩的十大願王，也可以說是發菩提心、行菩薩道。讓你發菩提心、行菩薩道，才是對你真正的利益；讓你明白和行持普賢行的人，才是你的善知識。

不是所有有「活佛」、「上師」之名的人都是善知識。即使名氣再大，勢力再大，如果沒有給你顯示普賢行，沒有讓你發菩提心，沒有讓你行菩薩道，就都不是你的善知識。若是名氣大、勢力大就可以成為善知識，那些大明星、大老板、大富翁也都成為善知識了。有名氣的人不一定是善知識，有權勢的人不一定是善知識，教你怎樣發菩提心、行菩薩道的人才是善知識。

只有釋迦牟尼佛才有解脫、圓滿的方法。他老人家講「諸惡莫作，眾善奉行」，就是要斷惡行善。我們現在不知道什麼是善、什麼是惡，也不知道怎樣去斷惡行善。在很迷茫、很無奈的時候，慈悲的上師善知識攝受了我們，讓我們明白善惡、取捨善惡，讓我們解脫。我們經常講，上師的功德和諸佛的功德一樣大，但是上師的恩德比諸佛的恩德、比父母的恩德還大，可以說是恩

重如山。因為他讓我們知道什麼是宇宙人生的真相、真理，讓我們明白諸法的實相真理，讓我們破迷開悟，永遠地解脫煩惱、解脫痛苦，使我們的智慧和福德當下圓滿。之所以稱「大恩上師」，因為這不是一般的恩德！

我沒有別的功德，但是我對我上師的信心是堅定不移的，對我上師的喜歡、崇拜，不是一般的喜歡、崇拜。他的相貌我百看不厭，他的聲音我百聞不厭。我總有一種強烈的感恩之心，一想到上師，一念到上師，自然就會熱淚盈眶。這些除了自己，誰都感覺不到，誰都不可能知道。我也問過自己，是不是因為我上師的名氣太大了，勢力太大了，崇拜他的人太多了，跟隨他的人太多了？最終的答案是：都不是。

我到喇榮的時候，上師的年紀已經很大了，身體也不是很好。那時，喇榮規模已經很大了。除了在大家一起聞法時能見到上師，平時一個人親近上師的時候很少。剛才講的這種歡喜、崇拜、感恩之心，上師在世的時候也有，但沒有那麼強烈。

我剛到喇榮，尤其是學習五部大論的時候，上師每天都給我們開示，自己那時是很驕傲的，覺得自己好像什麼都明白了一樣。在辯經院裏，除了那些大堪布，我

認為沒有誰能辯得過我，這種傲慢心特別強。到別的寺院或見別的人，更是看不起。我考上堪布以後，在喇榮待了兩三年，後來才知道，自己明白的那些都是皮毛，其實什麼也不是。

之前，我的房間裏都是四續五論等大經論，根本找不到《大圓滿前行引導文》、《前行備忘錄》這些書。因為這些書都是白話，我十幾歲的時候就學過的，那時覺得都會了，後來再也沒有看過，沒有學過。考上堪布以後，稍微輕了一點，真正內觀，真正想修行的時候，發現沒有方法，不知道從哪裏下手，也不知道怎樣修。於是把《大圓滿引導文》和《前行備忘錄》重新撿回來，發現具體的修持方法都在這裏，然後再學再修，才對上師生起了無偽的信心。之前也不是沒有信心，但是不一樣。真的，那段時間，晝夜、時時想的、念到的都是上師。這時，才感覺自己明白了一點點的佛理，並不多，並不究竟。從此以後，就有一種感覺，不是特意想上師的功德、恩德，可是一想到、一念到，眼淚自然就止不住地流下來。這是除了自己，誰也不會明白的。

我在講法前念誦的祈禱文的後面加了一段祈禱一切上師的祈禱文，這樣做也是有意義的。「令我證悟法性

聖尊普賢行願之王——普賢行願品講記

者，祈禱根本上師尊。」按照藏文的意義，不是祈禱一位，而是祈禱所有的根本上師。我們現在念的是「扎伊拉瑪切拉所瓦德」，「切」的意思是自己的根本上師。我念的是「扎伊拉瑪南拉」，「南」是一切的意思，就是祈禱一切根本上師。為什麼加這個？因為令我證悟空性，令我證悟法性的人，恩德太大了，不能忘記。念到這裏時，我經常想：在過去世、現在世、未來世的生生世世中，無論是在畜生道、餓鬼道等哪一道，無論以什麼身份、以什麼方式、以什麼形狀，只要能令我證悟法性，證悟空性者，我都要祈禱，都要感恩。因為這個恩德太大了，無法表達，無法報答啊！雖然報答不了，但是不能忘記。也許貓裏有，狗裏有，鳥裏有，哪裏都有⋯⋯也許我現在看不出來，但是我都要祈禱，都要感恩。

「常願與我同集會」：如果找到了這樣一位真正的善知識、具德上師，就不能再離開，不能再三心二意，願在一切時、一切處中形影不離。

法王如意寶也有很多上師，比如說托噶如意寶是他一生中所依止的最有緣的上師。但是他一生中，對麥彭仁波切非常有信心，有感恩之心，把麥彭仁波切視為根本上師，這些在他的傳記裏也能看到。他邊念麥彭仁波

甲二　經義

切的祈禱文，邊看麥彭仁波切所寫的《直指心性》，念了很長時間，看了很多遍，最後他老人家證得了大圓滿。他說，他所明白的一點點諸法的真相，尤其是大圓滿，完全來自於麥彭仁波切的加持。這也是給我們的示現。上師發願，生生世世，無論麥彭仁波切轉生到哪裏，他也要到哪裏：無論是在地獄道、餓鬼道、畜生道，還是在人間天界，都要成為麥彭仁波切的助緣與伴侶。我們也應該這樣發心，為了度化眾生，無論上師到地獄道，還是到餓鬼道、旁生道，都要跟著去。當時上師如意寶所發的願，也就是普賢行願的內容。

有的人卻不是這樣：「上師若是到西方極樂世界，必須要帶著我啊！若是去蓮師的刹土也可以帶著我。」但是一聽說上師要轉生到地獄或餓鬼道就害怕了：「哎喲，我可不行！」上師到某個道場，條件比較好，比較莊嚴，自己也跟著去。上師到某個道場，條件不好，非常艱苦，自己就躲得遠遠的。哪裏條件好，就跟著到哪裏：「是不是坐飛機去啊？我也去！」若是要走路或者是三步一拜地磕頭走，就不作聲了。這是追求享受，追求快樂的，這不是跟隨上師，不是親近上師。條件好還行，條件不好就跑了；比較順利還行，遇到點艱難困苦

聖尊普賢行願之王——普賢行願品講記

又跑了。到西方極樂世界行，「別忘掉我，一定要把我帶上！」若是上師要下地獄了，就不作聲了，心裏想，「我可不去，自己去吧！」沒有這樣依止上師的，沒有這樣親近上師的。

無論是上刀山下火海，都要跟著一起上、一起下！以這樣的決心，以這樣的心態，用自己的一切乃至生命來親近上師、依止上師，這樣才夠資格。這裏主要講的是以虔誠之心依止上師。什麼叫虔誠心？不管是快樂還是痛苦，不管是好還是壞，不管是善還是惡，都不動心，這才叫虔誠。善的時候行，惡的時候不行；好的時候行，不好的時候不行；順利的時候行，不順利的時候不行，這樣就是不夠虔誠。如果還是自以為是、自作主張，還是存自私自利之心，就不夠資格。這裏主要強調的是這顆心。

「於我常生歡喜心」：生生世世，無論在任何情況下都不能冒犯上師，更不能讓上師生氣，應該令上師善知識歡喜。以財供養、力供養、法供養讓上師歡喜。力供養就是侍奉上師，幫上師弘揚正法，繼承上師的事業，承辦上師的事業。法供養就是依教奉行，讓上師歡喜。在修行的道路上，這是至關重要的。

以前佛陀在世的時候，阿難與佛是堂兄弟，關係非常好。人人都尊重佛，但是阿難經常跟佛頂嘴。善星比丘走了以後，沒有人敢當佛的侍者。因為阿難不怕佛，所以大家都推薦阿難做佛的侍者，阿難還向佛提了三個要求（你看阿難的口氣，阿難經常這樣）。

佛圓寂的時候，把事業交給了迦葉尊者繼承。阿難跟隨佛的時間最長，聞到的法最多，是「聽聞第一」。現在要收集佛的教言，必須靠阿難。但是，阿難必須要成阿羅漢才行。迦葉尊者知道阿難沒有成就。於是給阿難定了五種罪名，把他趕出了僧團。阿難心裏很失落，佛在世的時候，自己多有面子，多威風啊！佛圓寂了，迦葉尊者給他定了那麼多罪名，還把他趕出來了，他心裏很痛苦，真正生起了出離心，然後跑到山裏修行。阿難聽聞得最多，只是沒有修，所以一修就成阿羅漢了。

那時是正法時期，證悟阿羅漢是非常容易的。佛在世的時候，阿難為什麼沒成阿羅漢呢？因為他經常不依教奉行。儘管很多時候，他也是為了眾生，為了僧眾。比如，佛當時規定女眾不允許出家，但是佛的養母（姨母）及其眷屬都想出家修行。佛當時不同意，但是阿難強烈請求，最後佛答應了。但是佛的教法住世時間，也

聖尊普賢行願之王——普賢行願品講記

因此縮短了五百年。阿難經常這樣，所以佛在世的時候，他沒有成就。

第二佛蓮花生大士有個弟子叫覺母嘉。有一天，蓮師通過神通，讓大家現見了普巴金剛的整個壇城，要做普巴金剛的灌頂。這個時候壇城所有的尊眾都顯現了，非常莊嚴殊勝。蓮師問覺母嘉，你選擇在本尊面前受灌頂，還是選擇在上師面前受灌頂？其實這也是考驗。覺母嘉選擇了在本尊面前受灌頂。就是因為差了這麼一點點信心，覺母嘉沒有得到蓮師的攝受，蓮師把覺母嘉交給了益西措嘉空行母。

對上師的教言置之不理的過失也特別嚴重。有一次，帝洛巴告訴那諾巴，不要擔任布札馬希拉寺護門班智達的職務。後來，那諾巴去印度中部地區時，正巧遇到布札馬希拉寺護門班智達圓寂了，沒有其他人能夠與外道辯論。該寺住持便請求他說：「無論如何請您作北門的護門班智達。」經過再三懇求之後，他擔任了北門的護門職務。一次，他與外道辯論，因為他違背上師教言的緣故，所以接連幾天都無法取勝。那時的辯論不是一般的辯論，若是失敗了，整個教派以及所有的弟子都要歸對方，後果非常嚴重。於是他猛厲祈禱上師。帝洛

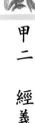

巴尊者出現在他面前，告訴他講將自己觀想在頭頂，以契克印指著外道進行辯論。那諾巴依照上師所說而行，結果大獲全勝，一舉击敗外道的所有唇槍舌劍。

瑪爾巴依止那諾巴的時候，有一次做勝樂金剛的灌頂，當時那諾巴通過神通把勝樂金剛所有的本尊都顯現在瑪爾巴面前，讓瑪爾巴選擇。瑪爾巴想，自己每天都能見到上師，上師每天都能給自己灌頂，見本尊多不容易啊，我應該在本尊面前受灌頂。後來那諾巴說，以此緣起，你的法脈可以通過弟子傳下去，但是你的後代就無法延續了。

這樣的公案很多。所以，令善知識歡喜是很重要的。「於我常生歡喜心」，就要依教奉行，一就是一，二就是二，沒有商量的餘地。我們有一句俗語：「上師所說即是法，上師所指即是東。」上師所指的方向不是東也是東，沒有「這不是東，是南或者是西」的說法。指哪都是東，說什麼都是法，以這種心態、以這種行為依止上師善知識，才能獲得上師或善知識的攝受。不是上師不攝受你，是你的心根本達不到一心。達不到一心，就得不到上師的攝受。

什麼是上師的攝受？給你摩頂，給你念咒，這不叫

聖尊普賢行願之王——普賢行願品講記

207

得到上師的攝受。無論是通過上師的威力，還是通過上師的加持，讓你的心堅定，讓你的心不動，才是得到了上師的攝受。為什麼說要一心一意，不能三心二意？依止善知識的目的就是這個。自己的心要定；若是漂浮不定，不是一心，就不能成就。一心才有成就，心不動才有成就。如同兩個尖的針無法縫製衣服一樣，以兩個心修行就不能成就。達到一心了，心能定下來了，依止上師善知識的目的就達到了。

無論是依止上師善知識，還是消業積福，修任何法都是為了心能定下來，能變成一心。其實沒有必要想那麼多，也沒有必要分別那麼多。一通一切通，心通萬法通。所謂心通了，就是心裏沒有障礙。一就是一切，當下就是圓滿的。我們學佛就是要回歸自性，即讓心定下來，成為一心。心本地是明，如果回歸自性了，光明就顯現了，一切就OK了。

無論在哪裏學修，都要靠一心，這是很重要的。有一個堅定的信念，心不用動，一切都會過去的。如果心不定，處處都有違緣，處處都是障礙；心定下來了，也許一切顯現都和你無關。無論是修法的時候，還是依止上師的時候，都要一心一意，不要攀太多的緣。這就是

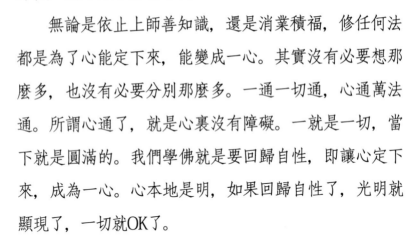

「於我常生歡喜心」，這是從顯宗的角度講的，密宗裏還有更多更嚴的要求。大家都學習過《事師五十頌》，裏面也有很多依止上師善知識的方法。

丙八、常見如來，常興供養：

願常面見諸如來，及諸佛子眾圍繞，
於彼皆興廣大供，盡未來劫無疲厭。

「願常面見諸如來」：發願能親自面見諸如來。不是見到阿羅漢，也不是見到獨覺佛。

「及諸佛子眾圍繞」：一切如來都被諸菩薩圍繞著。

「諸佛子「指菩薩。釋迦牟尼佛有身子——羅睺羅，語子——阿羅漢，心子——菩薩。為什麼說聲聞和緣覺是佛的語子呢？因為他們是通過佛的教言、通過佛親口說的這些解脫成就的方法成就的。若是佛不出世、佛不說法，就不能產生阿羅漢和獨覺佛。為什麼說菩薩是佛的心子呢？因為只有菩薩才是佛得意的弟子，才能真正了悟、證得佛究竟的密意和果位。佛的究竟密意就是發菩提心，行菩薩道。阿羅漢、獨覺佛都沒有發菩提

心、行菩薩道，沒有獲得佛的究竟密意與果位，所以他們不是心子。

一個真正的學佛人是要利益眾生的，應該有眾多所化眾生與眷屬，而不是一個人在森林或山洞裏待著。否則，就是阿羅漢、獨覺佛。若想跟佛菩薩學，就要接觸眾生、攝受眾生、教化眾生、救度眾生。

「於彼皆興廣大供」：在講供養支的時候講過，佛是無量無邊的，在每位佛面前都有一個自己，自己是無量無邊的，供品也是無量無邊的，所以稱為「廣大供」。做廣大供養應該是「皆興」，即以歡喜心、恭敬心、真誠心，法喜充滿地做。不是因為不好意思，不是因為要面子，不是為了做給別人看，也不是心裏捨不得卻勉強地在表面上做。這裏面有很多含義。

首先要了解佛具有不可思議的功德，因而非常喜歡佛，非常恭敬佛。對佛有歡喜心、有恭敬心，供養是自然而然的。若是你特別喜歡一個人，對他特別感興趣，什麼都能拿出來，什麼都能捨得，包括生命都不會在乎，為他做什麼都行，怎樣都行。這種喜歡和欲望不是一般的喜歡，不是一般的欲望，而是非常強烈的。現在需要這樣一種心。

做供養不是因為佛菩薩缺東西，不是佛菩薩需要這些有主無主的東西，而是為了眾生。應該有這樣一種見解。這是佛為了度化你。如果你非常歡喜，非常有恭敬心，佛的這些功德自然就能在你的相續中產生。之所以能產生這些功德，不是通過佛的神通，而是因為你對這些功德生起了歡喜心。

為什麼我們現在積累點福德、功德這麼難呢！主要是因為沒有歡喜心和希求心，或者這種心不強烈。為什麼總要發願呢？就是這個原因。我們現在無論是對佛還是對上師，雖然稍微有一點點希求和歡喜，但也不是因為他們有功德。一聽說佛神通廣大，有求必應，什麼都能給予自己，貪心就生起來了，並因此生歡喜心。一聽說是上師，尤其是藏地來的所謂的「活佛」、「法王」，認為他們太神了，一吹就能治愈所有的病，一碰就能飛起來，因此而生起歡喜心、希求心，繼而以這樣的心態去親近，根本不是因為這位上師的智慧廣大、慈悲廣大、具足德行、戒律清淨、攝受能力強而歡喜和希求。

具足正見的人很少，大部分人都是糊裏糊塗地接觸。根本不去考慮他的智慧、慈悲、戒律以及度化眾生的事業如何。很多人聽說藏地的「活佛」、「上師」來

了，第一句問的就是「厲不厲害？」意思就是有沒有神通。認為能飛、能治病就是厲害。根本不會問、不會觀察他的智慧是否廣大，他的慈悲是否廣大。要麼就問「有沒有名氣？」「有沒有勢力？」或者問「長得怎麼樣？」藏地的小活佛長得都比較帥。若認為「長得帥肯定是佛」，那天界的天人都是佛了！因為天界的眾生長得都特別英俊。這個標準也太簡單了，這是錯的，這些都是貪心不是信心！若是沒有弘法利生的事業，說他是「活佛」、「法王」也沒有用。若是能真正度化眾生，就是活佛，就是法王。否則名氣再大，長得再帥，也不是活佛、法王。

華智仁波切以及很多上師，尤其是我們的根本上師如意寶都講過，藏地有這樣的情況，家裏有錢有勢，小孩子長得也比較好看，就把他認定為活佛了。有錢怎麼就成為活佛了呢？有勢力怎麼就成為活佛了呢？長得稍微好看一點怎麼就成為活佛了呢？雖然化身佛有很多，他肯定也是其中的化身佛之一，但若是這樣，就不用認定了。牆、橋、柱子、房屋……都是種種化身佛，都是「活佛」。

化身佛有殊勝化身佛、投生化身佛、工巧化身佛、種種化身佛。釋迦牟尼佛、蓮花生大士示現成佛、轉法

212

輪，他們都是殊勝化身佛。如果要認定活佛，就要看他有沒有轉法輪，有沒有講經說法，是否真正以這種方式度化眾生。有弘法利生的事業，才是活佛。投生化身佛，就是真正的具德上師善知識們，他們在示現上也是在講經說法、度化眾生。他們為什麼要講經說法？因為有悲心。怎麼能講經說法？因為有智慧。以悲心和智慧講經說法、度化眾生，這都是投生化身佛，也可以稱為「活佛」。除此之外，不是佛在經中講的活佛，也不是佛在密宗續部裏講的活佛，不能稱為活佛。大家要有判斷能力，做任何事情都不能盲目，否則後果非常嚴重。

對具有功德，具有智慧的佛、上師生起歡喜心，生起恭敬心，這些功德自然就會在相續中產生。現在我們缺少的是對佛、對上師的歡喜心和恭敬心。佛法是從信心和恭敬心中得到的。信心就是特別喜歡，特別有興趣。就像你們現在喜歡錢、喜歡某個人一樣，不是一般的喜歡，而是特別的喜歡，甚至因此吃不香、睡不著。如果能這樣喜歡佛和上師的功德，離成就就不遠了。為什麼那些大德高僧們晝夜不停地求法，晝夜不停地修法？就是因為太喜歡了！他們太喜歡三寶了，太喜歡三寶的功德了。

喀喇共穹格西曾經在山洞裏修行，洞門口有一荊棘

叢，進出時很礙事，經常刮到衣服。其實砍掉它也就幾分鐘的事情，但他進出的時候，一想到死亡無常，一想到要修行成就，就捨不得浪費時間，於是一直沒有砍，只顧不停地修法。正因為他是這樣地喜歡善法，對法和功德有強烈的信心和歡喜心，從而精進修行，就像美女頭上燃火一般，最終獲得了成就。

若是我們有這樣的信心和恭敬心，很快就能把這些功德納入到自己的相續中。但是，我們修行都特別勉強。其實積累功德不難，因為功德都是本具的。主要是我們的心發不出來，心的力量不夠，所以無法啟發本具的光明，更不可能把業障消掉。

我們做供養的時候也是如此。如果真正有信心、恭敬心，做供養都是自然而然的。心裏一切都能捨了，所以表面上的供養做不做都行。心裏裝的只有這些功德以及具有功德的佛、上師，除此之外的一切名聞利養等世間法都從心裏捨掉、沒有位置了，這叫廣大供養。那時處處是供養，時時是供養，在此之前沒有圓滿的供養。

「盡未來劫無疲厭」：時間不是一天兩天，不是一年兩年，而是「盡未來劫」；「無疲厭」，無有疲倦和厭足。什麼時候才能做到這一點？只有進入普賢行願的

甲二　經義

境界中才能做到。普賢行願裏講的境界都是超越的。

這段偈頌中發願「願常面見諸如來」，即一切處、一切時中面見諸佛如來。能嗎？太能了！佛菩薩有三種：法身、報身、化身。

法身佛就是我們的自性，無處不在。萬法一心，自性只有一個。它不是物質世界，也不是精神世界，它是無處不在的。任何人、任何物都是一體的，因為是一個本體、一個自性。「我們是師徒關係，是母子關係……」這都是假的。有情無情的一切眾生都是一個本體，一個自性。所以，若是心真能靜下來，跟誰溝通都不難，跟地獄眾生溝通也不難，跟十法界最高的如來溝通也不難，因為都屬於十法界。有形無形的一切眾生都是一體的，都是一個心。若是你回歸自性，回歸當初了，一切眾生和你都是一體的。若是你能真正認識到，真正回歸自性了，處處都是自性。這就是所謂的法身佛。這個容易見到吧？

色身佛分報身佛和化身佛。法身佛是在體上講，報身佛和化身佛是在相上講。八地以上的菩薩才能真正見到報身佛，就是一個完全清淨的境相。比如，西方的阿彌陀佛、東方的金剛不動佛等都屬於報身佛，一般人見不到。

聖尊普賢行願之王──普賢行願品講記

《極樂願文》中為什麼說幻化阿彌陀佛？我在前面有一些方便的說法，而在此處所講的是其真正的含義。為什麼阿彌陀佛幻化一個自己來接引你？因為怕你見不到。

化身佛是八地以下的菩薩以及一般普通的凡夫也可以見到的。化身佛包括殊勝化身佛、投生化身佛、工巧化身佛和種種化身佛。前面講過，殊勝化身佛是釋迦牟尼佛、蓮花生大士等。投生化身佛是具德的上師善知識。塑的、畫的佛像；寫的、刻的佛經；塑的、畫的佛塔，這些都是工巧化身佛。還有塑佛像、畫佛像，寫經書、刻經書，塑佛塔、畫佛塔的這些能工巧匠也是工巧化身佛。我們壇城前面的平台、樓梯等所有的這些都是種種化身佛。種種化身佛有清淨的不清淨的，有好的不好的。也可以說，一切清淨與不清淨的顯現都是種種化身佛。

哪一個不是佛？哪一處沒有佛？主要是自己怎樣認識，怎樣看待。所以，無論是站在法身佛的體上，還是站在色身佛的相上，處處都可以面見如來，面見菩薩。其實，若是能把自己的心量打開一點，「願常面見諸如來」太容易了。若是真正對佛有信心、有恭敬心，在你的心裏只有佛，「盡未來劫無疲厭」的廣大供養自然而然就不難了。

甲二　經義

真的，若是真想學，明理很重要！「阿彌陀佛、觀音媽媽，太想你了！」不要說這些無聊、愚癡的話。「阿彌陀佛、觀音媽媽什麼時候來接我呀？」看似很虔誠，實際上都是迷信。怎樣才能見到阿彌陀佛？怎樣才能見到觀音媽媽？應該以這樣的心態，以這樣的方式去面見阿彌陀佛，面見觀音菩薩。應該以信心、以恭敬心供養。應該把自己的受用、善根、身體都放下，不顧一切地去依止佛，去跟隨佛。

丙九、攝持正法：

願持諸佛微妙法，光顯一切菩提行，
究竟清淨普賢道，盡未來劫常修習。

我們是大乘行者，要自覺覺他、自度度他，唯一的方法就是攝持正法。很多人都想走捷徑：「能不能給我特殊加持一下啊？能不能教給我一個特殊的方法啊？」沒有特殊的方法。不用說我沒有，十方三世一切諸佛都不會有的。也許你很絕望，那沒辦法。若是給你特殊加持一下，給你特殊照顧一下就能見性，就能成佛，那就

聖尊普賢行願之王——普賢行願品講記

太好了。在佛菩薩面前，根本不用講人情、講面子、走後門。對佛來說，眾生平等，都是一樣的。佛不會對這個眾生這樣，對另外一個眾生那樣。若是特殊加持一下或照顧一下就能解脫成佛，那每個眾生都能得到這種特殊方法。若是解脫成佛這麼簡單容易，佛早就把眾生都度光了，輪迴早就空了。

「願持諸佛微妙法」：「諸佛」指一切佛；「微妙法」就是一切佛甚深的密意，即他們無上的境界。為什麼有「微」和「妙」呢？「妙」指不可思議；「微」指深奧、甚深的密意，無上的境界。「持」指自己去領會，去證得。願能學習、修持諸佛的密意，諸佛的精神。其實一精通一切精通。一切如來甚深的密意、境界都是等同的。若是你真正能領悟、能證得，一切當下就圓滿了。自己能持「諸佛微妙法」，這是自覺自度。

「光顯一切菩提行」：這是覺他度他。陽光普照大地，驅除黑暗，照耀萬物。同樣，傳法講法，普照眾生的心靈，驅除眾生心靈上的無明黑暗，讓眾生本具的光明、福德、智慧顯現，這是利益眾生的方法，這叫利益眾生。希望大家都能遇到大乘佛法。

修持大乘佛法不容易。遇到大乘佛法，修持大乘佛

法，是要度化眾生的。但它是有前提條件的，就是自覺覺他，自度度他。先覺自己，先度自己，這是很重要的。不要盲目地去接觸眾生，去度化眾生。現在這種現象非常普遍，尤其在漢地，很多人都是以盲引盲，自己沒有能力，卻去接觸眾生。那不是度化眾生，那是傷害眾生，不會有好結果的。

我講過，和眾生結緣，去度化眾生，都不著急，先把自己修好，先把自己度好，到時候自然而然就有這個機緣了。我們自覺自度的目的就是覺他度他。必須要有這樣的願力、前提。我們要度化眾生、利益眾生，但是自己首先要有這個能力。如果有慈悲、有智慧了，自然就能保護自己的相續。就像今天我們要去扶一個人，自己必須要先站穩，否則兩個人都會倒下去。不是我們不慈悲，眾生那麼悲慘，那麼痛苦，雖然我們也著急，但是沒有辦法。大家不要衝動，穩定下來。自己先站穩，然後再去扶別人；先度自己，然後再去度別人，這是很重要的。

「我要結緣眾生，要度化眾生，是不是要準備很多的金剛結、甘露丸、舍利子，還要買一些念珠、佛像？」其實這些有沒有都行。真正想結緣眾生，想度化眾生，只要有一個清淨的發心，眾生自然就會接近你。

萬法一心，力量不可思議。這個「電話」早就通了，根本不用你打。自己有這個悲心和願力，有緣的眾生是跑不掉的，自然就會接近你、親近你。如果他不來或者來了又跑了，也沒辦法，就這個緣分，再勉強也沒有用，這個時候更要隨緣。

　　若是真正想度化眾生，就要讓眾生明白佛理，明白諸法的實相真理，這是最重要的。眾生為什麼煩惱，為什麼痛苦呢？就是迷失了自性。現在你想幫助眾生，想度化眾生，就要讓眾生破迷開悟。讓眾生明白佛理，明白真理，這叫破迷。其實福德和智慧是每個眾生本具的，不用你給，你也給不了。如果開悟了，本具的福德、智慧自然就現前了。現在就是讓眾生破迷開悟，教給眾生開啟寶藏的方法。真正的智慧和福報是本具的，只是現在沒有現前而已。能回頭，能回歸自性，這叫開悟。這是度化眾生唯一的方法，這是沒有錯的。

　　我們的歷代祖師、傳承上師們都是以講、辯、著這三種方式度化眾生的。所謂的「講」，指給眾生講這些佛理，讓眾生明白。所謂的「辯」，指若有辯論的對境，可以通過辯論打開眾生的心結，讓眾生破除無明。所謂的「著」，指可以寫論著讓眾生看。有緣眾生看

了，也能打開心結，也能開啟智慧。度自己的時候，主要通過聞思修的方式；度他人的時候，主要通過講辯著的方式。沒有其他的選擇。

「一切菩提行」就是大乘佛法、大乘妙道。我們是大乘行者，學的是普賢行願，所以是「菩提行」。讓眾生明白大乘佛法，讓眾生進入大乘妙道，這就是菩提行。

「究竟清淨普賢道」：「普賢道」就是菩薩道，也就是佛道。「清淨」是沒有被自私自利染污。「究竟」就是最終的果位。

「盡未來劫常修習」：無論是自己學修普賢道，還是令眾生學修普賢道，時間是「盡未來劫常修習」，即從不間斷。大家要明白這些。很多人認為，成就了以後就不用這樣修了，不用這樣學了。「解脫了還學什麼啊？成佛了還修什麼啊？」這說明他沒有明白，心沒有到位。學佛修行本身就是一種極大的享受，就是一種解脫、圓滿的狀態。你解脫成佛以後，難道還要失去這種狀態嗎？還不願意享受這種快樂嗎？

成佛了以後，也許就更精進，更勇猛了。那個時候享受的是大快樂。那是什麼狀態啊？完全是輕自在的狀態。「我解脫了就可以不修了，我成佛了就可以隨便

221

了。」哪有這樣的？所以這裏講「盡未來劫常修習」，這是發願。也許自己現在達不到這種境界，但願是必須要發的。為什麼呢？就需要這種精神，需要這種毅力，需要這樣的心態，以利於自己的成就。

丙十、得無盡藏：

我於一切諸有中，所修福智恆無盡，
定慧方便及解脫，獲諸無盡功德藏。

「我於一切諸有中，所修福智恆無盡」：「一切諸有中「也就是生生世世的意思。無論是在人道還是在其他道，生生世世所修福德和智慧恆無盡。我們講道的時候，福德資糧和智慧資糧二資雙運，即福慧雙修。積累福德資糧和智慧資糧「恆無盡」，虛空界盡了，眾生界盡了，但是我所修的福德資糧和智慧資糧無有窮盡。虛空不會窮盡吧？眾生不會窮盡吧？即使有一天窮盡了，我所修的福德資糧和智慧資糧也沒有窮盡之時。就要發這樣的願。

「定慧方便及解脫，獲諸無盡功德藏」：「定慧「指的是禪定與智慧。禪定、智慧、方便、解脫等佛菩

222

薩的這些無漏的功德無窮無盡。

定很重要，我們現在沒有定功，總是受外境的影響，總是心隨境轉。如果有定功了，就是境隨心轉。定的力量是不可思議的。一位法師講過一個事實：日本有一位江本勝博士，他做過一個實驗。日本某景區內有一個很大的湖叫琵琶湖，這個湖二十多年來一直被染污，散發出一種難聞的氣味，湖裏的水不能飲用。有一次，他找了一百多人，由一位老和尚帶領，到湖邊做祈禱。他告訴大家，必須要集中精神，一心一意，心不散亂地念「湖水乾淨了，湖水乾淨了……」念了一個多小時。三天以後，湖水真的乾淨了，沒有異味了，一直持續了六個月。這是一個真實的事件，當時在日本引起了震動，這就是心的力量。我經常講，無論遇到什麼事情，遇到什麼對境，心態穩重一點，一切都會過去的。我們就是心態不穩定，總是胡思亂想，總是心動。心一動就不行了。

「定」有世間的定，也有出世間的定。比如說四禪八定，這都屬於是世間的定。前述的湖水事件只是世間的一種小定。「智慧」有世間的智慧，也有出世間的智慧。真正的智慧是佛法裏無我和空性的智慧。「方便」是指度化眾生的方便。度化眾生也要有方便啊！現在我

稍微有一點點體會，當菩薩太不容易了。眾生剛強難化，有各種各樣的習性，有各種緣分，很難度化，所以需要各種方便。

丙十一、（趣入）分八：一、趣入觀見一微塵中即是十方極微塵數清淨器情安住的剎界；二、趣入十方一切剎中，亦如是見；三、趣入佛語；四、趣入轉法輪；五、趣入一念入諸劫；六、趣入觀見如來；七、佛剎修行而趣入；八、趣入往詣如來面前。

丁一、趣入觀見一微塵中即是十方極微塵數清淨器情安住的剎界：

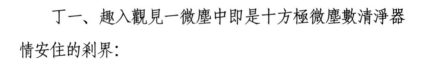

> 一塵中有塵數剎，一一剎有難思佛，
> 一一佛處眾會中，我見恆演菩提行。

「一塵中有塵數剎」：在一個微塵當中有整個微塵數的剎土。佛所化的地方，比如說娑婆世界是釋迦牟尼佛的所化剎土。不是在一個極微塵中可以顯現一個剎土和一個世界，而是可以顯現整個極微塵數的剎土，就是

說整個微塵數的剎土可以顯現在一個極微塵上。這種境相已經超越了我們的見聞覺知，是不可思、不可喻的。

「一一剎有難思佛」：在一個剎土中有無量無邊的佛。也可以說在一個剎土中可以顯現十方三世一切佛。

「一一佛處眾會中」：每一位佛都由十方三世一切菩薩圍繞著。「眾會中「就是菩薩，不是幾百位、幾千位、幾億位，而是十方三世一切菩薩。

「我見恆演菩提行」：「菩提行」也就是發菩提心，行菩薩道。這裏講，每位佛菩薩在一切時、一切處中，不停地給我們示現、表演發菩提心、行菩薩道，即修自他平等、自他交換、自輕他重菩提心以及布施、持戒、忍辱、精進、禪定和智慧。

佛身邊有好多大菩薩。大菩薩就是已經達到了圓滿的境界了，實際上就是佛。比如觀音菩薩和大勢至菩薩，他們所具有的功德和阿彌陀佛沒有差別。其實在表面上看，阿彌陀佛在中間坐著，兩位菩薩像「手下」一樣在身邊站著。其實兩位菩薩的斷證功德已經圓滿了，他們的功德和阿彌陀佛一模一樣。那麼，為什麼阿彌陀佛在中間，兩位菩薩在旁邊呢？這兩位菩薩太偉大了，這是他們的願力。他們曾經發願：盡未來一切劫中，以

聖尊普賢行願之王──普賢行願品講記

菩薩的身份度化眾生，輔助阿彌陀佛，幫助阿彌陀佛弘揚教法。其實這也是給我們的一種示現，我們在因地的時候，也應該有這樣一個偉大的願望。

成佛以後，不是要當「老大」；成佛以後，不是要在那邊享受。學佛、做利益眾生的事，應該是「恆無盡」。普賢菩薩的十大願王都是「恆無盡」的。兩位菩薩雖已成佛了，但是他們不示現成佛，而是以菩薩的身份幫阿彌陀佛弘揚教法，救度眾生。我們也應該發這樣的願，成佛了以後幫上師弘揚佛法，即使示現成佛了，也是如此。現在很多人的發心都錯了：「現在你是我的上師，在教我，等我將來成佛了就和你一樣了，你還能管得了我？」其實這也沒有錯，成佛以後確實就一樣了，但是這種心態是錯誤的。現在我們發願修習普賢行願，主要是磨練這顆心，調整自己的心態。這時不能有那種錯誤的想法和心態。

即使有一天自己成佛了，對上師也應該跟以前一樣。我們不用說菩薩，就連阿羅漢都能做到。《百業經》裏有一個公案：舍利子尊者去施主家化緣，故意沒有帶侍者。施主心裏想：這麼大的一個阿羅漢，怎麼不帶侍者呢？於是就問尊者為什麼不帶侍者。舍利子說自

己沒有侍者。施主說，他妻子已經懷孕了，若是生個男孩，等長大了就送給尊者做侍者。舍利子也是為了度化他，就同意了：「行，一言為定！」後來施主的妻子果然生了個男孩。舍利子知道以後又去了他家，並相約等孩子長大了再來接他。過了幾年，孩子長大了，尊者也知道因緣到了，又去了施主家。施主就把孩子送給舍利子當侍者。那個孩子也很有善根，也願意給舍利子做侍者。舍利子盡心地培養他，他的根基很好，沒有多久就成就了阿羅漢。這時舍利子說，你已經得證阿羅漢了，不用再給我當侍者了。但是他非要繼續做舍利子的侍者，侍奉舍利子，一生中都不改變。

連阿羅漢都有這麼大的發心，作為一個大乘菩薩，更應該有這樣的發心和心量。別總是想等成佛了自己當「老大」。成佛了一樣要學，一樣要度化眾生，身為菩薩就應該這樣。大菩薩都已經成佛了，斷證功德圓滿了，沒有什麼可學修的了。但是，他們都在給我們演示菩提行：發菩提心、行菩薩道，晝夜不停地修自他平等、自他交換、自輕他重及布施、持戒、忍辱、精進、禪定、智慧。

「恆演」就是晝夜不停地恆時給我們演示，也可以

說是給我們示現。一切萬法都在給我們表法，讓我們開悟，讓我們解脫，都在給我們機會，但是我們得過且過，一切錯過。其實萬事萬物都是佛菩薩，哪一處沒有佛？哪一個空間裏沒有佛？可以說是十方三世一切諸佛都在一個微塵裏，在一個空間裏。

我們說萬事萬物都在給我們表法，實際也就是在給我們演示菩提行。「我見」的「見」是證入，要證得、趣入這樣一個不可思議的解脫境界，用我們的肉眼，以我們的分別念很難見到，也很難感覺到。我們的肉眼所能看到的，以我們的分別念所知道的，都是幻相，都不是事實真相！

眾生真的可憐。世間人，包括所謂的科學家、哲學家，只用自己的肉眼，只以自己的分別念去研究、判斷事物，這都是錯誤的。說什麼「哪有西方極樂世界？哪有地獄？」即使用再先進的儀器，通過再科學的手段去推測、觀察，用的還是肉眼和分別心，沒有超越世間法。所以都是幻相，不是事實真相與真理。

科學所研究出來的，哲學家所觀察出來的這些，包括通過天眼等神通所看到的這些，都不是真相。

比如說密勒日巴和扎博瓦格西辯論的公案。密勒日

巴是已經成就的瑜伽士。扎博瓦是格魯派的一位格西，格魯派特別注重言行。他們住得也很近，可能密勒日巴在言行上有些看似不如法的地方，扎博瓦格西看不慣。密勒日巴名氣越來越大，身邊的弟子也越來越多，他可能也有一點嫉妒。格魯派的辯論特別厲害。有一次他要跟密勒日巴辯論，密勒日巴同意了。扎博瓦格西說：「虛空是無礙的！」密勒日巴說：「虛空是有礙的！」「哪有說虛空是有礙的？」「不相信，你就動一下！」但是扎博瓦格西動不了了。然後，扎博瓦格西又說：「柱子是有礙的！」密勒日巴說：「柱子是無礙的！」這個觀點格西從來沒有聽說過。格魯派的修行人特別精通因明，因明裏講「虛空是無礙的，柱子是有礙的」，所有的辯論師都會承認這個觀點，但是到密勒日巴這裏就不一樣了。「怎麼還有這樣的說法呢？柱子怎麼是無礙的呢？」然後密勒日巴穿過柱子走了。

其實密勒日巴用的是神通，包括惡道的眾生，天界的眾生都有這樣的神通。他們能像鳥一樣在空中飛，能像魚一樣在水裏游，能穿牆、穿柱子，小的可以變大，大的可以變小。但是這些都沒有超越我們的言思。科學家通過研究得到的結果，哲學家通過分析所得到的真

聖尊普賢行願之王——普賢行願品講記

諦，都沒有超越世間法。這都不是真正的不可思議解脫境界，都不是真正的法。

真正的佛法是不可思、不可議、不可言、不可喻的，已經超越了我們的言思與分別。剛才說的都是一般的神通和神變，都是從分別念中產生的。所以都是屬於世間，屬於輪迴，屬於三界的，沒有超越。真正的不可思議的解脫境界、真正的佛法，是超越三界（欲界、色界、無色界）的。

在《西遊記》裏，唐僧持戒很嚴格，很清淨，但是他沒有超越。悟空神通廣大，但是也沒有超越。他一會兒到天界，一會兒到龍宮，有時候變大，有時候變小，看起來太不可思議了。這也是在給我們表演：他的神通再大也沒有超越世間。這都不是真正的不可思議，這都是我們言思的範疇。最後他沒有逃脫如來的手掌，這個時候講的才是真正的佛法。他的神通那麼廣大，如來的手掌這麼小，他為什麼沒有逃脫如來的手掌？因為如來的手掌和虛空是等同的。他的神通再廣大，也逃脫不了虛空，這裏講的是諸法真正的實相真理。悟空演的不是不可思議的解脫境界，唐僧演的也不是，如來的手掌才是。其他的都是相上的東西，悟空逃不出如來的手掌，

講的才是諸法的本體。

密勒日巴也示現過很多神通，但都不是諸法真正的本性，他鑽牛角的時候，示現的才是諸法的本體。密勒日巴變小鑽進去了，能理解；牛角變大了鑽進去，也能理解。但是密勒日巴沒有變小，牛角沒有變大，他卻鑽進去了。大家都嚇壞了。他示現的是什麼？是諸法的本體——空性。只要允許空，什麼都可以允許；若是不允許空，什麼都不能允許。這個很重要！

「我見恆演菩提行」，「我見」就是證入的意思。證入了這樣一個不可思議的解脫境界，修生起次第和圓滿次第就不難了，包括修大圓滿都不難了。

你真正明白了這樣一個事實真相，你真正能證入這樣一個不可思議的境界，修金剛薩埵除障法也沒有什麼可難的。佛在我的頭頂上降甘露，沐浴我的身心，消除了我的病障、魔障、煩惱障、所知障，很正常。這裏講的是不可思議的境界。我們認為這是不可能實現的，但在空性的境界中，不可能實現的也能實現。金剛薩埵是無處不在的，他的加持、甘露也是無處不在、無時不在的。袪除病魔、業障等障礙也是可以實現的。最後自己變成了金剛薩埵佛，發光做二利，這個境界更加不可思

聖尊普賢行願之王——普賢行願品講記

議。向上發光，每個光端上面都有不可思議的供養天女，每個供養天女都拿著不可思議的供品供養給諸佛。諸佛發光，融入自己，自己圓滿了佛所有的功德與成就。然後往下發光，普照眾生，消除了眾生的罪障，眾生都變成了五色的金剛薩埵佛。若是明白了諸法的實相，一切都是很輕、很容易的，否則就難了。

以前很多人都提過這個問題：「佛能在頭頂上嗎？能降甘露嗎？降下了甘露，我的這些病障、魔障、煩惱障、業障都能消掉嗎？」能不能，主要是看你有沒有證悟空性的智慧，是否了知緣起的不可思議。諸法本體的空性是不可思議的，緣起的作用也是不可思議的。你明白、深信了這個道理，證入這樣一個不可思議的境相就不難了。佛確實可以在頭頂上降下甘露，消除你的業障。只有自己真正明白了、深信了，才能接受它的作用。否則，就沒辦法了。

自性就是諸法的本性，但是六道眾生都迷失了自性。若是你以智慧回歸當初，當下都可以圓滿。哪裏都有佛，哪裏都有佛的加持。主要是自己要好好地接納佛的攝受，知道處處有佛，知道時時都能獲得佛不可思議的加持，這樣當下就解脫了。

丁二、趣入十方一切剎中，亦如是見：

普盡十方諸剎海，一一毛端三世海，
佛海及與國土海，我遍修行經劫海。

「普盡十方諸剎海」：前面講，在一個微塵當中，有整個微塵數的剎土。在一一剎土裏有數量難思的佛，「一一佛處眾會中，我見恆演菩提行」。這是在一個微塵中。「普盡」是什麼意思？十方世界中一切的微塵，都如同這樣。若是真明白、深信了，也就明白了「自心是佛，自身是壇城」。你看自己的身體，其上有多少個微塵啊！在一個微塵當中，有整個極微塵數的剎土，「一一剎有難思佛，一一佛處眾會中，我見恆演菩提行。「若是你真正把這個道理弄明白、搞清楚了，心裏的疑惑自然就消失了。疑惑沒有了，覺性自然就圓滿了。「十方諸剎海」以海做比喻，說明這個剎土太多了，不可思議。所謂「浩如煙海」，海是無邊無際的，最廣、最深的，所以拿海來比喻。其實海怎麼能比喻得了它呢？

「一一毛端三世海，佛海及與國土海」：這些汗毛的尖端上，都可以現出三世海，即過去世、現在世、未

聖尊普賢行願之王——普賢行願品講記

來世的一切佛海及國土海。此處也是以海來比喻，可以顯現這麼多的佛及剎土。這都是不可思議的境界。

「我遍修行經劫海」：「經劫海」指經未來一切劫，此處也是以海來比喻不可思議。「遍」是周遍的意思。在一切劫中，也可以說是在一切時中修行。那麼多佛剎土，每個剎土汗毛的尖端上面，都可以示現過去、現在、未來三世一切時的佛海及國土海。在那麼微小的一個空間裏面，可以顯現無量無邊的佛及剎土。「我遍修行」是指到這些國土，跟這些佛修行，無一遺漏，都學了。這都是不可思議的境界，一中可以含多，小中可以容大，一即是一切，一切即是一。只有自己證得了這種境界，才能進入這種不可思議的境界。

在未來一切劫中周遍修行。一個剎那就是一個大劫，一個大劫就是一個剎那。一個剎那可以延續一個大劫，一個大劫可以融入一個剎那當中。前面講的「我見恆演菩提行」，也是在一個剎那中。見一就是見一切，見一切就是見一。自己要去領悟、證得這樣一個不可思議的境界。

大家要相信不可思議的境界，不用總靠自己的眼睛，總靠自己的分別念去看人、看事、看一切，這是錯

誤的。我們現在得到的消息都是眼耳鼻舌身給我們的，它們得到的消息都是假的，不要相信這些。我們的心在裏面，眼、耳、鼻、舌、身在外面，心靠它們傳遞的消息都是錯誤的。這個系統是不可靠的。現在我們要超越，不能相信它們，不能依靠它們。不要總是自己去做判斷，認為這是對的、那是錯的，這是好的、那是壞的，這都是不可靠的。我們現在不能相信眼耳鼻舌身識，而要相信佛和菩薩給我們的信息。佛菩薩講的很多東西也許不符合我們的見聞覺知，和我們的眼耳鼻舌身識得到的消息不一致，這很正常。現在信佛就要這樣信，學佛就要這樣學。信佛學佛的過程中，不能自以為是，不能自作主張。

佛給我們的很多信息和我們的見聞覺知都不一致。當這些信息不符合我們的見聞覺知的時候，就要相信佛的話，相信佛的境界，這沒有錯。信佛就要這樣信，學佛就要這樣學，不能摻雜自己的觀點，不能摻雜自己的直覺，否則就是錯誤的。只有這樣學修，才是真正的學佛修行人。不過這些很難做到。

《普賢行願品》裏講的都是佛的境界，都是佛了知的諸法的實相真理，都和我們見聞覺知所感受到的不一

聖尊普賢行願之王——普賢行願品講記

235

致。若有衝突了。就要選擇佛的觀點，要相信佛的境界。若是自以為是，就說明你沒有信佛，也沒有學佛。

很多人根本談不上在學佛修行，因為沒有放下自己的知見，還是以自己的觀點去要求、去判斷，這是錯誤的。所以自己要明白：問題出在哪裏？其實，主要就是一個字：迷！迷失了自性。現在我們就要破迷開悟。功德和福德等都是本具的。我們的如來藏裏什麼都有，但是我們迷失了自性，現在就要破迷開悟。破迷開悟了，一切都有了，功德和福德就圓滿了，一切也都圓滿了。

丁三、趣入佛語：

一切如來語清淨，一言具眾音聲海。
隨諸眾生意樂音，一一流佛辯才海。

「一切如來語清淨」：「一切如來」，就是十方三世一切佛，「十方」包括一切處，「三世」包括一切時。在一切處、一切時當中出現的這些佛，「語清淨」，就是消除了語的障礙。佛已經斷分別、斷執著了，已經證得了清淨、平等的境界，所以是語清淨。若

是你還分別、執著，就沒有斷除語障礙，無法趣入不可思議的境界。

凡夫語沒有清淨，沒有斷分別、斷執著，所以不可能進入這種境界，不可能做到這種不可思議的事業。十方三世一切如來已經斷掉了分別、執著，已經消除了語的障礙，語已經清淨了，所以可以進入這種不可思議的境界，能做這樣不可思議的事業。

雖然阿羅漢、獨覺佛，包括因地的菩薩都屬於是聖者，但都沒有徹底斷掉分別，斷掉執著，可以說語沒有徹底清淨，所以很難進入這種無礙的、無比殊勝的、不可思議的境界。八地、九地、尤其到十地的時候，才有相似的境界，但和佛的境界相比有著天壤之別，因為他們的分別、執著還沒有徹底斷掉，還沒有徹底消除語之障礙。

十方三世一切如來的功德都是一樣的，都是語清淨，都可以進入這種境界。這樣講，也許有些人會覺得太不可思議了，很難想像。這很正常！因為我們現在還是凡夫。不用說我們，阿羅漢、獨覺佛、登地菩薩都神通廣大，連他們都沒有能力進入這種境界。所以大家要相信佛的境界。

「一言具眾音聲海」：在一種語言、一種音聲裏，

聖尊普賢行願之王──普賢行願品講記

可以具足、圓滿一切語言、一切音聲。佛完全能做到，因為佛的語清淨了，通達無礙了。

佛傳法不用學那麼多語言，因為一切都是本具的。這些也是我們本具的，但我們現在是「如來藏」，隱藏著沒有顯現它的作用。眾生都有如來藏，佛的如來藏和凡夫的如來藏、人的如來藏和動物的如來藏沒有任何區別。但是佛袪除了障礙，可以顯現、可以利用它的功能和作用。凡夫沒有袪除障礙，不能顯現、利用這個作用。所以我們現在要學藏語、漢語、英語、日語……然後用這些語言去傳法，也就是幫佛傳法。

成佛了，「如來藏」現前了，這個時候不用學，就已經具足了「天龍夜叉鳩槃荼」等一切語言、音聲。若是善根成熟了，地獄道、餓鬼道、阿修羅道、天界及人道的眾生都能聽到。

「隨諸眾生意樂音」：這些音聲隨順眾生的意樂和根性。只要眾生接到了這個信息，就會符合他們的需求、愛好。按佛法講，就是和眾生的根性意樂特別相應。如果和你的根性、意樂不相應，那你還沒有接到真正的佛音。

佛的音聲無處不在，佛的直播不是一個國家或一個

地球，而是盡虛空、遍法界，是超越的，但是你要把自己的心態調整好。你的心也要超越，相續也要調到那種超越的狀態，才能收到佛的信息，才能聽到佛的直播。佛的直播晝夜六時不停息，只要你的心相續調好了，任何時候都能接到，無論在白天還是在夜晚。

密勒日巴最初遇到的那位上師，是一位大圓滿成就者，他說：「我的大圓滿法，白天修白天能成就，夜間修夜間能成就，若是真有根基，真有福報，不修也可以成就。」密勒日巴覺得自己的根性很好，不修也能成佛，所以就沒修。其實大圓滿法確實是這樣的，若是你真正能把自己的心相續調好了，隨時都可以接到佛的音聲，隨時都可以成佛。佛在法界裏播的真言，你就能接到。如果你真正接到了，它就是你想聽的，是你要了知的，絕對是一點都不會錯。否則就不是佛的直播，也許是魔的直播了。

「一一流佛辯才海」：「辯才海」就是所有的眾生都能聽懂，都能融入相續，當下就能破迷開悟、見性或成佛。佛的音聲盡虛空、遍法界，只要眾生善根成熟了，都能聽得懂。比如說佛在印度菩提樹下傳法，用的是梵語，身邊極少數人聽到的可能是梵語，但是無量無

聖尊普賢行願之王——普賢行願品講記

邊的眾生聽到的是他們自己的語言。比如：天界的眾生來聽法，聽到的是佛用天界的語言說法；龍宮的眾生來聽法，聽到的是佛用龍宮的語言說法；餓鬼道的眾生來聽法，聽到的是佛用他們的語言在說法；地獄道的眾生來聽法，他們也有自己的感應。因為佛的語已經清淨了，通達無礙了。這些眾生聽到的都是與自己的根性和意樂特別相應、真正能入心的法。若是聽到了，卻沒有入心，沒有真正的了悟，那就不是佛的音聲。

若自己真正成佛了，消除了語的障礙，很容易就能做到「天龍夜叉鳩槃荼，乃至人與非人等，所有一切眾生語，悉以諸音而說法。」我們現在還是凡夫，所以做不到，這是我們自己的問題。但是我們可以相信佛的力量。儘管自己沒有這樣廣大的神通力，但是通過佛的廣大神通力也能達到目的。比如，無著菩薩當時親見彌勒菩薩，靠彌勒菩薩的神通到了天界。同樣，我們深信佛的廣大神通力，靠佛的神通力也許就能到達目的地。我的上師每天講法之前，都會念這四句偈頌。現在我每天講法之前，也在念這四句偈頌。儘管現在我們還做不到，但是我深信佛的這種神通力，深信這種不可思議的境界。我借佛的廣大神通的力量（也是自己勝解心的力

量），也許就能到達目的地。這樣講經說法多有意義啊！不是幾十個、幾百個人在聽。這些人裏，真正能聽懂佛法，真正能接收這種消息的人非常罕見！若是我用各種語言，在一種語言能具足一切語言，在一種音聲中能圓滿一切音聲，這樣講經說法，利益多廣大啊！

所以，很多時候我也是自己安慰自己——其實也不是安慰，確實是這樣。雖然身邊人聽得不是很用心，接受法的能力不是很強，但是也不能失望，肯定還有很多無形的眾生在聽。然後每天在講法之前，自己都這樣發願：「天龍夜叉鳩槃荼，乃至人與非人等，所有一切眾生語，悉以諸音而說法。」自己盡量地去深信這樣廣大的神通力。也許現在自己沒有這樣的神通力，但是借佛的神通力完全可以做到，完全能實現這樣的願望。一想到這些，還是很高興，還是很有信心的。這麼多有緣眾生在聽，這麼多具有善根的眾生在聽，可以做廣大的利益眾生的事情，真的是非常有意義的。所以我經常給大家講，若是自己有這個發心，有這個能力，來聽我們講經說法的眾生是不會少的。

我們現在念佛、誦經的時候也可以這樣觀想，這樣發願，讓很多有形無形的眾生都能聽到。這樣，在一種

聖尊普賢行願之王——普賢行願品講記

語言中，也可以圓滿一切語言；在一種音聲中，也可以顯現一切音聲。這樣念經念咒功德也是無量無邊的，利益到的眾生也是無量無邊的。不要那麼自私自利地念，不要那麼孤獨地念。為了自己的病能痊愈，為了自己能平安，一個人特別執著地用一種語言念，有時還怕念得不准，念得不圓滿……放下分別，去掉自私自利，這樣念佛、誦經才有意義。

　　上師善知識講經說法也好，我們誦經、持咒、念佛、念儀軌也好，都應該這樣發願，進入這樣的境界，才是圓滿的。我講過，念佛有念佛的方法，誦經有誦經的方法，持咒有持咒的方法，念儀軌也有念儀軌的方法。念經的功德，念佛的功德，念咒的功德，念儀軌的功德都是不可思議的。你以這種心態進入這種境界而念，才是圓滿的。若你以那麼一個狹隘的心態，以那麼一個微小的力量去念，真的沒有意義。因為你的相續、心態，你所用的方法都不符合這個法。沒有成為法器，所以得不到法益。

甲二　經義

丁四、趣入轉法輪：

三世一切諸如來，於彼無盡語言海，
恆轉理趣妙法輪，我深智力普能入。

「三世一切諸如來」：「三世」指過去世、現在世、未來世。「三世一切諸如來」包括了一切佛。因為任何一個如來都是要在過去世、現在世、未來世中出現的。為什麼講一切如來呢？因為佛都是一樣的，只要是成佛的，都是指斷證功德圓滿的佛，沒有差別。佛有兩種，自性清淨的佛和斷證圓滿的佛。無論是佛還是凡夫，都是自性清淨的佛，如來藏都沒有差別。自性清淨的佛是佛，但是還沒有成佛；斷證功德圓滿才是成佛。儘管每尊佛所發的願不同，但是他們斷證的功德是一樣的。比如，我們的佛祖釋迦牟尼佛在因地時發了五百種願，阿彌陀佛發了四十八願。

「於彼無盡語言海」：「語言海」指一音當中可以現出一切音，一切音可以歸回一音。一個語言裏面可以圓滿一切語言，一個音聲當中可以圓滿一切音聲。「無盡」是指盡虛空遍法界。虛空界盡，佛的這種音聲、語

言才會窮盡；虛空界不盡，佛的這種音聲、語言也不會窮盡。一切語言、一切音聲都在其中，都圓滿。

「恆轉理趣妙法輪」：一切如來以不可思議、無比殊勝、無有窮盡、具足圓滿的語言，恆時宣講諸法的實相和真理。「理趣」就是趣入真理，趣入真相。「妙法輪」就是諸法的實相真理。所謂「妙」是指不可思議。

現在的科學家、哲學家們也在研究宇宙人生的實相真理，他們通過儀器或者通過一些邏輯進行研究，自認為很有學問和實力，在這個世界上宣揚自己。人們也都很崇拜他們，他們也覺得自己很了不起。其實，他們所研究的都不是真正的實相真理。

佛宣講諸法的事實真理時，是以無盡的語言、音聲，是以廣大神通力而宣講。為什麼是廣大的神通？有無漏智慧的攝持，所以叫廣大神通。這不是一般的神通，是真正趣入一真法界的。現在的人都喜歡神通，也喜歡玩神通，這些都是小神通，是空遊餓鬼和阿修羅道等一些鬼神眾生的把戲。在佛這裏，這些都不是神通。孫悟空神通廣大，到龍宮，到天堂，龍王和玉皇大帝也不得不服。但是為什麼到如來那裏就行不通了呢？在佛法裏，世間的神通都不是什麼。所以別總相信這些小神

甲二　經義

244

通，別總想玩這些小神通。我們是佛弟子，不能把草根當矛，起不到任何作用。

廣大神通是超越三界的，是入不可思議解脫境界的。佛以廣大的神通研究宇宙人生的真相真理，把宇宙人生的真相、真理看得特別透徹，講得特別圓滿。佛講的是諸法的現相和體相。在現相上講的是因果和輪迴，在體相上講的是無我和空性。因果和輪迴是在顯現上講的，無我和空性是在本體上講的。這二者是雙運的，是一體的，是空而不空，不空而空。所以講「萬法皆空，因果不空」。這就是宇宙人生的真理，這就是諸法的實相，現在就要相信這些。

「恆轉妙法輪」的內容是什麼？就是理趣，即讓眾生趣入諸法的真相，趣入真理。在相上講，是因果、輪迴；在體上講，就是無我、空性；二諦是雙運的。

「我深智力普能入」：「普能入」是指佛根據各種眾生的根性，用各種語言講各種法門，使眾生都能學到，都能修成。自己要有智慧，否則就無法趣入、證入。

我們現在研究因果，研究輪迴，但是輪迴和因果很難弄懂，好像越研究越恐怖，越研究越複雜。因為我們沒有智慧。「六道這麼恐怖，這些到底存不存在啊？因果這

麼複雜，是不是真實的啊？」雖然我們也在學因果輪迴，但很多時候還是沒有深信，因此無法趣入。「雖然說善有善報，惡有惡報，但是做壞事了卻沒有得到惡報……」我們都是這樣研究，這樣領會的。「我念了那麼多經，做了那麼多好事，但是什麼也沒有得到啊！」「都說做好事有好報，哪有啊？我把一百塊錢裝在兜裏，然後出去做一天的義工，做很多利益社會的事，晚上回來這一百塊錢沒有增長，還是一百塊錢啊！哪有什麼好報啊？」「雖然某人無惡不作，但是他的家庭還是那麼平安，身體還是那麼健康，事業還是那麼順利。雖然某人經常行善積德，但是卻那麼倒霉，身體那麼差，家庭不好，事業也不順……」只看眼前，只相信自己的肉眼。這樣研究因果，你永遠不會明白，永遠也研究不透。

　　因果和輪迴都沒有搞清楚，無我和空性就更不明白了。一說無我，就覺得是不是我也沒有了？一說空性，就覺得是不是什麼都沒有了？這裏講的是二諦雙運，是很難明白的。按照佛的教言去學修，最後才能真正明白。佛經裏講：在你沒有真正現量見到諸法的實相和真理之前去研究、去修學，在你的相續中只能有相似的定解，不會有真實的證悟。所以現在就要相信佛說的話，

相信佛的真言。以佛的教言，按佛的方法去做，不要用其他的方法，更不能摻雜自己的分別念。

你研究因果輪迴，或者研究無我空性，應該完全以佛的教言，以佛的方式去做，不要夾雜自己的分別念，這樣慢慢就能明白，就能趣入那種境界。所以在這裏講：「我深智力普能入」。其實也不用擔心學不完，一精通一切精通，當下就是。但是我們要這樣發願。

丁五、趣入一念入諸劫：

我能深入於未來，盡一切劫為一念。
三世所有一切劫，為一念際我皆入。

這是發願自己能趣入念劫圓融的境界。「念」是最短的時間，就是一剎那。「劫」是最長的時間。一劫就是一剎那，一剎那就是一劫。這也是不可思議的境界，是超越的。凡夫有分別，所以根本不可能理解。一剎那怎麼是一劫呢？一劫怎麼是一剎那呢？一分鐘怎麼是一年呢？一年怎麼是一分鐘呢？覺得不可能。之所以會有這樣的疑惑，是因為我們自己沒有通達無礙。

「我能深入於未來，盡一切劫為一念」：在一念當中，能深入盡未來的一切劫。

「三世所有一切劫，為一念際我皆入」：「三世所有一切劫「指過去、現在、未來的一切劫。在一念中可以深入一切劫，一切劫可以現在一念中。一切劫中所經歷的一切都回歸一念，於一念中圓滿。

念劫圓融，一念即是一切劫，一切劫即是一念，這就是在佛不可思議的境界裏。比如一個很大的須彌山可以納入一個芥子中，在一個芥子中可以顯現出整個須彌山。也可以說在一微塵中可以顯現出須彌山，須彌山可以納入一個微塵中。拿須彌山舉例子有點太小了。也可以說，在一個微塵中，可以顯出一切極微塵數的剎土。一念可以顯現無量劫，無量劫可以顯現在一念中。因為在一真法界裏，沒有時間和空間的限制。一個微塵中可以顯現一切世界，一切世界可以納入一個微塵裏。一念中可以顯現出一切劫，一切劫可以回歸一念中……

我們現在無法認識到，覺得這些太神奇了、太玄妙了。其實，如果通達無礙了，諸法的實相與真理，我們本具的狀態與自性就是這種狀態。我們現在都是笨手笨腳的，什麼也不通達，一切都有障礙，連穿過這堵牆都

費勁。佛非常感慨：「怎麼這樣呢？」佛覺得眾生太不可思議了，眾生覺得佛太不可思議了。

如果自己達到了這種無礙的境界，就不用說了。如果沒有達到，你能夠深信這種不可思議的境界，對自己也有很大的幫助。現在一聽說「要積累無量無邊的善根」，「做任何善法都要在盡未來的一切劫中」，很多人就沒信心了，「我堅持修了十天、一百天，已經相當不錯了。盡未來的一切劫中都要學修啊？那也沒有結束的時候啊！還是別學了吧，山上這麼苦，每天學修這麼累……」其實如果你明白這個道理，就不難了。盡未來的一切劫中要積累的善根與功德，在一念中就可以圓滿。一聽說「我們的佛祖釋迦牟尼佛經歷了三大阿僧祇劫的苦修」，又開始失去信心了：「三大阿僧祇劫啊，那是什麼時候啊？佛祖還要經歷了那麼多的苦難啊？」就害怕了。佛祖是經歷了三大阿僧祇劫，但若是在一些因緣和合的情況下，立即就能圓滿，當下就能成就。所以，雖然現在我們還沒有真正證入，但是自己可以深信佛不可思議的境界。到時候一精通一切精通，當下一切都圓滿了。一念中可以深入一切劫，一切劫中所積累的善根可以在一念中圓滿。

聖尊普賢行願之王——普賢行願品講記

所以不要失去信心，要具有信心，應該精進修行。我們有幸遇到了大乘佛法，尤其是遇到了大圓滿法，隨時隨地都有成佛的可能。今天你是個凡夫，也許到明天就成佛了。真的，一點都不難。我跟大家講過，福報是修來的，功德是學來的，都可以修，都可以學。也許今年你沒有福報、沒有功德，到明年的時候，你的福德和功德就上來了。也許現在觀察自己什麼也不是，也許一無所有，也許連個普通人都不如，甚至連個動物都不如。沒有事，不要失去信心。眾生都有佛性，尤其現在我們對大圓滿法具足了信心。大圓滿法是即身成佛的方法，若是真正有一天能接到佛在法界中傳播的消息時，一下子就能成佛，一下子就發光了。這個時候你知道自己成佛了。你身邊的眾生看你也不一樣了，「這人怎麼變了呢？原來很討厭，現在怎麼這麼可愛呢？」自己也覺得，怎麼一切這麼殊勝，一切這麼圓滿啊？真的是這樣。

　　大家應該具足信心，好好學，好好修，把心態放下來，這是最重要的。「是不是這裏不行啊？」不要這樣想，不要總攀緣：「什麼時候給我灌頂啊？什麼時候給我竅訣啊？我什麼時候才能解脫啊？我什麼時候才能成佛啊？」這也是一種攀緣，不要這樣，你已經不得了了，得

到人身了，聞到佛法了，尤其是對大圓滿法生起了信心，還可以修持大圓滿法，知足吧！就等著成佛吧！不攀緣，機緣成熟了自然瓜熟蒂落。自己珍惜人身，珍惜佛法，珍惜緣分，好好修持佛法，就可以了。不要想太多，不要去追求竅訣、灌頂什麼的，徒勞無益。

相續成熟了，隨時都能得到灌頂，隨時都能得到竅訣。相續沒有成熟的時候，給你灌多少頂都沒有用，灌不進去；給你多少次竅訣也沒有用，你不會明白。所以不要到處去求灌頂，不要到處去求竅訣。好好地修正自己，好好地磨練自己的習性，這是最關鍵的。

以佛法修正自己，以佛法磨練自己的習性，對一個學佛修行人來說，這是最最重要的。這叫學佛，也叫修行。

大家不要飄忽不定的，不要總打妄想。有的人還在想世間的事：家庭的事、家裏的事、孩子的事、工作的事，將來的事……不用想太多，一切隨緣。命中有的到時候都會有，命中沒有的再勉強也沒有用。該來的都會來，不該來的不會來；該有的都有，不該有的不會有。命運掌握在自己手裏，好好地去改變心態，才能改變命運。

有些人總想：「這個道場行不行啊？這個上師好不好啊？這個法門行不行啊？那個法門好不好啊？」就分別這

聖尊普賢行願之王——普賢行願品講記

些。沒有必要！你遇到的、得到的，就是你的緣，就是你的福。好好珍惜自己當下所擁有的一切，就OK了。攀太多的緣會障礙自己的心態，會障礙自己的成就。

丁六、趣入觀見如來：

> 我於一念見三世，所有一切人師子，
> 亦常入佛境界中，如幻解脫及威力。

「我於一念見三世，所有一切人師子」：「人師子」指佛。發願在一念當中，能面見十方三世一切諸佛。

「亦常入佛境界中」：一念是最短的時間，在一念當中可以面見一切如來，甚至能趣入一切佛的境界中。這已經是超越的境界，也是不可思議的。想達到這個境界，需要有禪定的功夫，尤其是要有出世間的禪定功夫。

「如幻解脫及威力」：就是出世間的禪定。「如幻如夢」是拿夢境、幻相來做比喻的，比喻一切顯現如幻如夢。為什麼呢？因為輪涅、淨染一切法都是如幻如夢

的。「淨」就是涅槃，「染」就是輪迴。佛法裏經常用幻相和夢境做比喻，說明這些法都是虛妄的、假的、不存在的、不可靠的。「凡所有相，皆是虛妄。」但這些虛妄的法，說沒有也有，說虛假也不虛假，要這樣理解。

一說沒有，就認為徹底沒有了；一說虛假，就覺得一切都是假的。這是錯誤的。其實是沒有而有，假而不假。從諸法的體上講都是假的。但若是在相上、在作用上講，還是有的，不是假的。拿幻相、夢境來說明諸法顯而無自性，講的是空性。可以這樣說：都是如幻如夢的、虛假的，都是沒有的。但這個虛假、沒有，不是徹底虛假，不是徹底沒有。這個「假」和「不假」不矛盾，這個「沒有」和「有」不矛盾。這是以此來說明諸法顯而無自性，說明緣起真空的道理。

一講如幻如夢，有的人就認為一切都是不存在的，都是假的，所以對生活沒有興趣，對一切也失去信心了。這是錯誤的理解。為什麼這裏講的是「如幻解脫及威力」呢？這是一個不可思議的境界。大乘行者最終的解脫都是如幻如夢的。它是顯而無自性的，就是大空性。

聖尊普賢行願之王——普賢行願品講記

只要允許空性，一切都可以允許。因為是空性，所以在一個極微塵中可以顯現一切極微塵數的剎土，在一念中可以現一切劫。一個微塵裏可以容納一切世界，一個極微塵裏可以顯現出一切清淨與不清淨的剎土，一切清淨不清淨的剎土都可以歸納在一個微塵裏面。時間也是，在一剎那中可以顯現出一切劫，一切劫可以歸回到一個剎那當中。因為是空性，因為是緣起，所以就是這樣的。這裏講的是緣起真空的道理。

　　菩薩的最終解脫和成就，就是證悟了這樣一個不可思議、如幻如夢的解脫境界。為什麼以夢境來做比喻呢？比如說你睡在一個很小的屋子裏，晚上做夢，夢境裏有山有水，有城市人群，還有很多大象、馬等動物。若夢境裏所顯現的一切都是真實存在，這屋子根本裝不下。屋子這麼小，但是夢境這麼大。若說不存在，這些卻顯現著；若是存在，在這個小屋裏卻找不到這些境相。以此來比喻諸法是顯而無自性的，即使通過觀察也找不到這樣一個真實的本體。若說不存在，卻都是因緣和合而生，因緣和合而滅，都有不停生滅地輪迴，都是不停生滅地顯現。若說存在，無論是通過入根本慧定觀察，還是通過觀察量觀察，根本找不到它的自性與本

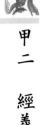

體。所以，這些說沒有也有，說有也沒有。為什麼以幻相來做比喻呢？就像我們看電影，在一個小小的屏幕上，可以顯現山河、城市人群等，顯現千百年的歷史。若是說沒有也有，因為它確實可以如是地顯現。若說有也沒有，在屏幕的裏裏外外都找不到這些。

之所以用這些比喻，是說明諸法是空性的，是顯而無自性的。在那麼一個小小的屋子裏做夢，或者通過那麼一個小小的屏幕看電影，都可以顯現那麼多不可思議的境相。因為是空性，所以都可以這樣顯現。

在一個剎那中，可以顯現未來的一切劫；在一個微塵中，可以顯現整個極微塵數的剎土。拿幻相和夢境來作比喻，說明諸法的實相、真理，說明不可思議的解脫境界。如果你真正能證入這樣的境界，真正能安住於這樣的境界中，「威德力」等就全都具足了，什麼都可以了。我們看密勒日巴所示現的，自己沒有變小，牛角沒有變大，他也可以鑽到牛角裏面去。只有真正進入了這樣一個不可思議的解脫境界，才能做到「一念中可以見一切如來，一念中可以入一切佛的境界」。否則，是不可能做到的。

為什麼說「如幻解脫及威力」？幻相、夢境是比

聖尊普賢行願之王——普賢行願品講記

喻，是以此來說明諸法顯而無自性，講的是大空性。大乘行者、大乘菩薩進入解脫的境界時，就是如幻如夢的境界，這個時候才能做到這些不可思議的事情，之前做不到。以這樣的威力、神通力，讓自己證入這樣一個如幻如夢般的解脫的境界。這樣的威力、神通力是能入，一切佛的境界是所入。靠這個能入，也許就達到了「一念當中見一切如來，一念當中入一切如來的境界」。也許你懷疑自己：不用說過去佛、未來佛，自己連現在佛的境界都很難深入。其實，如果你有這個能力，不分過去佛、現在佛還是未來佛，在一剎那就能入一切如來的境界。

這裏沒有講別的，講的就是要有證悟空性的智慧，即真正能現量見到諸法的實相。前面講了，「入」是證悟，就是智慧。現量見到了諸法究竟的實相——一真法界，這叫證悟空性。證悟空性也有相似的證悟空性，但是這裏講的是真正的證悟空性。不是比量見，而是現量見。

我們發願在一念中能見一切如來，能入一切如來的境界。而更為重要的是具有「如幻解脫及威力」，即要證悟諸法的實相，證悟空性。如果有這個能力和這樣的境界，自自然然就能在一念中見一切如來，自自然然就

甲二 經義

能在一念中深入一切如來的境界。其實，若是能活在當下，一切都在其中，一切都圓滿了。活在當下，也就是返本還原，還到原本的狀態、當初的狀態。若是還原了，就活在當下了。若能活在當下，一切都OK了。

丁七、佛剎修行而趣入：

於一毛端極微中，出現三世莊嚴剎，
十方塵剎諸毛端，我皆深入而嚴淨。

「於一毛端極微中，出現三世莊嚴剎」：「毛端」就是一根汗毛的尖端。在一個極微塵中，出現過去世、現在世、未來世一切清淨莊嚴的剎土。

「一念」是最短最短的時間，沒有比它再短的時間；「一毛端」是最小最小的空間，沒有比它再小的空間。在一個極微塵中，出現過去世、現在世、未來世一切清淨莊嚴的剎土。「清淨」是指無論是外器世界，還是內情眾生，都不是因業力造作的，都是清淨的。「莊嚴」是指外器世界量莊嚴、形莊嚴、色莊嚴、光莊嚴、音莊嚴；內情眾生主尊莊嚴、眷屬莊嚴、受用莊嚴、相

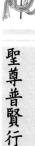

聖尊普賢行願之王──普賢行願品講記

好莊嚴等二十九種莊嚴。如同《佛說阿彌陀佛經》裏描述的西方極樂世界一般。

　　沒有不清淨的，沒有不圓滿的。若是你現在覺得一切清淨，一切圓滿，你就是在清淨莊嚴的剎土中。若是你覺得一切都不清淨，一切都不圓滿時，你就在十八層地獄裏。若是你覺得有的清淨、有的不清淨，有的圓滿、有的不圓滿時，你就在人間或天界。一切都是唯心所現。

　　所謂「清淨」，就是指沒有業和惑。業指惡業和善業等，惑指煩惱。有煩惱就會造業，有業就會有輪迴。佛在《俱舍論》裏先講輪迴，然後講輪迴的來源，即善業、惡業和善惡混雜的業等很多業。業的來源是煩惱，煩惱的根是我執。有我執就會生煩惱，有煩惱就會造業，有業就會形成輪迴。沒有煩惱就沒有業力，這叫清淨。超越輪迴，超越六道了，就是清淨。

　　所謂「莊嚴」，就是圓滿。無論是外器的世界還是內情眾生，一切顯現都是圓滿的，就是莊嚴。有時候講西方極樂世界等佛剎土，就是用各種珠寶來形容莊嚴、形容清淨。其實這都是方便語。因為眾生，尤其是娑婆世界的眾生，都非常喜歡珊瑚、瑪瑙、金銀等珍寶。一

聽說山河大地都是這些金銀珠寶、珊瑚瑪瑙等，就覺得這地方太清淨了，太莊嚴了，都特別嚮往。對一些眾生而言，只有這樣講，才會令他生起信心和歡喜，才有願望與希求，才會喜歡那個地方，想去那個地方。佛講，若是想去，就要斷惡行善，要修往生的四因，要消除往生西方極樂世界的很多障礙。這些有希求的人就知道了，「哦，應該斷惡行善了，應該修往生四因了」。怎麼說都是法，只要他能夠照做，能夠達到救度眾生的目的，就行了。

佛也說過很多「妄語」，但佛說「妄語」是為了眾生。其實這些也不是妄語，這就是法。佛法有了義和不了義的。不了義的說法都是不究竟的，都是「妄語」，都是佛「騙」眾生的，但是沒辦法，只能這樣，這也是為了眾生，有些眾生必須用這種方法去度化。

現在也有這種情況：「某某法師、上師在說妄語，說什麼什麼假話……」這也是有意義的，是為了引導眾生，為了感化眾生。真的，我很理解這種做法，也很明白其中的意義。有的法師說：「要好好修啊，大災難要來了！」這也是一種方便語，為了讓眾生精進修行。不管是否真的有災難，也不管世界是否真的會毀滅，只要

達到解脫的目的就行了。眾生對死亡有畏懼心，為了擺脫恐懼而能斷惡修善就可以了。佛講「諸惡莫作，眾善奉行」，為了達到讓眾生斷惡行善的目的，以何種方式，用何種手段都可以。佛菩薩、上師善知識們有各自度化眾生的善巧方便，大家不要輕易判斷，不要輕易誹謗，說是說非，會造業的。

有的人智慧不夠，一聽到對西方極樂世界的描述，就生起懷疑了：「地、山、水、樹、鳥……怎麼可能都是珠寶呢？」這裏講的是清淨莊嚴。沒有業、沒有煩惱叫清淨；一切圓滿、一切完美叫莊嚴。其實，若是有智慧，一切都是清淨的，一切都是圓滿的。為什麼說是「大圓滿」？一切都清淨圓滿了，才有大圓滿的境界。

「十方塵剎諸毛端，我皆深入而嚴淨」：剛才是在一個毛端上面，現在是「十方塵剎諸毛端」，十方塵剎每一個極微毛端中，都可以現三世一切清淨莊嚴的佛剎土。毛端是用來形容最小的空間，就是一個極微塵，這裏指所有剎土裏的極微塵都是相同的。在那麼小的空間裏可以現一切清淨莊嚴的剎土。你看，這個境相太不可思議了。其實講這麼多佛、這麼多剎土，也是在形容不可思議的境界。

「我要入那麼多佛的境界？」其實是入而不入，不入而入。「在一個極微塵中顯現那麼多莊嚴剎土？」其實也是現而不現，不現而現。這裏講的是真空妙有。有是妙有，空是真空，是一體的，講的就是一個不可思議的境界。《心經》裏講的就是這種境界：「色不異空，空不異色，色即是空，空即是色。受想行識，亦復如是。」五蘊包含一切法，一切法都是這樣的。佛有很多善巧方便，通過各種方法和境界宣講諸法的實相和真理。

在一個極微毛端裏，怎麼能顯現出三世一切清淨莊嚴的剎土呢？這在世俗中是不可能的。但諸法是空性的，空性就是一真法界。在一真法界裏，沒有我們概念中的空間和時間，所以都是可能的。若是站在凡夫分別念的範疇裏，這些講不通。一就是一，多就是多；小就是小，大就是大；有就是有，沒有就是沒有。這是分別。

為什麼說迷失了自性？就是因為有分別。一分別就迷失自性了，一分別就不能通達無礙了。迷失了、迷惑了就是障礙。佛和凡夫的區別在於一個是迷，一個是覺。迷就有障礙，覺就無障礙。迷了就不通達，覺了就通達，就是這個差別。

「我皆深入而嚴淨」，就是要深入、達到一切清淨

莊嚴的剎土中。如果你證悟了大圓滿的境界，當下就可以深入一切清淨莊嚴的佛剎土。若是沒有證悟空性，沒有現前大圓滿的境界，你不可能「深入而嚴淨」。

丁八、趣入往詣如來面前：

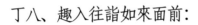

> **所有未來照世燈，成道轉法悟群有，**
> **究竟佛事示涅槃，我皆往詣而親近。**

「所有未來照世燈」：「照世燈」指佛。陽光照耀世界，就能遣除世界的黑暗；佛出世轉法輪，就能照亮眾生的心靈，祛除眾生心靈上的黑暗，所以是「照世燈」。

我們現在的劫叫光明劫，因為在這個劫中會出現一千尊佛，千佛都在印度金剛座菩提樹下示現成佛轉法輪，有佛法的光明。無論是在娑婆世界，還是在其他的世界裏，所有在未來要示現成佛的這些佛，都是「照世燈」。

「成道轉法悟群有」：其實這些佛示現成佛的時候都一樣。比如，按大乘的教理，我們的本師釋迦牟尼佛早就在密嚴剎土已經圓滿了，在印度金剛座菩提樹下是示現成佛。示現上，也是先出家修道，最後成道了，然

後轉了三次法輪。通過他轉的法輪，很多有緣的眾生都證悟了，都獲得了解脫。

「究竟佛事示涅槃」：佛轉法輪，很多有緣眾生都因之而證悟，得到解脫。佛陀的事業已達究竟的時候，就會示現涅槃。

釋迦牟尼佛是賢劫千佛裏的第四尊佛。還有九百九十六尊佛都要在印度金剛座菩提樹下示現成佛。我們現在講的是賢劫，講的是娑婆世界，其他世界也是這樣。

「我皆往詣而親近」：無論是這些佛成道的時候，轉法輪的時候，還是示現涅槃的時候，願自己都能值遇並親近。因為肯定有很多任務，有很多要做的事，該做的都要做。發願未來要示現成佛者，自己都能值遇，都能親近。比如將來彌勒佛在印度示現成佛的時候，我也在身邊親近，聽聞他殊勝的教言。

若要成道，肯定也需要很多助緣，自己也要去做；成道以後，自己要去祈請佛轉法輪；佛轉法輪了，自己第一個去聽聞佛法，去幫助這些佛弘法。這些都是必須要發的願。無論是誰示現成佛，十方三世一切佛都會來幫助他，不會在一邊袖手旁觀的。這些佛成佛了，都是

這樣的。所以這裏所發的願也是要成佛。成佛後，做這些也都是自自然然的。

比如說釋迦牟尼佛示現成佛，十方三世一切佛都會來幫助他，以各種身份、各種模樣、各種方法祈禱，來幫助釋迦牟尼佛弘揚他的教法。「這是釋迦牟尼佛的教法，我們在幫助釋迦牟尼佛弘揚教法，就相當於給他『打工』」。其實沒有事，一點都不委屈。因為十方三世一切如來都來「打工」，若是你能跟他們一起給釋迦牟尼佛「打工」，那就太幸運了。

也許有些人不明白：「十方三世一切諸佛都來幫他弘揚教法，他們自己的事業怎麼辦？」其實都是圓滿的。自己也有事業，十方三世一切諸佛都來幫助。彼此都是這樣的，不可思議，一點都不矛盾。現在站在我們自己的境界裏，這些也許是矛盾的：「到底是做我自己的事，還是做他們的事？」要麼做自己的事，要麼就做別人的事，不能圓融。但是成佛了以後，一切都是圓融的。

若是沒有智慧，什麼都難，什麼道理都難想通，做什麼事都難圓滿。若是自己真有智慧，真有這樣的境界，都不難。其實講來講去，講的都是一個道理；其實忙來忙去，就忙這麼一件事。其實什麼事都沒有，一點

也不復雜，沒有難度。

以上八個方面都是發願自己能趣入，有這樣的希求。

丙十二、力：

以違品不能奪取，不可侵犯叫「力」。我們經常講「要有願力」，也經常發願。但若是經常違背自己的誓言，就說明這個願沒有力量。所以我經常講，願力沒有超越業力。我們經常是這種狀態，有想學修的願望，也發過誓，但是都不強烈，不堅定。遇到一些違緣障礙的時候，就不想學不想修了，也無法再守持戒律，這就是因為沒有力量或力量不夠。

在此處講的「力」，是一種真正的、究竟的力量，是違品無法侵犯或奪取的。

我們現在對佛法稍微生起點信心，甚至皈依了；對大圓滿法生起信心了，甚至到山上來了。這都是力量，但是這個力量很弱。很多人就是這樣，剛開始覺得很好，甚至去皈依，但稍微有一點點違緣和障礙就灰心退步了，甚至徹底放棄三寶，放棄學修了。這都是因為沒有足夠的力量。若是有足夠的力量，皈依三寶的信心非

聖尊普賢行願之王——普賢行願品講記

常堅定，遇到再大的違緣障礙也不會灰心退步，不會放棄，更不會捨棄。

很多時候，我們雖然在信佛學佛，但經常是這種狀態：生活上稍微有些坎坷，工作上稍微有些挫折就動心了，心總是不穩定；身體稍微有點不舒服，打坐或修法時稍微有點困，就躺下睡著了。總是借口有病，不來上課；總說身體不舒服，也不打坐……這都是因為希求正法的心不強烈，解脫的願望不夠堅定，所以沒有力量。若是具有真正的、足夠的力量，無論遇到何種違緣，無論遇到何種障礙，都不能侵害，不能動搖自己的決心。

在修行的道路上，我們會遇到各種對境，主要是看自己有沒有力量，其他的都是借口。有的人說家裏違緣大，有的人說年齡大，有的說身體差，有的說家裏不同意……其實家裏人不同意你學佛，甚至強烈反對，這不是問題。若是你自己有信心、有決心，有足夠的力量，誰也阻礙不了你，誰也影響不到你。

也許有的人會說：「家裏不同意，那麼反對，還堅持去學修，這不是讓眾生煩惱嗎？這樣會破壞家庭，甚至會離婚的啊！」其實，並不是因為你學佛修行了才要離婚的。即使你不學佛不修行，緣分盡了，因緣到了，

也是這樣的結果。若是因緣不到，你再怎樣也不會走到這一步。

我們講因果，深信因果。緣盡了是不可勉強的，緣沒盡也是不能強迫的。都是因緣和合而生，因緣和合而滅。若是自己有信心、有決心，誰也阻礙不了你學佛修行。很多時候我們不明白，以為家庭有矛盾是自己學佛修行的原因。若是你學佛修行不如法，就是造業，若是你如法地學佛修行，他跟你吵架，跟你鬧離婚，也是另有原因的。

無論是吵架，鬧離婚，還是互相傷害，生起煩惱痛苦等……都是因為自己造惡業了。學佛修行怎麼是造惡業呢？學佛修行不是造惡業的，所以它不是真正的因。是往昔所造惡業的果報在成熟，而不是因為你學佛修行造成的。若是沒有吵架、鬧離婚等這些因緣，你堅定自己的信念去學佛，他不但不能阻礙你，甚至會服從你，跟著你學，這是絕對的。因為你這種堅定的信念和決心是一種戒，它是清淨的；堅定的信念也是一種定，它是有力量的。有了這種信念和決心，你就有感化他的能力。他不但不能阻礙你，還會跟你學。

若是心定了，境就隨心轉，是自由的；若是心不

聖尊普賢行願之王——普賢行願品講記

定，心隨境轉，是不自由的。什麼都一樣，比如說工作，領導不同意，不給假，這都是因為自己的願力不夠，決心不夠。若是有足夠的願力和決心，領導能不給假嗎？你修善的因緣到了，上山修行的機緣到了，誰能阻礙啊？其實就是心裡有障礙，放不下，所以才有這些障礙。若是緣分沒有盡，若是心裡能放下，不請假也沒有事，領導也不會開除你。再說，開除就開除唄，再找一份工作又怎麼了？沒有什麼。其實就是找借口，還是決心不夠。

一切的違緣障礙都是自己造的，就是因為心態沒有放下，心在動搖。若是心不動搖，一切都放下了，還會有這些違緣和障礙嗎？所以都是自己的問題。

大家應該好好發願，應該具足「力」，尤其在修行的過程中，更應該具足「力」。不要總是屈服於業力，屈服於煩惱！業力一現前，煩惱一生起，就不行了。一個修行人不能跟著業力，跟著煩惱跑。

導致我們從無始劫以來到現在流轉輪迴、受盡痛苦的原因就是業力與煩惱。我們現在學佛修行了，修善修道了，要反抗了！修道是做什麼的？是用來斷煩惱、斷惡業的！自己要有對治力，就是修善，就是行道。在這個過程

中要發願：自己要具足力！但是只發願也不行，還要落實。就是在修善行道的過程中，不可侵犯，不可奪取。

業障和煩惱障是解脫的違品，所知障和習氣障是成佛的違品，它們阻礙我們解脫，阻礙我們成佛。現在我們修解脫道、修菩提道，就要做到不被侵犯，不被奪取！為什麼我們不得解脫？為什麼我們不得圓滿？為什麼還要六道輪迴？為什麼還在失去自性？就是因為有這些障礙。我們一直在六道裏流轉，一直在迷惑著。直到有一天，我們看到了解脫者——菩薩，看到了圓滿者——佛，才知道：「哦，原來還可以解脫，還可以圓滿，還可以不再六道輪迴，還可以不再迷惑啊！」我們想成佛、想成菩薩，就要反抗業障、煩惱障、所知障、習氣障。反抗有力量，它們對我們就沒有辦法了，這樣我們才可以逃脫輪迴。

反抗四障沒有這麼容易，要有很大的決心，要下很大的功夫。若是容易，我們早就解脫了。以前誰也不敢反抗它們，誰也沒有辦法對治它們。想反抗它們、對治它們，自己的心很重要，決心要大。對治的力量與武器，佛菩薩已經給我們提供了，主要是自己膽量要大一點，決心大一點。既然想反抗，就不要太懦弱，勇敢一

聖尊普賢行願之王——普賢行願品講記

點！也許有失敗的時候，有艱難的時候，但是不能捨棄這種決心！

若是自己勇敢地去對抗它們，對治它們，一點都不難。其實業障的力量不是特別大，煩惱也不是特別可怕。就是因為我們從來沒有對治它們，從未反抗過它們，所以就習慣了。若是真正有決心，拿佛菩薩提供給我們的武器與它們對著幹，它們也是很軟弱的。

只解脫也不行，我們還要成佛，令福德和智慧圓滿，因此還要斷所知障和習氣障。它們也許更難對付一些，但是如果自己有決心，拿著佛、菩薩提供給我們的武器去對抗，也能做到。最後一定可以圓滿，可以成佛。這就是力量，也就是這裏講的「力」。

大家解脫成佛的心，修解脫道、菩薩道的心，要下得狠一點，下得徹底一點，這樣就有力量了，一切都不是問題了。

速疾周遍神通力，普門遍入大乘力，
智行普修功德力，威神普覆大慈力，
遍淨莊嚴勝福力，無著無依智慧力，
定慧方便威神力，普能積集菩提力，

「速疾周遍神通力」：願自己具有神通力。對十方三世一切佛、一切菩薩要禮敬供養。什麼時候？就是「速疾」，強調速度特別快，在一念當中，能禮敬、供養十方三世一切佛菩薩。頂禮供養的對境是在一切時、一切處中出現的十方三世一切佛、一切菩薩。「十方」指一切處；「三世」指一切時，無有遺漏，非常圓滿，這就是「周遍」。這是對上禮敬諸佛。然後是對下救度父母有情。我們要拔除無量無邊眾生的痛苦，給予他們安樂，也同樣是周遍的，無有遺漏的。也同樣是在一念當中就能夠拔出痛苦、給予安樂。

無論是對一切佛菩薩做供養，做頂禮，還是拔除無量無邊一切眾生的痛苦，給予他們安樂，都能在一念當中圓滿進行，無有缺失，這叫「神通力」。這不是小神通，是大神通，就是覺性圓滿，回歸自性。只有回歸自性、覺性圓滿了，才能做到在一念中供養一切如來、禮敬一切如來，才能在一念中拔除一切眾生的痛苦，給予一切眾生安樂。

也許有人懷疑：「若是這樣，那眾生不是都解脫了嗎？輪迴不是都空了嗎？」佛菩薩確實能做到一念當中圓滿。但是，眾生能不能得到這種利益，還要看眾生自

己的善根和福德。

我們以前講過，一個黑屋裏沒有陽光，不是陽光沒有普照大地，而是這個黑屋接收不到陽光；這不是陽光的問題。若是打開門窗，陽光一下子就會照進來。同樣，佛菩薩一念中就能拔除一切眾生的痛苦，就能給予一切眾生安樂。但是要接收到這種能量與利益，還要靠自己的善根和福德。若是自己沒有善根和福德，就接不到如是的能量，也得不到如是的利益。這是自己的原因，是自己業力深重。總之，回歸自性了，覺性圓滿了，就具足了「神通力」。上供下施非常容易，都在當下圓滿。

「普門遍入大乘力」：這可以站在因地解釋，也可以站在果地解釋。

站在因地講，就是在修行的時候自己發菩提心，行菩薩道，以一切方便門真正趨入大乘。什麼叫「一切方便門」？就是能將順境、逆境等一切境都轉為道用，通過這些，自己才能真正深入大乘。「普門遍入」，其實趨入大乘的方便門非常多，可以說處處都有，時時都有。主要是自己有沒有轉為道用的能力，把順境、逆境等一切對境都變成真正進入大乘的方便門。

甲二　經義

「乘」就是如果真正進入大乘妙道了，一定能到達彼岸。比如說馬或車能載著我們到達目的地。法就是這樣，依靠它就能讓我們到達解脫的彼岸。大乘就是到達菩提道的路或方法。趨入大乘道不容易！這裏講，只有進入一切大乘道的方便門，才能真正進入大乘道。那什麼是進入大乘的方便門？所謂的大乘的方便門，就是你現在所遇到的順境、逆境等一切對境。《佛子行三十七頌》裏講過，你現在遇到的順境、逆境等一切對境，都要轉為道用。這樣你隨時都可以進入大乘，隨時都可以深入大乘妙道。

站在果地上講，「普門遍入大乘力」就是自己圓滿了以後要利益眾生。一切都可以變成方便門，以各種方便門，以各種善巧方便，讓眾生進入大乘。

比如，看似佛在打「妄語」，在說「假話」，實際是一種方便。是為了讓眾生斷惡修善，讓眾生進入大乘妙道。佛菩薩、上師善知識們有各種各樣利益眾生的方法。在表面上，既有善，也有惡；既有看似有意義的，也有看似無聊的。實際上，都是對眾生有利的，都是讓眾生進入大乘的方便。

在這裏講的「普門遍入大乘力」：就是指利用一切

方便門，讓一切眾生直接或間接地進入大乘，深入大乘妙道。在因地的時候，是自己以各種方便門進入大乘；在果地的時候，是用各種方便門讓一切眾生進入大乘。行住坐臥、吃喝拉撒等一切都可以成為自己深入大乘的方便門，也可以成為讓眾生趣入大乘的方便門。若是這樣，修道不難，利益眾生也不難。

「智行普修功德力」：「普修功德力」就是智行。「智」指智力，「行」指行力。智力體現在對萬法的緣起和真如的抉擇斷定上，也就是定解。對萬法的緣起空性生起無偽的定解，這就是「智」。行力是體現在運用嫺熟上。身口意運轉起來，能任運地趣入利益有情，這就是「行」。無障無礙、任運自成地利益眾生，這就是行力。以智力和行力普修，這本身就是圓滿的功德。

也可以這樣解釋：「智」指智慧資糧，「行」指福德資糧。比如，菩薩要學習六度，布施、持戒、忍辱、精進、禪定這五度都屬於是福德資糧，智慧度是智慧資糧。此處的「智」是指最後的智慧度；「行」是前面的五度。你今天布施、持戒、忍辱、精進，修世出世間的禪定，若是沒有以三輪體空的智慧去攝持，一切都是福德，不是功德；若有智慧的攝持，才是功德。比如，若

沒有智慧的攝持，沒有站在三輪體空的角度去修持，那只是布施，不是布施波羅蜜。有智慧的攝持，才是布施波羅蜜。在一切時、一切處中二資雙修，福慧雙修，才能功德圓滿，才有這種功德力。

「威神普覆大慈力」：拔除一切眾生的痛苦，這叫悲心；給予一切眾生安樂，這叫慈心。「大慈」是指慈無量心。不是給一部分眾生安樂，而是給一切眾生安樂，所以稱其為「大」。「普覆」是指在一切時中、一切處中給予眾生安樂。「威神」就是真正能利益到眾生。比如，在八熱地獄裏，化現慈三摩地云，通過降雨遣除眾生熾熱的痛苦，將眾生安置於安樂、解脫中。八寒地獄的眾生遭受的是寒冷的痛苦，通過神通力給他們溫暖，解除他們的痛苦。餓鬼道的眾生，主要感受飢渴的痛苦，通過神通力給他們飲食，解除他們的痛苦。旁生主要感受互相殘殺、愚癡的痛苦，通過神通力讓它們在相續中生起善念，祛除它們的瞋恨、害心，解除它們的痛苦，開啟它們的智慧，讓它們不再愚癡。阿修羅主要是遭受爭鬥的痛苦，通過神通力遣除他們的嫉妒心、瞋恨心等。天人主要是放逸，通過神通力解除他們這種痛苦。人主要感受生老病死等痛苦，通過神通力遣除他

們的痛苦。願通過各種神通力，遣除眾生的痛苦，這就是「威神普覆大慈力」。

就是要發願，自己能具有這樣的力量，到六道中給予眾生安樂。不是有時候到天界、有時候到人間，而是通過神通力，一下子能達到六道一切時處。

「遍淨莊嚴勝福力」：「勝福力」指殊勝的福德力。清淨和莊嚴都是福德力的作用。「清淨」指以福德力能令外在的環境和內在的身心清淨無染。「莊嚴」指以福德力能不斷地生出善妙的顯相。

也可以這樣解釋：我們做任何善事，初善、中善、末善，始終是善，這也是一種殊勝的福德力。

「無著無依智慧力」：「智慧」是了達一切所知。「無著無依」，就是無障無礙。無有障礙地了達一切所知、一切法。

「定慧方便威神力」：「定」是禪定，「慧」指智慧，「方便」指度化眾生的各種方便。「威神力「就是禪定的威神力、智慧的威神力和方便的威神力。

「普能積集菩提力」：「菩提」是無上正等正覺的果位。積集證得圓滿菩提果的因，才能獲得菩提果。

共有八個「力」。要這樣發願，願自己具有這些力

量。若是有了這些「力」，無論是修道，還是利益眾生，都沒有什麼難度，一切可以當下圓滿。

丙十三、修習對治：

> 清淨一切善業力，摧滅一切煩惱力，
> 降伏一切諸魔力，圓滿普賢諸行力。

「清淨一切善業力」：「清淨」指沒有煩惱的染污。業有惡業和善業，善業有有漏的善業和無漏的善業。惡業是墮入三惡道的因，有漏的善業是投生三善道的因，三善道也是輪迴。在此處，「善業」是指有漏的善業，包括了身善業、語善業和意善業等一切善業。「有漏」也指煩惱。煩惱有根本煩惱、①隨煩惱②等很多種。有煩惱就是有漏的善業，沒有煩惱就是無漏的善業。做善業就要做無漏的善業，沒有煩惱，就清淨了，就可以脫離六道輪迴。也許你是在斷惡、修善，但所行

---

①根本煩惱：貪、嗔、癡、慢、疑、惡見等六大煩惱。
②隨煩惱：指隨逐六根本煩惱而起的煩惱，在大乘百法中說有二十種，這二十種煩惱，隨逐於心，隨心而起，所以又名枝末煩惱，或隨惑。它可分為三大類；一、小隨煩惱，即忿、恨、覆、惱、嫉慳、誑、諂、害、憍十種；二、中隨煩惱，即無慚及無愧二種；三、大隨煩惱，即掉舉、惛沉、不信、懈怠、放逸、失念、散亂、不正知等八種。

持的若是屬於不清淨的有漏的善業，就還要在六道中輪迴，不能擺脫輪迴。所以，「只有清淨一切善業力」，才可以逃脫輪迴。

「摧滅一切煩惱力」：「摧滅煩惱」指暫時不起煩惱，最終以無我和空性的智慧摧毀一切煩惱。通過小乘裏所講的不淨觀、慈心觀、呼吸觀等對治法，只能暫時壓制煩惱，卻不能令其徹底斷掉。如果要徹底斷掉煩惱，就要有無我和空性的智慧，尤其要有無我的智慧。有了無我的智慧，就不會有我執。我執是煩惱的根本，如果沒有我執，煩惱就生不起來。沒有「我」就沒有「他」，就沒有「我」和「他」的分別。分別「我」和「他」，這是最初的無明，這是愚癡。執著「我」，這本身就是貪心；執著「他」，這本身就是嗔恚。貪、嗔、癡這三者是根本煩惱，有這三種煩惱，其他的煩惱也就隨之生起來了。

「清淨一切善業力」是清淨善業，「摧滅一切煩惱力」是摧毀煩惱。若沒有煩惱就不造業了，既不造惡業，也不造有漏的善業。業是牽引我們六道輪迴的因，包括善業、惡業和不動業。不動業是指四禪八定，這也是一種善業。一般的善業和不動業都是有漏的。惡業是墮入三惡道

278

的因，善業是轉生欲界的因，不動業是轉生色界、無色界的因。所謂的輪迴，就是有業力的牽引。如果沒有業力的牽引，就沒有輪迴。我們要擺脫輪迴，就要消除業障和煩惱障。若能「清淨一切善業力」，就沒有業障了；若能「摧滅一切煩惱力」，就沒有煩惱障了。沒有業障和煩惱障，就不用六道輪迴，也就解脫了。

不是想解脫就可以解脫，也不是說解脫就可以解脫的，而是要「清淨一切善業力」，不容易啊！要「摧滅一切煩惱力」，更不容易啊！若是不下點功夫，很難很難！儘管我們遇到了大乘佛法，尤其是遇到了大圓滿法，這個對治力非常殊勝。若是自己沒有善根，不懂得珍惜，還是很難。解脫不容易啊！從無始劫以來到現在，眾生在六道中輪迴，既不是不想解脫，也不是沒有採取措施，但是始終沒有實現願望！

我們現在都很羨慕那些神仙、鬼神，因為他們神通廣大。從無始劫以來到現在，在六道輪迴的過程中，我們也不只一次地做過神仙、鬼神，也有過神通；也做過國王，包括做過轉輪王；也做過明星，做過富翁；也不僅是在這一生中出家、修行；但最終都沒有獲得解脫。我們不是不想徹底解脫煩惱和痛苦，但是都沒有做到，都沒有實現自

聖尊普賢行願之王——普賢行願品講記

已的願望。確實不容易！若要徹底解脫痛苦和煩惱，神仙和鬼神做不到，國王和大臣做不到，富翁和明星做不到，一般的出家人和在山上苦修的人也做不到。這不是誰都可以做到的，也不是那麼容易就做到的。

你已經遇到了大圓滿法，對大圓滿法生起了信心。大圓滿就是即身成佛、當下解脫的方法。若是自己能把握好，若是自己能珍惜當下這一緣分，今生就有機會，現在就有機會，隨時都有解脫甚至圓滿的機會啊！這個機會不是誰都有的，這個機會也不是經常都能遇到的。所以大家一定要珍惜人身！珍惜佛法！珍惜緣分！什麼叫珍惜？統統把心態放下，別再胡思亂想，一心一意、專心致志，把握當下。不然真的會錯過的。你還想什麼？還求什麼呀？就在當下，一切都圓滿了，可以解脫甚至成佛了。

什麼叫遇到大圓滿法和對大圓滿法生起了信心？能夠一心一意，能夠專心致志，這叫遇到，這叫珍惜，這叫生起信心。只有具足信心，才算是遇到了。之前可以說是遇到了，也可以說沒遇到。「我遇到了，因為我聞到了，我思維到了，我修到了……」但若是沒有具足信心，聞到了也等於沒聞到，思維到了也等於沒思維到，

修到了也等於沒修到。就是似懂非懂、一知半解。為什麼這麼說？求法得法，尤其是求大圓滿得大圓滿法，必須要虔誠，就是具足信心。

信心有三種：清淨信心、欲樂信心、勝解信心。清淨信心是清淨的歡喜之心，對大圓滿法生起歡喜之心，這種歡喜不是一般的歡喜，而是唯一的。一心一意，一心求法，一心修法。你心裏所有的位置都被它佔滿，在你心裏只有這個法，沒有其他的法。若你的心裏還有其他的，包括法，都不夠虔誠。因為一心不能二用，若是一心二用，那就不是真的，是假的。因為這樣就分別了、動搖了。也許在剛開始的時候，甚至歡喜得把吃飯、睡覺都忘了，其他的一切事情都拋到了腦後。當真正知道了法無處不在時，就不妨礙了。但是也許一開始有這種狀態。

欲樂信心，就是有希求心、有欲望，想達到、獲得這種境界。這種欲樂與希求都不是一般的，而是特別強烈，心特別專注。我們經常以飢餓的犛牛吃草做比喻，這也只能說明一點點這種狀態，並不能完全說明。飢餓的犛牛吃草的時候，只會用心吃眼前的青草，不會想別的。希求心、欲望就這麼強烈，心就這麼專注。

聖尊普賢行願之王——普賢行願品講記

勝解信心，是絲毫不動搖、不退轉的信心。

對大圓滿法具足這三種信心，才是真正遇到了，才算是珍惜。所謂「清淨一切善業力，摧滅一切煩惱力」，大圓滿法就是消除業障，摧滅煩惱最好、最究竟的方法。它的力量非常大，當下就能摧滅一切煩惱、消除一切業障。如果對大圓滿法有信心，解脫、圓滿一點都不難，當下就可以解脫，可以圓滿。否則，會非常難。

希望大家不要再動搖自己的決心。你得到了人身，聞到了大圓滿法，是宿世修來的福報，這個緣分極其殊勝，知足吧！把心態放下，沒有比這再好的法了。若是想解脫、想圓滿，就仔細想一想：遇到這種機緣不容易！我為什麼講這些呢？因為我們從無始劫以來到現在，流轉輪迴的時間非常漫長。在這個過程中，我們現在最崇拜、最羨慕的最有福報、最有權勢的人，我們都不止一次地做過，但是都沒有達到解脫、圓滿的境地！所以說遇到大圓滿法這種機緣不容易，千載難逢！

甲二 經義

大家一定要珍惜，把心態放下，別再想世間出世間的一切法。若是能把心態放下，世出世間的一切法、一切福報都在當下圓滿，根本不用去顧慮這個顧慮那個，計劃這個計劃那個，安排這個安排那個。這都是徒勞無

益的，都是自尋煩惱，自找痛苦。能不能不再顛倒？我說這些話的對境，不只是你們，也包括我自己。

「清淨一切善業力，摧滅一切煩惱力。」這幾個字你們念起來容易，而且念得也非常流利；但是，它所涵蓋的意義非常奧妙，不容易做到啊！不要什麼都掛在口頭上，做在形式上。大家能不能用心一點？能不能實在一點？能不能認真一點？

「降伏一切諸魔力」：想降伏就要降伏魔力。降伏魔力，不是要降伏外在的敵人，不是要降伏外在的惡魔。其實，不管是敵人還是惡魔，都是自心的顯現，就是自己的心魔。因為心魔不起，外魔不生。

外面哪有敵人？那是你的大恩人！打罵我，欺騙我，傷害我，破壞我的事業、家庭的人……我們把這些人視為敵人。其實，他們都不是敵人，這是你自己的業力現前了。一切唯心所現，唯識所變，都是自心的顯現。

無論是人還是魔，都是來幫助我們的，但是我們心裏有魔、有業，所以無法認識、無法把握。若是我們能認識、能把握，這是袪魔、消業的機會。這個機會是誰給我們的？就是我們所認為的那些敵人給的。若沒有這些敵人，心魔怎麼顯現？若是沒有這些敵人，業力怎麼

聖尊普賢行願之王──普賢行願品講記

283

現前？若是心魔不顯現，業力不現前，怎麼轉為道用？怎麼通過這些淨化自己的心靈？我們的修行和成就離不開他們的幫助。否則我們就無法修行，更無法成就。所以，在修行的道路上，他們是我們的大恩人。

其實，他們是恩人還是敵人，就看你自己的心。你心動了，心受影響了，都是敵人；你心不動，心不受影響，都是恩人。你是否動心和這個人沒有太大的關係，主要是你自己的業力是否清淨。自己為什麼會動心？這都是因為自己的業力沒有清淨，煩惱沒有清淨。若是自己心不動，他們根本傷害不到你，甚至還會利益你。所以根本就不用去降伏外在的敵人，外在的惡魔，而要去降伏內在的敵人，內在的惡魔。

在此處講，魔有四種。前面說的煩惱魔是一種，還有蘊魔、死魔、天魔。執著五蘊本身就是一種魔，叫蘊魔；有生死的分別就是死魔；讓我們造業，引起我們煩惱的都是天魔。現在要降伏這些魔。要降伏煩惱魔，就要破除我執，證悟無我的智慧；要降伏蘊魔，就要證悟五蘊皆空的真諦；要降伏死魔，就要證悟心之自性。心之自性是不生不滅的，真正達到了不生不滅的境界時，才會遣除死魔。其實生滅只是一種假象。你真正了悟了、證悟了，對生死

就沒有恐懼了。對生死沒有恐懼，就沒有生死的苦了。不知取捨善惡，不知降伏煩惱，這些都是天魔造成的。暫時有正知正見，有取捨善惡的能力，最終對一切境的分別和執著都徹底放下了，這個時候才能斷除天魔。自己回歸自性、真正覺性圓滿的時候，四魔就徹底降伏了。佛有一種別號叫「出有壞」。「壞」是毀壞四魔，成佛了就毀壞了四魔，毀壞了魔力就是佛。

其實，可以說是不存在外魔的，即使存在了也不可怕，主要是心魔。若是自己不去降伏，還是這樣迷惑，心魔就是真實存在的，非常可怕。

現在，很多人放不下世間的瑣事，都覺得成家立業是正常的，是應盡的責任；為家庭，為自己的團體，不擇手段地去賺錢，也是應盡的責任等等，其實這都是魔。只是自己沒有發現，沒有覺察到。

你盡職盡責是應該的，但不是這樣愚癡地盡職盡責，你要有智慧。你有智慧了，才能真正地盡職盡責。怎樣才能具有智慧呢？很多人都覺得自己已經有智慧了，其實真正的智慧只有佛法裏才有。你真正證悟無我和空性，真正能放下分別和執著的時候，才有真正的智慧。之前，都是知識，不是智慧。知識是煩惱，智慧是

無煩惱。有智慧才能了緣了債，沒有智慧你認為這是了緣了債，實際上不一定。了緣了債了生死……大道理誰都會講。什麼叫了緣，什麼叫了債？你跟這些眾生、凡夫一起混，這不叫了緣了債。能把握住自己，不起煩惱，相續不被染污，同時能幫助眾生減輕煩惱，增長智慧，這叫了緣了債，這樣才能了脫生死。很多人都認為做家務，搞事業是了緣了債，其實不一定。若是有智慧的攝持就是了緣了債，否則就不是，還是在搞輪迴，忙世間的瑣事，沒有任何意義。

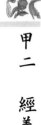

有的人雖然皈依佛門、修持佛法了，但是沒有遇到正法，沒有遇到真正的善知識，跟一些名義上的善知識一起混，一起造業，還不聽佛的勸告，也不聽善知識們的提醒，非常執著。這是一種心魔！有的人不依止善知識，以自己為善知識，認為自己在修禪定，然後在無念的狀態中打坐，稍微有一點點覺受的時候，就覺得自己已經行了。佛經裏講得清清楚楚，這些具德的上師善知識們也在苦口婆心地講，但是他都不聽，這也是一種心魔。

有的人雖然遇到了真正的善知識，遇到了真正殊勝的法門，但是定不下心來，還找很多借口：「法挺好，上師挺好，但是地方太差了，條件太差了，周圍的人太

差了。」然後就離開了。這也是一種心魔。

遇到正法不容易，不能輕易地放棄，但若自己根本沒有意識到，這就是心魔。一些嚴重的心魔，當下無法發現、覺察，自己覺得是對的，自己覺得沒有錯，這如同跳懸崖。不知道是懸崖，就跳下去了，結果可想而知。

「降伏一切諸魔力」主要是降伏心魔。密宗裏有很多降魔、斬魔的方法。我們每天都做簡供，簡供裏也有「斬魔」。很多人都不明白：是不是斬那些惡魔、鬼神啊？鬼神還用你斬，還要你降伏嗎？他們已經夠可憐的了。我們要降伏、斬除的不是那些惡魔、鬼神，而是自相續中的人我執和法我執。

所謂的魔王波旬在哪裏？就在我們的相續裏。我執是魔王波旬，貪嗔癡慢疑等煩惱是他的大臣，八萬四千煩惱是他的軍隊。他們每天都欺負我們，鎮壓我們，我們每天都跟他們作戰。但是，在他們面前，我們經常失敗，根本就沒有作戰、抵抗的能力，就是他們的俘虜。

由魔王波旬下命令，由大臣——貪嗔癡慢疑等煩惱執行命令，我們就聽從貪心、嗔恨心、愚癡、嫉妒心、傲慢心的指揮。貪心一起來，就跟著貪心東跑西跑，東看西看，貪這個貪那個，執著這個執著那個。嗔恨心

一起來，跟著嗔恨心跑，整天怨天尤人，恨這個、恨那個，甚至罵人打人，傷害眾生。嫉妒心、傲慢心也是如此……這些煩惱不會對你客氣的。你越隨順它，它越囂張，你隨它們造業就造得更嚴重，讓自己在六道輪迴中，尤其是在惡趣中出脫無期。

雖然魔力很多，但最根本的魔是我執。所以，真正的斬魔、降魔，是斬「我執」這個魔，是降「我執」這個魔。他是這個「國家」的支柱，你把他斬掉了或是降伏了，這個「國家」就垮了，貪嗔癡慢疑就沒有力量了。

「圓滿普賢諸行力」：業、煩惱、魔的力量越減少，普賢行就越增長。「清淨一切善業力，摧滅一切煩惱力，降伏一切諸魔力」，若是徹底清淨、摧毀、降伏了這些業、煩惱和諸魔，普賢行也就徹底圓滿了。看破和放下是相輔相成的。看破了就放下了，放下了就看破了。

這四句偈頌非常重要。上師如意寶也曾講過，其實一切佛菩薩的願，包括《普賢行願品》的內容，都涵蓋在這四句偈頌裏，平時就念這四句也可以，以此來發願也是非常殊勝的。所以這四句偈頌也是精華中的精華，是非常重要的。大家應該背下來，經常念誦，以此來發願。

丙十四、菩薩諸業：

> 普能嚴淨諸剎海，解脫一切眾生海，
> 善能分別諸法海，能甚深入智慧海，
> 普能清淨諸行海，圓滿一切諸願海，
> 親近供養諸佛海，修行無倦經劫海。

「普能嚴淨諸剎海」：「普」指周遍，包括一切時、一切處；「嚴」是莊嚴；「淨」是清淨；「剎」指剎土；「海」指無量無邊。無量無邊的這些清淨和不清淨的剎土都一樣清淨，一樣莊嚴。在此處，主要是修平等。其實，清淨或不清淨是我們的分別念，諸法的本體都一樣清淨，一樣莊嚴。所以這些剎土本來都是清淨的、莊嚴的，現在就是要袪除分別心。這是密宗裏講的清淨觀：一切外器世界都是佛壇城，都是淨土；一切內情眾生都是佛，都是本尊。要這樣觀想清淨。

觀一切清淨，一切莊嚴，不是非清淨的觀為清淨，也不是非莊嚴的觀為莊嚴，而本來是清淨的觀為清淨，本來是莊嚴的觀為莊嚴。在前面講過，圓滿就是莊嚴，在此處講的莊嚴就是圓滿，不是非圓滿的觀為圓滿，而本來就是

圓滿的。無論是外器世界還是內情眾生，一切的顯相都是清淨的，都是圓滿的。就是放下分別，一切平等。平等是成佛的因，要成佛就要放下分別，就要顯現平等。

在這裏也講「普能嚴淨」，在一切時、一切處中，顯現的所有剎土，無論是外器世界，還是內情眾生，都是一樣的清淨，一樣的圓滿。若是你真正明白了，甚至真正能現前這樣的境界，當下你就在西方極樂世間或在東方現喜剎土，就在淨土，就在佛國。如果沒有放下分別，沒有平等，無法成佛，無法達到真正的淨土，無法達到真正的佛國。所以放下分別、平等是成佛最主要的因。這是普賢行，也是成佛的因。

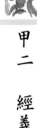

「普能嚴淨」，一切清淨不清淨的剎土都一樣的清淨，一樣的莊嚴。「能」指自己有能力達到這種境界，有能力示現這種本具的光明。一切剎土本來就是清淨的、圓滿的，自己能證悟、能顯現這些。有超越的智慧，圓滿的智慧，在一念當中就能進入這樣一個不可思議的境界，在一念當中就可以現前這樣一個本具的大光明。剛才講「能力」，有幾百億、幾千億的金錢，這算不算能力？不算！有權力、有勢力，能執掌一個國家，能執掌整個世界，這算不算能力？不算！這裏說的能力

指有超越的、圓滿的智慧。

「諸剎海」指十方三世一切剎土，十方就是一切處，三世就是一切時。在一切時、一切處中顯現的一切剎土，無論是清淨的還是不清淨的「諸剎海」。

「普能嚴淨諸剎海」指處處都是莊嚴的、清淨的，要明白這個道理。一切都是清淨的，都是圓滿的。若是有不清淨和不圓滿的，就是自己沒有智慧。所謂的佛就是覺，覺悟就是智慧。平等就是佛的果位，覺悟了就有智慧了。放下了分別，就顯現平等了，就到達彼岸，到達佛國了。但是我們智慧不夠，「我要到西方極樂世界，我要到東方現喜剎土，我要去見觀音媽媽，我要去見阿彌陀佛……」這都是分別。這樣很難到西方極樂世界，很難見阿彌陀佛。「應該沒問題吧？我在一心念佛求生淨土呢！佛在經中講，若是一心念阿彌陀佛，一心求生淨土，就可以到西方極樂世界，可以面見阿彌陀佛。」一心念佛，一心求生淨土，這裏有一心。一心和誠心，說的就是平等，這裏的含義很深。若是沒有平等，就不是一心，就不夠誠心。雖然你在念阿彌陀佛，在求生淨土，但你是以貪心、以欲望念阿彌陀佛，求生淨土的，那是惡道的因。這樣念不但不能往生到西方極樂世界，反而還要墮落惡趣。一般的情況

聖尊普賢行願之王——普賢行願品講記

下要投生餓鬼，因為貪心是墮入餓鬼道的因。所以平等心很重要，放下分別念很重要。

密宗裏講的是大光明的境界，處處清淨，處處圓滿，處處是淨土，處處是佛、是壇城。密宗裏講的，最基本的清淨觀是五種圓滿，這是修密法的基礎。密宗有外密、內密。外密包括事部、行部、瑜伽部，內密包括瑪哈瑜伽、阿努瑜伽、阿底瑜伽。想修密乘，尤其想修內密，必須觀五種圓滿。有五種圓滿了，一切都圓滿了。五種圓滿是：住處圓滿，是淨土；本師圓滿，是佛陀；眷屬圓滿，都是勇士勇母、空行空行母、男女本尊；時間圓滿，是本來具有的相續輪，就是一種本具的光明，遠離分別的，遠離過去時、現在時、未來時三時的時間。屬於世間的時間都包括在三時裏。本來具有的相續輪是遠離三時的一種時。那就是超越了，就是自心，就是本具的光明，完全是清淨的。法圓滿：大乘法、大圓滿法，就是最究竟的果位——佛果。大乘法、大圓滿法是遠離世間、遠離分別的。修密法就是修平等心。尤其是無上瑜伽大圓滿，就是當下——當下一切清淨，當下一切圓滿。

如果不入密乘，不修大圓滿法，無法成佛。無論是修聲聞乘、緣覺乘，還是菩薩乘（顯宗有小乘和大乘，

菩薩乘是顯宗大乘），最後都要入密乘，都要入大圓滿。無論是聲聞乘、緣覺乘還是菩薩乘都是台階，也可以說是樓梯。聲聞乘是到一樓，緣覺乘是到二樓，菩薩乘是達到三樓，外密事部是到四樓，行部是到五樓，瑜伽部是到六樓……最後到頂樓。

我們現在為什麼直接修大圓滿呢？這是因為前面那些我們前世都修過，現在直接爬到九樓或頂樓就可以了。整個佛法九乘次第都要經過，必須是這樣的。現在有的人修阿含或聲聞乘，這都是小乘，說明這個人根基低，前世修得少，所以從底下開始修，然後上一樓；有的人專門修十二緣起，這是緣覺，可以得到辟支佛的果位，這個人在爬二樓的樓梯；有的人願意修菩薩乘，然後上三樓；有的人雖然對密法有信心，但願意修事部、行部；有的人願意修氣脈明點或生起次第……我們現在是直接對大圓滿法生起了信心，就是這樣的根基。

直接遇到大圓滿，對大圓滿法生起了信心，這不是很容易的事，這是宿世中修來的善根和福報。剛才講的是對大圓滿法真正生起信心的人。有的人根本不是真正生起信心，真正修這個法。真正遇到大圓滿法，對大圓滿法生起信心的人，離成佛不遠了，就在眼前。為什麼

說「想成佛必須要入密乘，必須要修大圓滿法」？這是成佛的必經之路。其他的次第都是樓梯，也就是台階，最後才是樓頂。

《普賢行願品》裏講的都是不可思議的解脫境界。對我們來說，成佛太容易了。我們現在是顯密雙修，主要是修密乘。就是要觀一切清淨，觀一切圓滿。不是非清淨的觀為清淨，非圓滿觀為圓滿，而是本來清淨的觀為清淨，本來圓滿的觀為圓滿。

「解脫一切眾生海」：這裏也有「能」，但是沒有直接寫這個「能」字。願自己有「解脫一切眾生海」的能力，也就是讓一切眾生都得以解脫。「一切眾生海」，用「海」來比喻無量無邊的眾生。

要把無量無邊的一切眾生都度到彼岸，這是普賢行。彼岸指的就是解脫。我們現在發願，願是什麼？是一種希求。我們希求什麼？希求度化無量無邊的一切眾生，包括善人和惡人。「這個人很有善根，我要幫助他、度化他；這個人太惡劣了，一點善根都沒有，我不想度化他……」這種想法是錯誤的。這裏講，要放下分別，修平等心。因為這也是普賢行，普賢行是成佛的因。什麼是真正成佛的因？就是平等心。這裏也有修平

294

等心，無論是善惡、美醜都一樣要度化。只願意接觸和幫助善良的人，討厭並不想接近凶惡的人；只喜歡和接近健康美麗的，討厭或不願意接觸殘疾和醜陋的：這都是分別！無論善惡美醜，無論有錢沒錢，無論有權力沒權力，應該都一樣。那怎麼去幫助他們、度化他們呢？有直接和間接兩種方式。如果你沒法直接幫助他，就可以間接地幫助他；如果你沒法直接度化他，就可以間接地度化他。這是隨順眾生，就是跟眾生結緣。

　　一個真正的菩薩，一個真正的大乘行者，和眾生結更多的緣是很重要的。哪怕結惡緣，也是一種幫助。雖然表面上看是惡，但發心是清淨的。發心跟他結緣，是為了度化他，所以是善。菩薩和眾生結惡緣也是有意義的，但這是沒有辦法的辦法。這個眾生和菩薩結惡緣了，雖然暫時可能要墮落，但是終有一天一定能得度。這相當於已經上鉤的魚一樣，跑不掉的。

　　「解脫一切眾生海」，我們要發願直接或間接地利益、度化一切眾生，包括地獄和餓鬼道的眾生。我們要跟觀音菩薩學。觀音菩薩通過自己的神通力，三次將整個輪迴的眾生都度空了。第一次去度化六道的眾生，都度光了，到上面往後一看，還有那麼多。第二次又下去

聖尊普賢行願之王──普賢行願品講記

度化，把六道的眾生都度光了，回頭看眾生還和以前一樣多。第三次又下去度化，又把六道的眾生度光了，但往後一看，還是那樣。觀音菩薩這時才明白，若眾生自己沒有善根，只通過佛菩薩的神通力，還是不能得度。所以，眾生要得度，還是要靠自己，佛菩薩沒辦法。但是這裏講的是要有這個心量。

「雖然眾生是無量無邊的，但是我要發願把眾生度盡。」「眾生無邊誓願度」是四弘誓願中的一個。就要有這樣的發心，這樣的心量，要度盡眾生，要度空輪迴，這是很重要的。既然有這樣的心，有這樣的願，就脫離不了輪迴。這也是菩薩行。「那我沒法擺脫輪迴了，沒法脫離痛苦了？」不是。正如前面所講，「猶如蓮花不著水，亦如日月不住空。」以這種方式留在輪迴中。雖然不能遠離輪迴，不能離開世間，但是不受輪迴的染污，不受眾生的染污。雖然在六道裏，但是不屬於六道；雖然是在世間，但是不屬於世間。所以心裏不要有畏懼，菩薩必須要這樣發心。

發願「解脫一切眾生海」，願度化一切無量無邊的眾生，而且願自己有度盡一切眾生的能力。有沒有度盡一切眾生的能力？有。何時能度盡眾生？沒有這個時候。儘管

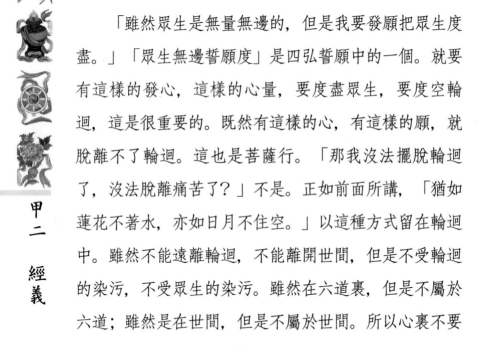

眾生是無量無邊的，但是你的願也是無有窮盡的。因為你的願是無窮盡的，所以你的力量也是無窮盡的。

這裏也要修平等心。一切眾生都要度化，所以沒有善惡的差別，沒有美醜的差別，沒有親人和敵人的差別。親人、敵人，善人、惡人，美麗的、醜陋的，健康的、殘疾的，人、動物……都是我所化的眾生。

說這些大話沒有用，發這些空願也沒有用，要從身邊的眾生做起，尤其是多看看那些令你不太順心、不太滿意的人，他們都是你所化的眾生。你若想當菩薩，想成佛，這是你必須要接納，要親近的。因為你已經發了「解脫一切眾生海」的願，你要幫助他，度化他，你是要讓他們解脫煩惱、解脫痛苦的，不是要讓他們生煩惱、生痛苦的。否則，你就違背了自己的誓願。違背了自己的誓願，違背了自己的良心，這叫造業，這叫罪惡。這個罪名不是佛給你定的，是你自己做的。

我們天天都在念《普賢行願品》，天天都在修普賢行，還這麼分別。你身邊的人都不是普通眾生，都是同修道友。「我喜歡這個人，我要跟他在一起；我不喜歡這個人，不要安排到我的房間裏。」不應該這樣想。

「善能分別諸法海」：「海」以此來形容、比喻無

聖尊普賢行願之王—普賢行願品講記

量無邊。「諸法海」是指佛法無量無邊。佛法可以概括在教法和證法裏。教法指經藏、律藏、論藏三藏，證法指戒學、定學、慧學三學，這是概括性的講法。「善能分別諸法海」，就是精通諸法的實相真理。在一切的境相中，能分別善惡，分別正邪，不迷惑，不愚癡。

其實佛法不止八萬四千法門，但是為什麼還要這樣說呢？因為眾生有八萬四千種煩惱。為了對治這些煩惱，所以有八萬四千種方法。「八萬四千」只是個形容詞，眾生的煩惱不止八萬四千種，眾生的煩惱無量無邊，法門也是無量無邊。佛在《三摩地經》中講過，眾生的分別念何時窮盡了，何時才沒有法門。眾生的分別念不窮盡之前，法或乘是不會窮盡、不會息滅的。眾生的分別念沒有窮盡的時候，法門也沒有窮盡的時候。眾生的分別念是無量無邊的，法門也是無量無邊的，所以是「諸法海」。

其實法門沒有什麼固定的框架。一切萬法、一切緣法都可以變成法。所以，佛講的竅訣也是無處不在，無所不含，包括吃喝玩樂都是。若是心態能轉變，都是法；若是心態不轉變，都不是法。「我現在在念經，我現在在念佛，我現在在持咒，我現在在打坐，這些應該

甲二　經義

是法吧?」不一定。是不是佛法，在於你的心，不在相。若是沒有轉念，都不是佛法；若是轉念了，都是佛法。所以我經常強調：修行在生活中，佛法在世間中。要理解一點都不難。

「善能分別」強調的主要是這個念。一切在於心。我經常講：發心了就是善，不發心就不是善；發心了就是佛法，不發心就不是佛法。轉念了就是修行，不轉念就不是修行。一切在於心。雖然我們現在出家了，修行了，但是發心沒有到位。這是不是法? 不是。這是不是一種修行? 不是。發心到位了才是法，才有法。發心到位了，才會變成修行。我們現在出家，每天念這麼多儀軌，然後有壓力、有煩惱了，這就說明這裏沒有真正的法，也沒有真正的修行。

真正的法是不煩惱的，真正的修行是輕的。若是有壓力，有煩惱了，也許有一些相似的法，但是沒有真正的法；也許有一些相似的修行，但是沒有真正的修行。我講過很多次了，真正的修行是一種享受，是一種快樂。上早課、上晚課、上座、觀想，都是一種極大的享受! 所得到的喜樂是無比的。佛講的，世間任何喜樂都無法與之相比。你們也許感受過一些世間的喜樂，但是

那種喜樂都不叫喜樂，根本不算什麼。天界的眾生，比如色界、無色界的眾生，他們都可以感受禪樂。但是，這種喜樂無法與我們學佛修行中獲得的喜樂相比。你有喜樂嗎？沒有吧！「是不是要上早課了？是不是要上晚課了？」然後勉強地上。不來不行啊，不念不行啊，這是規矩，怕不去被發現了挨批評。

要有「善能分別」的能力，這是很重要的。諸法有體相和現相。眾生把一切都視為恆常，視為有我，視為快樂，視為實質性的。佛講的都與之相反。佛講，在現相上是無常和痛苦，在體相上是無我和空性。若是「善能分別」，就應了知屬於世間的、輪迴的都是痛苦，都是無常的。沒有恆常不變的，都是無常的，並且都是在剎那剎那中變。

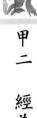

我們的心為什麼總是隨著境動呢？遇到一些順境或者善緣的時候，心裏就高興，然後就留戀；遇到一些逆境、惡緣的時候，心裏就傷心、痛苦，然後就逃避。這叫心隨著境動。不是不能有念頭，但是不允許受它的影響。表面上可以有喜怒哀樂，但心裏不能有喜怒哀樂。這些都是無常的、痛苦的，也是平等的。其實一切屬於世間、屬於輪迴的顯現都是無常的，都是痛苦的。這裏

也要修平等。

為什麼說「不淨室中無妙香，五趣之中無安樂」？「五趣」指六道，六道裏沒有安樂，只有痛苦。屬於六道的，屬於世間的，都離不開痛苦的本性，都是無常的。你明白了就沒有什麼。變化很正常，都是虛假的。看一切都覺得正常，一切都覺得應該，這就是智慧，也是平等。

「有的恆常，有的變化；有的痛苦，有的快樂；三分痛苦，七分快樂。」這是世間的觀點，這完全是錯誤的。在世間只有痛苦，沒有安樂。自己明白了、深信了就行了。

此外，「善能分別」也可以有另外的解釋。「法」分教法和證法。能夠精通三藏，勤修三學，息滅三毒，也就是「善能分別」。

「能甚深入智慧海」：「能甚深入」就是證入，「智慧海」就是無我和空性的智慧。智慧是超越的，不能超越的都不是智慧，都是知識。

人都有知識。「不對啊，我沒有知識。」你能走路，知道吃飯，知道睡覺，這都是知識。學佛修行就要轉識成智，現在要把一切念頭都轉為智慧。

雖然有的人覺得自己有知識，懂得一些皮毛上的東

西，懂得世間一些所謂的文化，但是在佛面前，在菩薩面前，這都不是什麼。所謂的學者，和那些瘋子、乞丐沒有差別，都一樣愚癡顛倒，都沒有明白諸法的實相和真理。也許那些瘋子和乞丐的思想和內心更單純一些，所謂的學者和知識分子內心更複雜一些，所知障更嚴重，更不容易回歸自性。

在我們這些人裏，有的人稍微有一點點知識和文化，就驕傲得不得了，心態很難放下來。前幾天你們談感受的時候，有個居士雖然年紀最大，身體最差，文化也不高，但他明白的更多，得到的更多。其他那些既年輕又有文化的人，根本沒有什麼可談的。即使談了，也只是自己的一些分別念而已。在出家人和行者裏，有些年齡、身體、文化等各方面都算是比較差的，但談的感受多好多實在啊！其他這些既年輕又有文化的人，好像不會說話，木頭似的。我天天給機會談感受，問問題，都沒有反應。

以前有一位大德高僧講過，有知識的人，精通的只是詞句，不是意義，這些人很難開悟，很難見性。那些沒有文化，甚至最普通的、放犛牛的人，有時開悟見性更容易一些。因為他的思想、頭腦單純，所以有文化的

人還不如這些普通人。

「普能清淨諸行海」：「行」指菩薩行。菩薩行是不是指那些布施、持戒等六度萬行呢？不一定。其實一切清淨不清淨的行為都是「普能清淨」，包括念佛誦經、燒香拜佛、打坐修行，還有吃喝拉撒、行住坐臥等……一切都清淨，這叫「普能清淨諸行海」，都要變成普賢行。不是只在大殿、在佛堂裏念佛、誦經才是普賢行。若覺得做家務、吃飯不是普賢行，這是分別。這裏也是修平等心。「普」是周遍一切行為的意思。無論是念佛，跟家人聊天，還是做功課、做家務，一切行為都變為清淨，都成為普賢行的時候，才是平等，才可以成佛。

「圓滿一切諸願海」：其一，佛菩薩所有的願都是利益眾生的，都要圓滿。比如，釋迦牟尼佛發了五百種願，阿彌陀佛有四十八願等。其二，不只是佛菩薩，每一個眾生都不願意感受痛苦，都願意獲得安樂，這個願也要圓滿。

「圓滿一切諸願海」裏也有「能」，自己有能力圓滿佛菩薩的願力及眾生希求安樂、希求解脫的願望，所有這些都要成就。

「親近供養諸佛海」：無論是佛還是眾生，都是平

聖尊普賢行願之王——普賢行願品講記

等的，都要「親近供養」。「海」也是形容無量無邊。這裏指十方三世一切佛，即過去、現在、未來無量無邊的佛，這裏也包括眾生。我們要通過各種方法去親近、供養，通過各種渠道去結緣。無論是佛還是眾生，都要做財物供養、力供養和法供養。施捨也是供養。

「修行無倦經劫海」：前面所講的都是菩薩的作業，是佛菩薩的事業。修行佛菩薩的事業和行願，在經一切劫中都無有疲倦、無有厭足，持之以恆，堅持到底。事業和行願都是一個意思。「海」形容無量無邊。「無倦」指無有疲倦、無有厭足地去修行。

大家學佛，尤其是修大乘妙道不容易啊！心量必須要放開。為什麼說要放下自私自利？一個自私自利的人怎麼能做到這些呢？一個自私自利的人怎麼能發這個願呢？即使發了也是空願，也是在說假話，不可能做到。

現在我們根本不明白，都在口頭上說，說的都是大話。我們是在欺騙佛菩薩，欺騙眾生，不要這樣。看看自己是不是菩薩的料？是不是佛的料？應該仔細觀察。若不是，就別說假話了。為什麼說首先要斷掉自私自利呢？就是這個意思。你放下了自我，斷掉了自私自利，才真正能做到這些。

甲二　經義

丙十五、（隨學諸佛菩薩的迴向）分二：一、隨學如來的迴向；二、隨學菩薩的迴向。

丁一、隨學如來的迴向：

三世一切諸如來，最勝菩提諸行願。
我皆供養圓滿修，以普賢行悟菩提。

「三世一切諸如來」：過去、現在、未來三世中所出現的一切諸如來。

「最勝菩提諸行願」：「願「就是發菩提心，行菩薩道。「菩提「指無上正等正覺果位。他們通過各種方便，利用一切機會發菩提心、行菩薩道，就是為了證得無上正等正覺的果位。這是永恆的解脫，是徹底圓滿的果位。

過去佛也好，未來佛也好，現在佛也好，他們證得這樣的果位，是不是為了自己解脫，為了自己圓滿？不是。獲得菩提果、獲得永恆的解脫，最終目的是利益眾生、度化眾生。他們知道，若是不獲得這樣一個究竟的果位，自己的斷證功德不圓滿，就沒有能力去利益和度化眾生。

我們經常講「自覺覺他、自度度他」。若自己的覺性沒有圓滿，就沒有辦法讓眾生的覺性圓滿；若自己沒有到達彼岸，就沒有辦法讓眾生到達彼岸。三界輪迴就像牢獄，煩惱就像枷鎖。無數的眾生在三界輪迴的牢獄裏，晝夜不停地銬著煩惱的枷鎖，不得自在，受盡痛苦！這些眾生都是我們宿世的父母，對我們都恩重如山啊！雖然我們心裡特別想把他們全部解救出來，但是沒有能力，著急啊！諸佛菩薩知道，若是能證得圓滿的菩提果位，就有能力去利益他們、救度他們了。於是他們心急如焚，通過一切方便，利用一切機會發菩提心、行菩薩道。最後令眾生都能成佛，都能證得圓滿的果位，也都具有度化眾生的能力了。我們現在要跟諸佛菩薩學。

「我皆供養圓滿修」：諸佛菩薩發過很多殊勝的願，也經歷過很多的苦難。現在我要把自己的身口意全部供養，用來修學諸佛菩薩的願行。以諸佛菩薩的願為我的願，以諸佛菩薩的行為我的行。這樣就沒有自私自利的餘地了。「皆」指全部，「願」指思想，「行」指行動、行為。

「以普賢行悟菩提」：普賢行也是諸佛的願行。除了自己的身口意，沒有什麼是自己的了，就是用自己的

身口意來學修諸佛的願行，也就是普賢行。這樣才能迅速證悟菩提，獲得無上正等正覺的果位。

跟三世諸佛學，是不會有錯的。過去世、現在世、未來世一切諸佛為了證悟菩提，然後發願行持菩提道，最終真的證得了究竟的菩提果位。我們現在也一樣，我也用我的身口意、盡我一切所能學修三世諸佛的願行，也就是普賢行，以此證悟菩提，獲得究竟的佛果。

普賢行願裏講的就是三世諸佛的願行。現在我們就要發願，希望自己能學修這些。我們行善和積累善根的過程，以及安排這些善根的去向（迴向）的方法，都要和三世諸佛學。

丁二、（隨學菩薩的迴向）分二：一、願等普賢；二、願等二聖。

戊一、願等普賢：

> 一切如來有長子，彼名號曰普賢尊，
> 我今迴向諸善根，願諸智行悉同彼。

「一切如來有長子，彼名號曰普賢尊」：普賢菩薩為什麼成為了諸如來的長子？因為普賢菩薩的行願具足了，也可以說圓滿了十方三世一切菩薩的行願。他的行願是最圓滿的，這才是諸如來真正的密意，所以是十方三世一切諸如來的長子。

《大毗盧遮那成佛經疏》中說：「普賢菩薩者，普是遍一切處義，賢是最妙善義。謂菩提心所起願行，及身口意悉皆平等，遍一切處，純一妙善，備具眾德，故以為名。」我們的自性、心性遍一切處。輪涅一切法都是從自性中或心性中顯現的，所以就是普賢。現在我們認為輪迴是不清淨的，涅槃是清淨的。其實清淨與不清淨是我們自己的心。心清淨，當下就是涅槃；心不清淨，當下就是輪迴。但是，這都不離自性，都不離心性——這也就是普賢。普賢也可以指諸法的實相，也可以指諸法究竟的真諦。

「我今迴向諸善根，願諸智行悉同彼」：普賢菩薩成為了諸佛的長子，因為他的願行太圓滿了，完全符合一切如來的密意。我應該著急，你也應該著急，因為我們也要和普賢菩薩一樣，立地成為諸如來的長子，我的願行也要當下圓滿。怎樣才能圓滿呢？就是將我們所行

持、所積累的一切善根迴向。包括過去的善根、現在的善根、未來的善根——已經行持的、積累的，正在行持的、積累的，準備要行持的，積累的一切善根，都進行迴向。善根迴向不是要把善根送給眾生或佛，而是通過這些善根，成為諸佛的長子，和普賢菩薩一樣。

「智」指智慧，也可以是願——殊勝的願，就是菩提心。「願諸智行悉同彼」，我的智慧、菩提心和普賢菩薩一樣，我的願行和普賢菩薩等同。若僅僅口頭上說「我要成為諸佛的長子，我要和普賢菩薩一樣」，沒有用！那怎麼辦？修行要獲得圓滿，還是要靠自己，以自己的善根的力量。

迴向善根就是利用這些善根。什麼樣的善根才能成為諸佛的長子，才能和普賢菩薩等同？就是將過去所行持的善根、現在正在行持的善根和未來將要行持的善根，都變成無漏的善根。若想做到這一點，就必須要有無我和空性智慧的攝持。這是非常重要的，因為它是獲得圓滿菩提果的因。

積累善根時要有三輪體空智慧的攝持。過去、現在、未來三世中所積累的善根都要有智慧的攝持，才可以成為菩提行，才是發菩提心、行菩薩道，才能和普賢

聖尊普賢行願之王——普賢行願品講記

菩薩的願行等同。有些人擔心：「過去的善根我沒有辦法這樣攝持啊！」如果你現在具有三輪體空的見解和智慧的攝持，就可以將過去所積累的一切善根福德都變成無漏的。什麼是有漏？什麼是無漏？有漏就是有執著、有煩惱。只要有我執、有煩惱，就是不清淨的，所修的善根和福德也會變成有漏的。若是你有無我的智慧，斷掉煩惱，所修的善根和福德一下子就會成為無漏的。我們修善積福的時候，有無我和空性智慧的攝持，盡量站在三輪體空的角度去行持，這點非常重要。

以無漏的善根，可以讓自己的願行都成為普賢菩薩的願行，自己可以和普賢菩薩等同，自己應該成為諸佛的長子。普賢菩薩成為諸佛的長子，我和你都著急了，所以發願：「我今迴向諸善根，願諸智行悉同彼。」如果只是在這裏「嫉妒」普賢菩薩沒有用，只在這裏著急也沒有用，要靠「我今迴向諸善根」。我們必須要修善、積累善根，在積累善根的過程中及時迴向善根，要去掉對三輪的執著，不要有煩惱的染污，以無漏、清淨的善根令我們的願行和普賢菩薩等同，就可以成為諸佛的長子。

願身口意恆清淨，諸行剎土亦復然，

如是智慧號普賢，願我與彼皆同等。

「願身口意恆清淨，諸行剎土亦復然」：在這裏，我們找到普賢菩薩的秘密了——五清淨。普賢菩薩靠什麼成為諸佛的長子呢？身清淨、口清淨、意清淨、行清淨、剎土清淨。「願身口意恆清淨」是身口意恆清淨，「諸行剎土亦復然」，「亦復然」也是恆時清淨的意思。這是他的秘密，他靠這五種清淨成為了諸佛的長子，我們現在就要學習和行持這五清淨。

這裏的清淨是恆清淨，恆清淨指無礙。普賢菩薩的身清淨了、身無礙了，所以可以一身化現剎塵身。普賢菩薩的十大願王都是不可思議的境界，若是他的身沒有清淨，沒有做到身無礙，他能做到這些嗎？語清淨無礙了，所以可以一音流現一切音；意清淨無礙了，所以可以一念當中能深入一切無緣之三摩地門。無緣就是無有執著，三摩地就是一切禪定。他在一念當中可以深入一切三摩地，即一切禪定之門。行恆時清淨，行無礙，所以可以在一剎那當中，行持六度萬行，圓滿一切菩薩的學處——菩提行。剎土恆時清淨，所以可以一一剎土都

311

清淨莊嚴，就是在一個微塵當中，可以顯現整個微塵數的剎土。整個剎土中的一切微塵都是如此。無量無邊的剎土都在一剎那當中清淨莊嚴，當下都是清淨莊嚴的，一切都是清淨莊嚴的。

身恆時清淨、語恆時清淨、意恆時清淨、行恆時清淨、剎土恆時清淨，這就是普賢菩薩的五清淨。

「如是智慧號普賢」：智慧圓滿了，才有五清淨及五無礙。否則，根本無法做到這樣。

「願我與彼皆同等」：發願自己也要和普賢菩薩一樣，也要學五清淨，修五清淨，圓滿五清淨，成就五清淨。這樣才可以叫和普賢菩薩等同，才能和普賢菩薩一樣，成為諸佛的長子。

戊二、願等二聖：

我為遍淨普賢行，文殊師利諸大願，
滿彼事業盡無餘，未來際劫恆無倦。

願等二聖：「二聖」指文殊菩薩和普賢菩薩。所謂「華嚴三聖」，就是毗盧遮那佛、普賢菩薩和文殊菩

薩。剛開始，我們可以羨慕、「嫉妒」普賢菩薩——他怎麼成了諸佛的長子了呢？我也應該成為諸佛的長子，我要和普賢菩薩一樣。因為不僅僅普賢菩薩有佛性，我也有佛性，我也具有如來智慧德相。他的願行這麼圓滿啊！他的智慧這麼圓滿啊！我也可以做到。你有沒有這樣想過？有沒有羨慕、「嫉妒」過普賢菩薩？有沒有羨慕、「嫉妒」過文殊菩薩？眾生剛開始對這兩位菩薩有羨慕、「嫉妒」心是件好事。

這裏說的是普賢的行願、文殊的大願。普賢菩薩的願行是最圓滿的，文殊菩薩也和普賢菩薩一樣，但是在這裏要學文殊菩薩的智，普賢菩薩的行。文殊菩薩的智就像雙眼，普賢菩薩的行就像雙腳。要到達彼岸，要圓滿菩提果，不能離開文殊菩薩的智慧，也不能離開普賢菩薩的行願。

行願誰都有，但是有智慧是很重要的，有智慧，行願才會圓滿。雖然阿羅漢、獨覺佛們也有願行，但是他們的願行不究竟、不圓滿，因為缺少智慧。若是具足智慧，他們也不會這樣，他們也不可能僅求自我解脫。世間人也有願行，即為了世間的福報而行持善法。希求世間的福報，這也叫「願」；為了世間的福報、人天的安

樂而行持善法、積累福德，這也是「行」。但是這些願行不究竟。即使願行圓滿了，獲得了人天的福報與安樂，仍然沒有逃脫三界，沒有擺脫痛苦。即使名氣再大、再有錢，還是一樣煩惱痛苦，甚至內心的煩惱痛苦更大了。這就是缺乏智慧。若是具足智慧，他們也不會僅僅為了獲得人天的安樂而去行持善法。可見，智慧很重要，所以我們要有文殊菩薩的智慧才行。

文殊菩薩是諸佛智慧的象徵與顯相，也可以說是諸佛圓滿智慧的顯現。文殊菩薩形象上是菩薩，實際上他就是究竟智慧、圓滿覺性的象徵。除此，沒有再究竟的智慧，沒有再圓滿的智慧。這裏為什麼要說文殊菩薩？為什麼要和文殊菩薩等同呢？就是要有究竟、圓滿的智慧。有這樣一個向導，就不會走偏，願行一定會達到最究竟、最圓滿。

有文殊菩薩的智慧，才會有普賢菩薩的行願；有普賢菩薩的行願，就一定會有文殊菩薩的智慧：這兩者是相輔相成的。二位菩薩代表福德和智慧，也可以說代表方便和智慧。毗盧遮那佛左右兩邊為什麼有這兩位菩薩呢？說明了要福慧雙修、方便和智慧雙運才能回歸自性，才能獲得圓滿。毗盧遮那佛代表自性，代表最究竟

的菩提果位。為什麼兩位菩薩能成為毗盧遮那佛的左膀右臂呢？就是讓我們了知要回歸自性，要證得究竟的佛果，必須要靠兩位菩薩所代表的智慧和願行。

盡未來一切劫中無有疲倦，無有厭足，恆學兩位菩薩的智慧和願行。若要自覺覺他，自度度他，就要完全靠文殊菩薩的智慧和普賢菩薩的願行。所以這裏講「未來際劫恆無倦」。若是真正明白了，就不會有疲倦和厭足的時候，因為這是自己唯一的心願，唯一的希求。

> 我所修行無有量，獲得無量諸功德，
> 安住無量諸行中，了達一切神通力。

「我所修行無有量」：「修行」即菩提行，也是普賢願行。我所修的菩提行無量無邊。

「獲得無量諸功德」：所獲得的功德無量無邊。「功德」在這裏也可以指獲得了文殊菩薩無量無邊的智慧。

「安住無量諸行中」：自己恆時安住於一切菩薩的願行中。這裏也可以說安住於無量無邊的行願當中，比如普賢菩薩的行願中。

「了達一切神通力」：「神通」指了達諸法的實

相、真理。這不是小神通，不是鬼神玩的神通。如同前面所講過的，一中含多，一剎那就是一切劫，一切劫就是一剎那；小中融大，在一個微塵中可以顯現整個極微塵數的剎土，整個極微塵數的剎土可以納入一個微塵當中。一切剎土就是一個微塵，一個微塵也即是一切剎土。「了達一切神通力」也是入不可思議的解脫境界，不可思、不可議、不可言、不可喻，是超越一切言思的。這也就是文殊菩薩的智慧。

> **文殊師利勇猛智，普賢慧行亦復然。**
> **我今迴向諸善根，隨彼一切常修學。**

甲二　經義

「彼」指文殊和普賢兩位菩薩。隨著兩位菩薩學善根迴向。文殊菩薩怎樣迴向，我也怎樣迴向；普賢菩薩怎樣迴向，我也怎樣迴向。其實不僅是迴向，一切發心、正行、迴向，都可以這樣「常修學」。

我們修善、積累福德的時候，要具足三個殊勝。因為我們是大乘行者，要度化無量無邊的眾生，這是大乘行者的宗旨。要度化無量無邊的眾生，首先自己要成佛。斷證的功德圓滿了，才有轉法輪的能力；真正轉法

輪了，才能有自己的教法；有自己的教法了，才能度化眾生。在自己的教法下，眾生能得到解脫，甚至能圓滿。要成佛，無論做什麼善根，無論積累什麼樣的福德，都要有三個殊勝的攝持，這樣才能把這些善根、福德變成成佛的因，變成獲得菩提果的因。

三個殊勝的攝持是很重要的。若是你行善了、積德了，但是沒有三個殊勝的攝持，也許就會成為自我解脫的因。比如說成為阿羅漢、獨覺佛，這是第一種；第二種是獲得人天安樂的因，連輪迴都沒有逃脫。

大家都在行善，都在積累福德，為什麼有的人只得到人天安樂，有的人只得到自我解脫，有的人卻能得到無上正等正覺的果位——佛果？是心態的原因。因為有三個殊勝的攝持，才能得到佛果。積累善根、福德的時候，調整發心、動機，發菩提心是前行發心殊勝。積累善根、福德的過程中，對三輪沒有執著，站在三輪體空的角度做，也是菩提心，這是正行無緣殊勝。積累了善根、福德以後，要迴向給眾生，迴向給菩提，也是有菩提心的攝持，這是後行迴向殊勝。前行發心殊勝有菩提心的攝持，正行無緣殊勝有菩提心的攝持，後行迴向殊勝也有菩提心的攝持，始終有菩提心的攝持。

聖尊普賢行願之王——普賢行願品講記

「文殊師利勇猛智」：「勇猛」形容智慧的力量，文殊菩薩以智慧的寶劍從根上斬斷我執、無明，所以是勇猛。我執是最初的無明，很難降伏，很難斬斷。文殊菩薩有圓滿的智慧，也可以說文殊菩薩就是圓滿的智慧。只有具有文殊菩薩圓滿的智慧，才可以斷除我執，斷掉最初的無明。

「普賢慧行亦復然」：普賢菩薩也和文殊菩薩一樣。普賢菩薩的行願是最究竟、最圓滿的。為什麼他的行願達到最究竟、最圓滿了呢？也是因為具有圓滿的智慧。文殊是大智，普賢是大行。其實，文殊也有大行，普賢也有大智，二者是相輔相成的。若是普賢菩薩沒有大智，沒有文殊菩薩的智慧，他的願行不能達到究竟，達到圓滿。所以，願行要達到最究竟、最圓滿，就要依靠文殊菩薩的圓滿智慧。

我們都有自己的願行，卻達不到究竟、圓滿，就是因為缺乏智慧，智慧不夠圓滿。普賢菩薩的願行為什麼達到最究竟、最圓滿呢？就是因為有智慧，並且是圓滿的智慧。文殊菩薩有圓滿的智慧，他的願行自然就達到究竟了。文殊代表著大智，普賢代表著大行；文殊也具備大行，普賢也具備大智。實際上，他們都具備大智大行。

「我今迴向諸善根，隨彼一切常修學」：現在我要安排我的善根和福德了，就跟兩位菩薩學。無論是初善、中善還是後善，都要跟兩位菩薩學。初善指發心動機；中善指做善事的過程以及積累福德的方法；後善是將已積累的善根、福德迴向。不僅是迴向，還有發心以及積累善根、福德的過程和方法，都要跟兩位菩薩學。

迴向的時候，最好站在三輪體空的角度。但是我們現在還沒有達到這樣真實的境界，所以可以做相似三輪體空的迴向。隨著文殊菩薩、普賢菩薩的方式做迴向，文殊菩薩怎樣迴向，我也怎樣迴向；普賢菩薩怎樣迴向，我也怎樣迴向。這就是相似三輪體空的迴向，也相當於站在三輪體空的角度做迴向。

初善發心可以和後善迴向一樣。雖然你現在還沒有真正生起菩提心，還沒有發出究竟的利他心，但是你可以隨著文殊菩薩、普賢菩薩學。文殊菩薩怎樣發心，我也怎樣發心；普賢菩薩怎樣發心，我也怎樣發心。這樣也能達到目的，也相當於發菩提心了，相當於具有究竟的利他心了。中善指正在念佛、修行等修持善法、積累福德的時候，應該站在無緣的境界，即空性的見解當中，對三輪無有執著，對緣法無有分別。你現在沒有真

聖尊普賢行願之王——普賢行願品講記

正達到這樣的境界，沒有空性的見解，也可以「文殊菩薩、普賢菩薩怎樣行持善法，我也怎樣行持」，這樣也能達到相似的三輪體空。迴向可以這樣做，其他的善根也可以這樣做。

這裏有個關鍵，就是要知道文殊菩薩、普賢菩薩的修行方法。不然你怎麼隨學呢？另外需要重視的一點是：你對文殊的大智和普賢的大行，不僅是了解，還要有很大的信心，這才叫「隨彼一切常修學」。為什麼強調這一點呢？隨學沒有這麼容易。只有真正了解了文殊菩薩和普賢菩薩，甚至對他們無漏的、圓滿的功德生起了具足的信心，才能做到隨學！

甲二　經義

「迴向我也不懂，文殊菩薩怎樣迴向，我就怎樣迴向；普賢菩薩怎樣迴向，我就怎樣迴向。」這樣就能達到相似三輪體空的迴向嗎？沒這麼容易。很多人認為這很容易，也許又想佔便宜了，想佔文殊菩薩的便宜，想佔普賢菩薩的便宜。「哎呀，太好了。文殊菩薩怎樣迴向，我也怎樣迴向；普賢菩薩怎樣迴向，我也怎樣迴向。」誰也佔不了誰的便宜，尤其是在學佛修行方面。要解脫、要成就，必須要靠自己。

那怎麼辦？無論是初善、中善還是後善，都可以隨

文殊菩薩、普賢菩薩學，這樣就能達到究竟，就能達到圓滿。首先要知道什麼叫文殊菩薩，什麼叫普賢菩薩，為什麼說普賢大行，為什麼說文殊大智，並且對這些無漏、圓滿的功德生起極大的信心，願跟隨他們一樣修學。內心有一種希求和欲望：「雖然我現在還達不到兩位菩薩的境界，雖然我現在還不具備他們的功德，但是我要達到，我要具備。」這種希求不是一般的，而是特別強烈，這樣成就就快了。大家要明白這些，否則仔細思維的時候，會生起懷疑心。

隨學文殊菩薩、普賢菩薩，使善根、功德達到究竟圓滿，有時候感覺這有點太簡單了。不是這樣的，其實是太不容易了！這段偈頌主要講的是迴向，但是其他的善根也是一樣。這樣做不會有錯的，不會走偏的，一定能達到最究竟、最圓滿的果位。

> 三世諸佛所稱嘆，如是最勝諸大願，
> 我今迴向諸善根，為得普賢殊勝行。

「三世諸佛所稱嘆，如是最勝諸大願」：普賢菩薩的十大願王是「最勝」，是最殊勝的。如此稱嘆者不是一

個普通的凡夫，也不是阿羅漢，而是三世諸佛。十方三世諸佛都異口同聲讚嘆普賢的十大願王。普賢的十大願王包括一切大乘的願行。也可以說，十方三世一切諸佛菩薩的願行都在其中。因為普賢可以指佛，也可以指菩薩，即十方三世一切佛、十方三世一切菩薩。普賢菩薩的十大願王裏，具足圓滿十方三世一切如來、一切菩薩的行願。

為什麼說「三世諸佛所稱嘆」？這樣一個圓滿的境界，不用說六道凡夫，就連超出三界的阿羅漢、獨覺佛都很難衡量啊！雖然阿羅漢也有一定的神通力，獨覺佛也有一定的智慧，但是他們也無法能夠如實地知曉、衡量。一地到十地的菩薩也很難徹底衡量、了知。除了佛，根本不可能知曉、衡量這樣究竟的境界。

我們皈依的時候，為什麼要以佛為導師？因為要達到最究竟的解脫，就要靠佛的教言，其他的人誰也做不到。在這裏也是，只有佛才能真正了知這樣的境界。

「我今迴向諸善根，為得普賢殊勝行」：我現在善根迴向，願獲得普賢菩薩殊勝的行願。既然十方三世一切諸佛這樣隨喜、讚嘆，我們的貪心、欲望就生起來了：「我今天把所有的善根都迴向……」為了得到「普賢殊勝行」。「普賢殊勝行」也就是普賢菩薩的十大願王。

知道並希求這種殊勝功德的人也是很有智慧的。本來對善根的執著心特別強，捨不得給別人。就像有些人知道善根的重要性，知道積累善根太不容易了，稍微有一點點善根，說是要迴向給眾生，但還是捨不得，甚至連自己也捨不得用。「雖然我身體不太好，福報也不太夠，但是這個善根不能為了這個花啊！」就握著不放。一講普賢的十大願王，一說十方三世一切諸佛都隨喜讚嘆，貪心欲望就生起來了：「我也要這個！」把剛才那麼點善根都豁出去了！

很多人根本都不重視善根。誰重視善根了？有善根的人才會重視善根，不重視善根的人根本沒有善根。積累點善根真的不容易！佛在經中做過比喻，在一個特別黑的夜裏，連自己的鼻尖都看不到，閃電在眼前突然亮了一下，就那麼一瞬間。為什麼拿這個來比喻呢？說明生起善根很不容易，即使生起了也是特別短暫。眾生在流轉輪迴的過程中，相續中生起點善根或積累點善根就這麼難。

真的，善根不是誰都有。真有善根的人一定會重視善根。他知道不容易啊！根本不知道什麼叫善根，根本沒有積累過善根的人，怎麼能有善根呢？雖然人身也非常難得，但是暇滿的人身更難得。具有暇滿的人身才能

積累善根，因為暇滿的人身才是積累善根的法器。生起點善根不容易，積累點善根不容易，所以真有善根的人，對善根會很重視，很吝嗇。

一講普賢菩薩的十大願王，一聽到十方三世一切諸佛都在讚嘆，真正的目標就找到了，善根就豁出去了：「我今迴向諸善根！」這句話說出來真是不容易啊！就是「為得普賢殊勝行」。太有智慧了！說的不是空話是真話。雖然我們每天都在說，但說的都是假話，要成為真話不容易。我們要把這些話變成真話。一說「我今迴向諸善根」，佛菩薩、上師太驚訝了：「今天怎麼這麼大方，突然說出這種話來了？為了什麼？」「為得普賢殊勝行！」佛菩薩、上師一聽：「對了，沒有錯！就應該這樣！」

對善根要重視一點，對善根要吝嗇一點！有的人經常說「我的善根給你！我的功德給你！」太大方了。不是這樣的，應該吝嗇一點。錢財算什麼？生命算什麼？善根才是真正的寶藏！現在人都是顛倒的，覺得有錢和有權什麼都能解決。其實錯了，錢權解決不了什麼問題，只是增加煩惱、增加痛苦而已。

為什麼說黃金和牛糞相同呢？對一個真正的修行人，真正的智者來說，錢財不算什麼，就相當於外邊草坪上的

牛糞，沒人看也沒人撿，有沒有都無所謂。然後是生命。雖然得人身不容易，的確有點難得，但是和善根相比，也不算什麼。失去生命也沒有什麼，還可以再獲得。但是善根太珍貴了，積累點善根太不容易了。真的，我們每天都在修、都在念，有沒有真正積累到善根？沒有吧！每天能積累到一點點善根就不錯了，生命就有意義了。「怎麼沒有積累善根呢？我每天都在修、在念、在做啊！」表面看是這樣，但實際上是善是惡還很難說。

「普賢殊勝行」包括在普賢菩薩的十大願王裏，就是自己要具足、圓滿普賢菩薩的十大願王。我現在善根迴向，願獲得普賢菩薩殊勝的行願。若是修持正法，那就迴向諸善根，「為得普賢殊勝行」。應該把善根都變成普賢行，這樣才能真正獲得普賢菩薩的行願。

這是「願等二聖」，思想和行為以及一切行願和兩位菩薩等同，一模一樣。

丙十六、淨土願：

　　　　願我臨欲命終時，盡除一切諸障礙，
　　　　面見彼佛阿彌陀，即得往生安樂剎。

普賢菩薩的十大願導歸極樂，往生極樂淨土。普賢菩薩的一切行願都包括在十大願王裏。普賢可以指菩薩，也可以指佛。普賢行願也就是一切諸佛的行願，也可以說是一切菩薩的行願，這些行願都總集在普賢菩薩的十大願王當中。我們主要學修普賢菩薩的十大願王：一、禮敬諸佛；二、稱讚如來；三、廣修供養；四、懺悔罪障；五、隨喜功德；六、請轉法輪；七、請佛住世；八、常隨佛學；九、恆順眾生；十、普皆迴向。

　　為什麼說「導歸極樂」呢？因為無論是學修普賢的十大願王，還是學修諸佛菩薩的行願，都是為了往生，為了面見阿彌陀佛。

　　「願我臨欲命終時」：「欲」指欲望、希求，這很重要。你是不是真心想往生，真心想到西方極樂世界？不能腳踩兩只船，這樣很危險啊！雖然也想到那邊去，但是放不下這邊。這個時候難啊！一個是此岸，一個是彼岸。你要到達彼岸，就必須要離開此岸。你捨不得離開此岸，就無法能夠到達彼岸！所以，我經常強調出離心。

　　什麼叫做出離心？就是斷除對世間的貪戀。若是沒有斷除對世間的貪戀，就沒有出離心，想往生到西方極樂世界的心也是假的。現在很多人都說：「沒有事，有阿彌陀

佛的願。」阿彌陀佛曾經發過願，我們靠阿彌陀佛的願力就能往生到西方極樂世界。可是阿彌陀佛發願的時候，也沒有勉強眾生啊！「誰想到西方極樂世界見我，就一定能到西方極樂世界見我，否則我就不成佛。」誰真想到西方極樂世界，面見阿彌陀佛，阿彌陀佛有求必應。他曾經發的就是這樣的願。若是眾生有往生的願望和希求，必定會成功，必定會圓滿，否則他就不成佛。

我們想往生的心、想到西方極樂世界的心、想面見阿彌陀佛的心、想和阿彌陀佛面對面交流的心是不是真的？這是最重要的！若是你真心想去西方極樂世界，真心想見阿彌陀佛，阿彌陀佛一定會接引你。到了西方極樂世界，阿彌陀佛第一時間就會接見你，甚至會給你授記。這是真實不虛的。臨終時阿彌陀佛來接引你，在西方極樂世界安排好了接見你，但是你不肯去，還牽掛這邊，阿彌陀佛就沒辦法了，阿彌陀佛也不能綁你去。佛是慈悲的，不能逼你，也不能把你抓走。否則，即使你到了西方極樂世界，也不是真正的西方極樂世界，因為還是不自由的。心沒有自在，顯現的也不是西方極樂世界，此時阿彌陀佛就變成閻羅王了，你還是在六道中。所以出離心很重要！要斷除對世間的貪戀，要放下世

聖尊普賢行願之王──普賢行願品講記

間，你才能往生，才能到西方極樂世界。

「盡除一切諸障礙」：臨終的時候要往生到西方極樂世界，會有業障、煩惱障等很多障礙。因此，盡除一切諸障礙是很重要的。

若是你對世間沒有絲毫的貪戀，真心想往生西方極樂世界，就淨除了往生的諸多障礙，可以說是「盡除一切諸障礙」。「對世間沒有絲毫的貪戀，真心實意地往生西方極樂世界，就能遣除一切障礙，可以親見無量光佛嗎？」能！因為這個時候，通過阿彌陀佛的願力，一切障礙都能立即消除。

斷除對世間的貪著與留戀，就是我們講的所謂的出離心。其實出離心的境界並不高，除了阿羅漢，一般真正入小乘道和大乘道的凡夫都有這個境界。可是臨終轉換的時候，你若是能真正放下今生，能真正放下世間，真心實意地求生淨土，才是出離心。

雖說出離心的境界和層次不高，但是時機不同，這是臨終轉換的時候。顯宗裏有臨終往生之法，密宗裏也有臨終關懷、臨終往生的方法，比如說三想破瓦法。為什麼都要抓住臨終這個機會呢？因為這是擺脫生死輪迴的關鍵時刻。臨終轉換時，若是真能不留戀世間，真心

甲二　經義

實意求生淨土，阿彌陀佛的願力與加持立即就會融入我等眾生的相續。此時，所有的業障、煩惱障等立即會消除，包括所知障也差不多一下就消除。

「面見彼佛阿彌陀」：立即就會面見阿彌陀佛。

「即得往生安樂剎」：「安樂剎」指極樂世界；「即」指立即，同一時間內。到臨終轉換時，若是真正能求生淨土，阿彌陀佛的願力就能實現於我等眾生的相續中，進而立即遣除一切障礙，立即面見阿彌陀佛，立即往生西方極樂世界。這都是在同一個時間、同一念中現前的。這個時間很短很短，我們根本覺察不到，就是以前所講的「頓現」。

現在我們想：「到臨終的時候，阿彌陀佛在那邊也許很忙，不能親自來接我怎麼辦？」我們念《極樂願文》的時候，有時候說派兩位菩薩來，有時候說化現一個阿彌陀佛來，這些都有可能。接到西方極樂世界，安排到蓮花裏……這都是我們的想像，也是佛為了我們這些凡夫眾生而講的方便語。其實到時候一切顯現都是阿彌陀佛。有的人還擔心：「到時候能不能往生？到時候阿彌陀佛能不能來接我啊？」功夫真正到了，資糧真正圓滿了，頓時、一念當中就OK了。自己都很難覺察到：

聖尊普賢行願之王──普賢行願品講記

「怎麼到了西方極樂世界了呢？這怎麼是阿彌陀佛老人家呢？」立即就見到了。

對於我們修普賢行願的人來說，等到臨終的時候才往生面見阿彌陀佛，也許這是時間最長、修得最差的。比如說我們密宗，尤其是大圓滿，就不用等到臨終。很多人都分別，「我是修淨土的，我是念佛的。」其實，誰不念佛，誰不修淨土啊！只要是學佛的，都是念佛的；只要是修行的，都是修淨土的。只是念佛的方法和修淨土的方法不同而已。

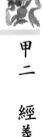

其實「臨終」有很多種解釋，可以理解為我們離開這個世界的時候，也可以理解為當下。哪一個生命，哪一個緣法不是剎那生滅的呢？萬事萬物、山河大地，一切內外法都在剎那當中生滅。所以，當下也是「臨終」。雖然大圓滿也是念佛的，也是求生淨土的，但它是把握當下的，是當下求生淨土的。我們學華嚴、普賢行願，這裏所講的境界，若是真正修到位了，當下就顯現淨土啊！當下就可以親見如來啊！

密宗大圓滿也是念佛的，也是修淨土的，但它是把握當下的，這個臨終是指當下的臨終。我們的法本叫《淨土與大圓滿修法儀軌》，「淨土」主要是指臨終往生，也是

甲二　經義

剛才我們所講的一個境界或一種修行。包括顯宗裏講的往生四因，即《阿彌陀經》的內容，以及密宗裏講的三想破瓦法，這都是命終離開這個世界的時候往生的方法。「大圓滿」是即身成佛的方法，也是一種往生法。

大圓滿有前行引導與正行引導。前行是大圓滿的前行、基礎。所謂「大圓滿」主要是指正行引導。正行引導有立斷法和頓超法，立斷法和頓超法也是臨終往生。這個臨終指當下。壽命無常裏講相續無常和剎那無常。人的生命結束要離開這個世界時，這是一個相續無常。每個人的生命都在剎那中生滅，在剎那中生死。這個剎那臨終指當下，當下的生死，這是剎那之無常。這樣的臨終往生，就是活著往生。往生不是必須要死，修行大圓滿法就可以活著往生，可以當下往生。

若是自己因緣具足了，真正瓜熟蒂落了，就可以活著往生，當下就可以面見阿彌陀佛。因為每個人的心中都有一片淨土，每個人的心中都有一尊阿彌陀佛，你把這片淨土修出來了，你去見心中的、自性中的阿彌陀佛，就活著往生了，當下就可以面見阿彌陀佛了，這就是大圓滿。

若是普賢行願學修得特別好，不用等到臨終離開這個世界，當下就往生了。「願我臨欲命終時」，放下妄

念就OK了，就可以進入一真法界了。這就是經常講的：「妄心不死，真心不活。」若是放不下妄念，這個真心——一真法界就無法顯現。

「願我臨欲命終時」，「臨欲命終」指當下的生滅，不是剛才講的相續的命終，而是剎那的命終。「欲」指一切都放下，心裏沒有起心動念，就是在定中。若是有起心動念，就沒有定。欲望和希求都不是真的。若是沒有起心動念，心真能定下來了，就是真實的。

「盡除一切諸障礙」：就是盡除一切的妄念。

「面見彼佛阿彌陀」：放下妄念了，立即就可以進入一真法界，立即就可以見性成佛了。見性就是面見阿彌陀佛了，見性就是現量見到了心之自性，也可以說是徹底還原、回歸當初了。所謂「見到自性」，「回歸自性」，「見到了心之自性」，「進入一真法界」，都是一個意思。

「即得往生安樂剎」：同時就回歸當初了，當初的狀態就是真正的西方極樂世界。

往生就在當下，不必等到死亡的時候，也不必換地方。「世間太苦了，我要到西方極樂世界，去見觀音媽媽！」你看，這是假的。不用換地方，也不用等時間，

甲二　經義

就在當下任運往生。往生之後，乃是現前自性本有。這就是真正的無量光佛。以前講過，佛有法身、報身、化身。我們經常講真佛，什麼叫真佛？化身佛是不是真佛？不是。報身佛是不是真佛？不是。真佛是法身佛。阿彌陀佛也有化身佛、報身佛、法身佛。其實你身邊最討厭的這個人，一看心裏就煩，一見到就想跟他吵架的這個人，就是化身阿彌陀佛。你也許會想：「五部佛都是報身佛，阿彌陀佛是五部佛之一，阿彌陀佛還有化身嗎？」有的。有清淨的，也有不清淨的。對你來說，你身邊的這個人就是真正的化身阿彌陀佛。

化身阿彌陀佛和報身阿彌陀佛都是法身阿彌陀佛的顯現。為什麼說是假的呢？報身和化身都是色身佛，他們不是體而是相。凡是相上的都是假的，只是我們自己沒有覺察到而已。其實沒有一個是真相，包括清淨和不清淨的都只是相，都是假的。「凡所有相，皆是虛妄」，講的就是這個。什麼才是真的？你想找真的，就到體上去找——就是法身阿彌陀佛，就是真正的阿彌陀佛，就是現前本有的自性。自性本有指本具的光明，就是如來藏。

得人身不容易，遇到正法不容易。解脫成佛不能一拖再拖，越快越好，最好修大圓滿法，讓自己即身成佛，

活著往生。「我來世繼續學，繼續修不也行嗎？」你有這個心也不錯，但是最好別拖到來世。因為我們今生的福報太大了，我們所遇到的這個機緣太殊勝了。我們得到了人身，聞到了佛法，而且淨土與大圓滿法都是今生解脫的方法：一個是活著往生，即身成佛的方法；一個是臨終往生，今生解脫的方法。最起碼也要修淨土法，臨終的時候讓自己往生到西方極樂世界，面見阿彌陀佛。

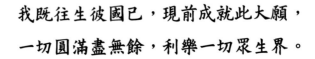

我既往生彼國已，現前成就此大願，
一切圓滿盡無餘，利樂一切眾生界。

「我既往生彼國已，現前成就此大願」：到了西方極樂世界，見到了阿彌陀佛，就現前成就了普賢菩薩的一切殊勝行願。「此大願」指普賢菩薩的十大願王。「現前成就」，這個時候是真正深入了，真正現前了。之前只是在嚮往，在希求而已。

「現前成就」了普賢菩薩的一切殊勝行願，這是很重要的。「十大願王導歸極樂」也是這個目的。只希求沒有用，只嚮往沒有用，而是要真正證入那個境界。你只數別人的氂牛，數得再多也沒有用，也是別人的。但

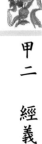

是自己要嚮往，也希望擁有：「我要是有這些多好啊！我天天也能這樣多好啊！」

修行大圓滿，也許不用等到臨終，當下就可以往生、活著往生，當下面見阿彌陀佛。這個時候，一樣能究竟圓滿成就十大願王。

「一切圓滿盡無餘」：到了西方極樂世界，面見了阿彌陀佛。「現前成就」了普賢菩薩的十大願王，一切行願也就「圓滿盡無餘」了。

「利樂一切眾生界」：現前成就了普賢菩薩的十大願王，身口意都無障礙了。在一切處、一切時中，都能任運自成地利樂一切眾生。

到西方極樂世界，第一是面見阿彌陀佛，第二是現前成就，即真正進入此不可思議的解脫境界，真正能擁有這些廣大神通。其實，這些都是同時現前的。

彼佛眾會咸清淨，我時於勝蓮華生，
親睹如來無量光，現前授我菩提記。

「彼佛眾會咸清淨」：無論是佛，還是身邊這些菩薩；無論是外器世界，還是內情眾生，都是遠離業力與

煩惱的，都是清淨的。西方極樂世界的外器世界和內情眾生，一切內外的法，都不是業惑和煩惱所造，所以是清淨的。

「我時於勝蓮華生」：主要是針對我們這些凡夫眾生而講的，這種說法和我們凡夫比較相應。有些人也許會想：「我到極樂世界，還得出生吧？是以卵生、胎生、濕生，還是化生啊？」最好的是化生，化生裏最最殊勝的是蓮花生。「我時於勝蓮華生」，生在蓮花裏。蓮花代表清淨無染，就是出於泥而不染。我們剛才講當下解脫、當下往生，這個特別難。若是能當下解脫、當下圓滿，活著往生，也就是蓮花生。雖然還在人間，雖然還在那個小屋裏，卻是蓮花生。就是「猶如蓮花不著水，亦如日月不住空」。

「親睹如來無量光」：親自見到了阿彌陀佛。不是在電腦裏看到的，也不是在電視裏看到的，而是親眼見到了。

「現前授我菩提記」：阿彌陀佛要給你授記了：「善男子（善女子），你已經不退轉了，將來在某某剎土中，要成為某某佛。」已經定好了，連剎土名字都已經起好了。你們現在這樣舒舒服服地修行，將來若是能成佛，肯

定是「舒服佛」。阿彌陀佛就這樣授記：「你將來要在某某剎土成佛，名字就叫『舒服佛』」。這就授記了，最起碼也不退轉了。位置都定完了，權力都給你安排好了。然後心就可以放下了。這都是同時現前的。

蒙彼如來授記已，化身無數百俱胝，
智力廣大遍十方，普利一切眾生界。

「蒙彼如來授記已」：見到了佛，得到授記了，與此同時，神通力、智慧力也都具備了。

「化身無數百俱胝」：這時自己幻化出無量無邊的身相。這是方便語，但這種說法對我們來說很相應。其實，幻化也是不幻化，不幻化也是幻化，實際上是周遍一切處，周遍一切時的。「無數百俱胝」是百千萬億，以此形容多得無量無邊。這樣就可以度化眾生了。

「智力廣大遍十方，普利一切眾生界」：普賢菩薩這種不可思議的解脫境界，周遍一切時間和空間中，無處不有、無時不在，所以是「廣大遍十方」。度化眾生要靠智慧，不能靠知識。

現在很多人想靠知識度化眾生，這是做夢！雖然一

些知識分子講得都很好，出口成章，也很有道理，但是沒有用，度化不了眾生。度化眾生要靠願力和智慧，不能靠欲望和知識。因為知識沒有力量，智慧有力量；知識沒有超越，智慧是超越的。再丰富的知識也是屬於世間，屬於三界的。智慧就不一樣。

智慧和知識有什麼區別？真正的智慧是無我和空性的智慧，它是沒有分別，沒有執著的。若是沒有去掉分別，沒有放下執著，都是知識，不是智慧。現在有的人就是靠自己的知識，靠自己的學問，看似在講法，在度化眾生，其實是鸚鵡學舌，紙上談兵，度化不了眾生，只會增加眾生的煩惱和分別而已。有修有證才有度化眾生的能力。

現在的人為什麼在學校裏學習了十年、二十年，不但沒有減少煩惱，反而增長了煩惱？因為學的是知識，不是智慧。古時的大德、學者們很有智慧，講的也是智慧。無論是這些仁義道德，還是佛講的這些理念，若是自己沒有修、沒有證，統統都是知識。即使表面上講的都是諸法的真理，如果自己沒有修證，僅鸚鵡學舌一般地講，那都是知識，不是智慧，沒有力量。

我們現在有聞思修三個階段。只聽聞不行，只思維

甲二　經義

也不行，還要修行。若是自己有修有證，不用說仁義道德，不用說佛法裏講的諸法的實相真理，包括一些普通的話語都是智慧、真理，都有力量。所以我經常講：世間的千言萬語，不如有修有證的智者說的一句話。真的是很有力量，很有說服力啊！說到眾生的心裏去了，能真正淨化眾生的心靈。所謂的加持與能量，是看不到、摸不著的，希望大家都具有智慧。

要具有大智慧，具有大神通。一講神通，有些人就覺得：「是不是要搞神通啊？有個算命先生很有神通！」佛講的神通不是這些，這是鬼神玩的東西，鬼神是三惡道中餓鬼道的眾生。餓鬼有隱住餓鬼和空遊餓鬼，在我們身邊的是空遊餓鬼。還有一些是阿修羅玩的。就像小孩子們玩的遊戲一樣，佛不玩這個，佛講的是大神通。佛有大覺悟、大智慧，所以就有大神通。我們不要跟鬼神學，要和佛學。不要總去相信和追隨這些鬼神玩的神通。

前面講的「普賢行願」的內容都是不可思議的，都是超越的，都是平等的。平等才是成佛的因，沒有平等不會成佛。所以密宗裏講的就是平等。不僅是密宗，顯宗裏講的也是平等，比如《普賢行願品》裏講的也是平

等。密宗裏講的更具體、更直接。首先將自己觀為佛，然後發光普照眾生，清淨了身語意，眾生也成佛了。它講「一切色相都是佛身，一切音聲都是佛語，一切起心動念都是佛的圓滿智慧」。這就是密宗裏講的三昧耶，講得比較直接一些。其實這個境界也沒有超乎於普賢的行願，但是它更直接。密宗裏強調清淨觀，當下一切都要觀為清淨，觀為圓滿。不清淨的就是自己的心，不圓滿的就是自己的業障，沒有其他的，它更直接一些。所以真正能入密乘，真正能修持密法的人，在這一生當中，就可以成就雙運金剛持的果位。

十大願王導歸極樂。若是你活著往生，當下能見到自性阿彌陀佛，你當下就可以成就十大願王，當下就可以圓滿普賢的一切行願，當下也可以獲得佛的授記，當下就可以「化身無數百俱胝，智力廣大遍十方，普利一切眾生界」，這有多好啊！

所以，我們度化眾生不需要等太久。我們隨時都有見性的可能，隨時都有往生的可能。一說隨時都有往生的可能，就害怕了。往生不是必須要等到死的時候，活著也可以往生到西方極樂世界，當下這個地方就是西方極樂世界。

你不要以肉眼看，要以慧眼看，以佛眼看。你總以肉眼看，總以自己的分別念觀察，就到不了西方極樂世界，也見不到阿彌陀佛。佛講五眼，除了肉眼之外，還有天眼、法眼、慧眼、佛眼。有一個人向一位大師請教：「地獄太恐怖了，您可能有大神通，能不能通過神通給我看一下？」這位大師回答：「你聽過輪迴過患嗎？《地藏經》裏所講的輪迴的景象，那就是。你如果真正深信了，這不就是看到了嗎？不是通過我的神通給你看，要通過你自己的法眼去看，就能看到。」很多人也都這樣問：「地獄那麼恐怖，若是給我們看看多好啊，這樣自然就生起出離心了嘛！」這用你自己的「法眼」就看到了，靠肉眼是看不到的。

我二零零六年到漢地後，給大家提供了「法眼」，你用「法眼」就能看到地獄道、餓鬼道等六道中的一切。我不是不讓你們看，也不是沒有這個發心，但是你們不看，我就沒辦法了。我想讓你們看看，但是必須要用「法眼」看。我把這些道理、真理都講給你們，但你們不信，不以「法眼」看，還總用肉眼看，那是看不到的。如果以肉眼看，也只能看到你們自己現在看到的這些，別的看不到，不要妄想了。

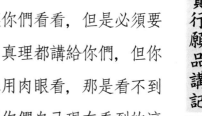

聖尊普賢行願之王——普賢行願品講記

你想看地獄，就看「輪迴過患」，多念《地藏經》，深信《地藏經》。你對《地藏經》深信不疑了，就看到了！想看西方極樂世界，也是如此。心清淨了，極樂世界就在當下；心不清淨，極樂世界離你很遠，你根本見不到。主要是你自己的心，心淨土淨，心染土染。這個染污主要是自己心裏的染污，若是你不把這個染污去掉，就無法示現淨土。

「愛不重不生娑婆，念不一不生淨土。」什麼時候念成為一了，心不動了，才會現前淨土，這些大家要明白。希望大家都有智慧，有智慧了就能通達世出世間的一切。其實，此岸即是彼岸，彼岸即是此岸。心淨了土就淨了，心不淨土是不會淨的。很多人都懷疑：「地獄、西方極樂世界若是存在，科技這麼發達，怎麼看不到呢？」想看地獄，想看極樂世界，靠肉眼不行，靠儀器也不行，必須要靠超越的心態才能看到。

乙九、願邊際：

乃至虛空世界盡，眾生及業煩惱盡，
如是一切無盡時，我願究竟恆無盡。

虛空沒有窮盡的時候，眾生沒有窮盡的時候，煩惱也沒有窮盡的時候，如同我所發的這個願也恆時無有窮盡。「我願」就是指普賢菩薩的十大願王：一、禮敬諸佛；二、稱讚如來；三、廣修供養；四、懺悔業障；五、隨喜功德；六、請轉法輪；七、請佛住世；八、常隨佛學；九、恆順眾生；十、普皆迴向。

「普賢行願」包括在十大願王當中。十大願王含攝一切佛、一切菩薩的行願。我們主要是學修普賢菩薩的十大願王，實際上也就是隨著一切如來、一切菩薩學修他們的願行。普賢菩薩的十大願王，願願都是無盡願，都是無窮無盡的。無論是虛空、眾生，還是煩惱，都無有窮盡的時候，我的願力也恆時無有窮盡。

比如說，禮敬諸佛恆時無有窮盡。無論在因地的時候，還是在果地的時候，都要禮敬諸佛。在因地的時候，自己還沒有證得菩提果，為了自己能證得菩提果而禮敬諸佛。成佛到了果地的時候，自己已經證得了菩提果，已經圓滿了，還要禮敬如來。「道」就像船，船是過河用的，過完河了，自己就不需要船了，不需要「道」了──但是還要表法啊！我們都是大乘行者，發的願就是自覺覺他、自度度他。自己覺悟了不行，還要

聖尊普賢行願之王──普賢行願品講記

讓眾生覺悟。自己的覺性已經圓滿了，但是眾生的覺性還沒有圓滿。雖然自己已經到達彼岸了，但是眾生還在六道裏啊！所以還要好好表法。

我們要讓眾生的智慧圓滿，要度化眾生。攝受眾生可以用四種方法：布施、愛語、同事、同行。布施、愛語這兩點不是很重要，最重要的是同事和同行。和眾生做同樣的事，有同樣的行持，才能幫助眾生，才能度化眾生。否則，就是鸚鵡學舌，眾生看你就是鸚鵡。你教鸚鵡說一句話：「不要殺蟲，不要吃蟲……」它也會說：「不要殺蟲，不要吃蟲。」但是它仍然一邊說一邊殺，一邊說一邊吃……

佛菩薩是不會這樣做的。成佛了以後，不是只在那邊享受，只做「老大」，指揮眾生做這個、做那個，而是更精進，對自己要求更嚴格。現在有的人說：「沒有事，那時是大成就者了，可以吃喝玩樂……」釋迦牟尼佛在印度的菩提樹下示現成佛以後，不是不學不修，只吃喝玩樂，這裏面有很深的含義。

禮敬沒有窮盡的時候，稱讚沒有窮盡的時候，供養沒有窮盡的時候，懺悔沒有窮盡的時候……不是只在嘴上說，而是應該在行動上做，這才叫隨喜功德。我們只

是在嘴上說：「隨喜、隨喜……」只是動了一下嘴，心裏沒有歡喜，這不叫隨喜。隨喜是隨著歡喜。你真生起歡喜心了，也會去做的。如同我們今天發現別人做了一道很好吃的菜：「哎喲，太好吃了。」這叫隨喜，是一般的隨喜。然後自己也開始做，雖然不一定能做好，但一定會做的，這才是真正的隨喜。只在嘴上說隨喜沒有用，心裏要隨著生起歡喜之心，這樣你一定會去做的。

隨喜功德沒有窮盡的時候，還有請轉法輪、請佛住世、常隨佛學、恆順眾生、普皆迴向，也恆時無有窮盡。這都是普賢十大願王的內容。成佛以後，應該更嚴格、更精進地去做。因為這些更重要啊！對一個大乘行者來說，眾生的解脫比自己的解脫還重要，所以應該更嚴格，應該更精進。

我經常給大家講：「為了解脫而修行不是大乘，為了成佛而修行也不是大乘。為了度化眾生而修解脫、修成佛的才是大乘。」「我不解脫，沒法讓眾生解脫；我不成佛，沒法讓眾生成佛。」現在沒有能力，心急如焚啊！為什麼晝夜不停地精進修行？就是為了度化眾生。讓自己盡快解脫，盡快圓滿，度化眾生就有能力、有方便了。度化眾生是他唯一的心願和目的。這時應該更嚴

格、更精進、更勤奮地學修。

　　成佛以後是任運自成，做什麼都沒有難度。就像在前面講的一樣，都是以不可思議的神通去做。無論是普賢菩薩的一切行願，還是普賢十大願王，都能在一念當中究竟圓滿。一念是沒有過程的，是「頓現」，所以叫「任運自成」。若是有前後的程序，那就不是任運自成。也許有人會想：「解脫了、成佛了還要學、還要修嗎？」是的，但也可以不叫學修，這個時候是任運自成。這是你利益眾生的一種事業，所以沒有難度。

　　我們在因地的時候，為什麼要發這樣無窮無盡的願呢？無論是發願，還是日常修行，都是為了鍛煉心態，這個時候心態不能狹隘。覺得輪迴太苦了，一聽到西方極樂世界的功德，就想離開這個世界，到西方極樂世界去享受。這種想法是錯誤的。我們要放開心量，學修普賢十大願王。

　　現在喜歡智慧、希求智慧的人很少，一說成佛了以後福報廣大，神通廣大，就動心了：「哎喲，我要成佛！」尤其是想玩神通。世間的凡夫都特別喜歡神通，所以經常用廣大神通來形容佛，這是一種方便。一說西方極樂世界有多好，外器世界有多麼莊嚴，內情眾生都

甲二　經義

346

是多麼祥和，就生起了希求心。其實剛開始有這種發心也可以，但是這種發心不究竟，應該發普賢行願，才能祛除分別。在六道和在西方極樂世界有什麼區別？成佛和沒成佛有什麼區別？那些大菩薩為什麼發「始終以菩薩的身份度化眾生」的願呢？這裏講的是心量。為什麼說「地獄不空，誓不成佛？」為什麼說「地獄不空、輪迴不空，我就留在地獄裏，留在輪迴裏，而不求往生西方極樂世界？」講的就是菩薩廣大的發心發願。但這裏講的是什麼真理？就是去掉分別心。去掉分別心了，平等了，就成佛了。

前面講過，平等是成佛真正的因，所以要修持平等心。剛才是「乃至虛空世界盡，眾生及業煩惱盡，如是一切無盡時，我願究竟恆無盡。」這裏也可以這樣講：「虛空什麼時候窮盡，眾生什麼時候窮盡，煩惱什麼時候窮盡，我的願才窮盡。」但是在這裏，「即使虛空窮盡了，眾生窮盡了，煩惱窮盡了，我的願也不窮盡！」這個心量就更大了。其實這是一個意思，只是發心的方式不同，心量不同。為什麼？這也是為了去掉分別心。其實眾生沒有窮盡的時候，虛空沒有窮盡的時候，業和煩惱沒有窮盡的時候，所以我的願也沒有窮盡的時候。

這裏發的也是無窮無盡的願。

現在很多人都這樣想：「我到西方極樂世界就好了，就不用學、不用修了；我成佛了就好了，就不用學、不用修了。尤其是現在不能隨便吃、隨便喝、隨便玩……成佛了就超越了，就可以隨意吃喝、玩樂了……」「成佛了、超越了以後，能不能這樣再說，但是現在不應該有這種發心。

這裏講的是成佛以後還和以前一樣學修。其實成佛以後，是不學而學、不修而修，一切都是任運自成。你明白了這個道理以後，沒有什麼可難的。就要發這樣的願，這叫無盡願。通過這個去掉分別。剛才講，你過河了以後，就不需要船了；你到達彼岸了或證得菩提果了，就不用「道」了。這個時候不叫「道」，自己就是。什麼叫「道」？有兩種說法：一、它是暫時獲得的一個「道」，就是一種智慧；二、是本具的覺性。一個是無常的，一個是恆常的。暫時所獲得的覺性和智慧是要失去的，因為到達目的地了，就不需要了；本具的智慧和覺悟是恆常的。讓自己到達彼岸、讓自己究竟圓滿的這種方法叫「道」；讓眾生到達彼岸、讓眾生究竟圓滿的這種方法也叫「道」，但這不屬於自相續的

「道」。所以這都是不矛盾的。

真正的普賢行願、十大願王的內容都講完了。剛才講的是願邊際——無窮無盡。這是用無盡來總結的，所有的願都是無盡願。

乙十、（願利益）分二：一、校量聞經利益；二、顯示眾行利益。

我們發普賢願和學修這些行願所獲得的利益。就好比點火了，灰自然就有。同樣，雖然我們不求功德，不求利益，但是學修了普賢的行願，並發了大願，自然而然就能獲得不可思議的利益。

丙一、校量聞經利益：

量是一種衡量的方式。通過比喻量來衡量聽聞《普賢行願品》這部經的利益。《普賢行願品》是《大方廣佛華嚴經》四十卷的最後一卷，但是它也可以單獨成為一部經，所以稱「聞經利益」。

這裏講的只是聽聞的利益。只聽聞到《普賢行願品》這部經並且生起了信心，這個功德與利益就特別廣大，無法言表。這是佛在經中講的。佛是無欺者，佛不

會欺騙眾生。大家每天都在念誦，不知道有沒有得到如是的利益？如果沒有，應該觀察一下，問題出在哪裏？

十方所有無邊剎，莊嚴眾寶供如來，

最勝安樂施天人，經一切剎微塵劫。

「十方所有無邊剎，莊嚴眾寶供如來」：「十方」指東、南、西、北、東北、西北，東南、西南、上、下，包括了一切處。「無邊剎」指無量無邊的剎土，就是無量無邊的世界。它不是指一個地球，也不是指一個星球，而是指一個世界。如娑婆世界，它是一個三千大千世界。無量無邊的世界都擺滿了各種各樣的珠寶，供養十方所有無量無邊的佛。次數不是一次，而是無數次；時間不是幾分鐘、幾個小時、幾天、幾個月、幾年，而是以劫為單位。經一切剎微塵數劫，在一切剎土中的極微塵數的劫當中供養如來。殊勝的福田是無量無邊的；所供養的物品都是珠寶，也是無量無邊的；時間是盡未來一切劫中，也是「恆無盡」。

供養的對境不是阿羅漢，也不是獨覺佛，而是佛；供養的物品不是吃的，也不是穿的，而是金銀珠寶。做

一次這樣的功德，獲得的福德和善根都是不可思議的。

《大圓滿前行引導文》中有這樣一則公案：我乳輪王往昔轉生為一貧窮之人，有一天，拿著一把豌豆去看一位新娘，途中遇見德護如來去城中，他生起了極大的信心，將一把豌豆撒向佛陀。其中四粒落入佛的缽中，兩粒接觸到佛的胸口，以此異熟果轉生為南贍部洲的轉輪王，以四粒豆落入佛缽中的果報，而統治四大洲的國政八萬年，兩粒豆接觸到佛的胸口，其中一粒的果報成為四大天王的主尊八萬年，另一粒的果報在三十三天第三十七代帝釋王朝與帝釋天平起平坐，執掌國政。這個權力、福報多大啊！他所供養的物品不是金銀珠寶，只是一把豌豆。

「最勝安樂施天人」：施予最殊勝、最美妙的一切無量無邊的安樂。「天人」也是指最殊勝美妙的人天的一切安樂。在世間，只有人間和天界才算稍微有些安樂，所以講的是天人。其實講的是一切無量無邊的安樂，都是無有邊際、無有窮盡的境界。我們感受的是珍寶、是世界，其實講的是不可思議的境界！希望大家都有悟性，悟到不可思議的境界裏去，不要總抓這些相上的東西。「能有那麼多金銀財寶嗎？」不要想這些，希

望大家具有智慧。

這裏所布施的是無量無邊的安樂，對境是無量無邊的眾生。即使稍微拿點東西布施一位貧困的眾生，這種功德也是不可思議的，更不用說布施一切人天無量無邊的安樂了。

「經一切剎微塵劫」：做這些供養和布施，次數不是一次，而是無數次；時間不是幾分鐘、幾個小時、幾天、幾個月、幾年，而是以劫為單位。在一切剎土中的極微塵數的劫中做這些布施。

供養時，供養的對境是如來，此殊勝的福田是無量無邊的；所供養的物品都是珠寶，也是無量無邊的；時間是盡未來一切劫中，也是「恆無盡」。將這些最殊勝、最美妙的安樂，恆時布施給無邊無量的眾生。這些福德和善根不可思議，所獲得的利益也不可思議。這是用比喻的方式，說明聽聞《普賢行願品》這部經的功德利益，這樣說更具體一些，眾生更能理解一些。

首先要明白做供養和做布施的功德利益，然後再去思維，心裏就會有特別的感觸。現在這些人都不知道做布施和做供養所獲得的利益，所以聽了也沒有太多的感受，更沒有覺得好，只覺得好奇。如果一個人真正懂得布施和供

養的功德利益，甚至正在努力做，聽到這些後，也許就嚇壞了，「啊？這功德利益這麼大啊！」也許感觸特別深。然而我們都沒有太大的感觸，都成為耳邊風了。

> 若人於此勝願王，一經於耳能生信，
> 求勝菩提心渴仰，獲勝功德過於彼。

「若人於此勝願王，一經於耳能生信」：「此勝願」中的「此」是指一切普賢行願和普賢菩薩的十大願王，這是最最勝妙的願。願望和希求誰都有，世間人有，三惡道的眾生也有。但是願和願不一樣，希求和希求不同。為什麼說是「王」呢？因為這裏講的都是超越輪涅一切法、遠離二邊的，完全是大清淨、大平等的狀態。這裏講的都是不可思議的解脫境界，講的都是本具的大光明。

如果有人對此勝願王「一經於耳能生信」，聽到了、聞到了，然後生起信心了，那麼這個人是具有善根和福德的人，不是一般的人。不是人人都有這個根基和福報，真的是大根基、大福報啊！若你經常擦肩而過，就不算是大根基和大福報之人。

聖尊普賢行願之王——普賢行願品講記

353

有些人懷疑：「哎呀，哪有這樣的事啊？我們不是每天都聞到了嗎？甚至每天都在念嗎？我還和以前一模一樣啊！」這是因為你自己沒有成為法器。是在聞，但是沒有真正聞到；是在聽，但是沒有真正聽到。僅僅用耳根來聽這個聲音，以眼根看見這個字，這不是聽聞。聽聞不只是以耳根聞，還要有甚深的智慧攝持。這裏講的是真正的佛法，講的是不可思議的解脫境界，以你的耳根和眼根能真正接受得了嗎？能真正消化得了嗎？不可能。所以對你而言，這就不是《普賢行願品》了，只是一般普通的文章了。

若是你真正聽聞《普賢行願品》，就要有智慧，要接受啊！這是從一真法界中傳來的消息。你通過眼耳鼻舌身意，包括末那耶識和阿賴耶識都不能接到這個信息。因為八識都屬於是世間的，都沒有超越，所以無法接到一真法界裏播出來的信息。大家要有智慧啊！

一講念經、持咒的功德太不可思議了，都在懷疑。為什麼沒有生起真正的歡喜之心呢？為什麼沒有一點感覺呢？一講蓮師心咒的功德，一講觀音心咒的功德，就開始念……念一百遍、一千遍也沒有什麼變化，還想再多念一點……有的堅持不住了，就放棄了；有的還堅

持，念十萬遍、一百萬遍。念了好多天，好多月，甚至是好多年，但還是和水裏的石頭一樣，沒有一點點的變化。邊念邊等：「那些功德和利益，那些廣大的福德、智慧、神通什麼時候發生在我的身上啊？」念經也是，一聽說念《普門品》、《普賢行願品》、《地藏經》、《阿彌陀經》的功德大，就開始念。念了好多遍也沒有變化，就開始懷疑了：「不是說病能好嗎？不是說什麼都能好嗎？不是說能圓滿廣大福德、廣大神通嗎？」

這些經咒確實有這麼大的功德，但是你先要成為法器。什麼叫法器？你必須要有接受它的能量的能力。若是沒有能力，你能接受得了嗎？你能消化得了嗎？為什麼說「不如法修行，正法也會變成惡趣的因」？就是這個意思，大家要懂得、要明白啊！若是你明白了，最起碼也不會對佛法生起懷疑心，生起邪見。現在要知道問題出在哪裏。

佛講的句句都是事實真相、事實真理。雖然我現在沒有什麼成就，但是對佛法不會生起絲毫的懷疑心，這是千真萬確的。現在是自己的定功不到位，是自己修行不到位，差就差在這。我不能說自己有修行，更不能說有成就，我覺得我現在剛開始修行。大家要生起信心，

要有正知正見，以正知正見才能真正發現問題出於何處。不是佛的問題，不是佛法的問題，也不是僧伽的問題，更不是上師善知識的問題，而是自己的問題。

我經常講，我得到的方法、佛法不差，引導我的上師不差，我在這些方面沒有更多的希求。若是有一天我有其他的希求，那也是表法或有其他的意義。這不是分別或特意要求自己，都是自自然然的，確實已經沒有必要再希求其他的了。稍微內觀、稍微對照的時候，心裏真的非常慚愧。雖然遇到了這麼好的上師善知識，遇到了這麼好的法脈，但是到現在還沒有任何成就。

我從七歲出家到現在，穿袈裟也有三十多年了。我為什麼說我現在剛開始修行？是找到問題了。這個問題到底出在哪裏？不是上師善知識的問題，也不是法脈、竅訣的問題，而是自己的問題。我覺得這是很主要的。不要像無頭的蒼蠅一樣不知所措啊！

「一經於耳能生信」：真正接到信息了，就不得不生起信心了。信心是從明理當中產生的，若是不明理，就沒有觀察量，沒有智慧，怎麼能生起信心呢？即使生起信心了，也是迷信，不是明信。

所以大家要知道，聽聞和聽聞不同。你真正要聽聞

《普賢行願品》，就要有觀察量，就要有智慧，有超越的心態。把心態調到超越、平等的狀態，才能接到佛在法界中播出來的真言。雖然佛每時每刻都在給我們直播真言，但是我們接不到啊！因為心態沒有調好，沒有調到平等的狀態。佛直播的是大圓鏡智，很難接到啊！現在好像都明白了。如果不明白，很容易生起懷疑心。

我以前沒有明白的時候也想過：「會不會是一種方便語啊？佛為了引導眾生，也有說假話的時候，佛是不是又在騙我啊？」後來明白了，這是真話。因為這裏講的是大乘佛法，講的是最究竟了義的法。佛也講過很多不了義的法。小乘和大乘裏都有很多了義和不了義的法。比如小乘和大乘相比，大乘是了義，但大乘裏也有很多不了義的法。這裏講的是完全平等的境界，是佛的境界，是最高的境界，是最了義的法。所以後來明白了，這不是佛說假話，這是真話。

「求勝菩提心渴仰」：「勝菩提」指究竟的果位，也就是普賢行願裏講的入不可思議的解脫境界。「求」是生起信心了，有這種希求之心，「心渴仰」就是有歡喜心和希求心，並且這種歡喜與希求非常得強烈。

「獲勝功德過於彼」：這個人離不可思議的解脫境

界不遠了，也許一瞬間就到了，也許一念之間就圓滿了，所以其他任何的福德善根都無法與之相比！「彼」指前面的廣大供養、廣大布施，它也是不可思議的。但是卻比不上聞經生信功德的百分之一、千分之一、萬分之一。可見，聞經生信的功德是不可言、不可喻的。

丙二、（顯示眾行利益）分二：一、暫時得到的利益；二、究竟得到的利益。

丁一、（暫時得到的利益）分五：一、增上果；二、等流果，三、離繫果；四、異熟果；五、士用果。

戊一、增上果：

> 即常遠離惡知識，永離一切諸惡道，
> 速見如來無量光，具此普賢最勝願。

「即常遠離惡知識」：「即」就是學到、修成了普賢行願——普賢菩薩的十大願王，當下就是。「常」就是恆時，指時間。「遠離」，這裏主要講空間。在一切

處、一切時中，離開惡知識，不會遇到惡知識。什麼叫遇到？主要是指受到了影響。若是你沒有去親近，也沒有得到他的攝受，就不算是遇到。

　　無論是善知識還是惡知識，都會對你產生不一般的影響。我們要親近善知識，不能親近惡知識；要得遇善知識的攝受，不能得遇惡知識的攝受。如果遇到、親近了惡知識，你相續中再也不會產生善業，不會產生正知正見。若是受到惡知識的影響，你相續當中僅有的一點點正知正見和善業也會受到損害，逐漸消失，剩下的都是惡業和邪思邪見。不用說解脫、成就，就連獲得人天安樂的機會都沒有了，只能墮入三惡道，感受無窮無盡的痛苦。對一個眾生來說，這個傷害太大了，出脫無期啊！在地獄、餓鬼、旁生三惡道所感受的痛苦不是一般的痛苦。雖然天界不離痛苦，人間也不離痛苦，但是任何一種痛苦都無法與三惡道的痛苦相比。大家明白了它的危害性，才會謹慎。否則，是不會太在意的。

　　一失人身，千劫難復。一旦墮落了，會永無休止地感受三惡道的痛苦，想從中再次獲得解脫是非常不容易的。地獄裏熾熱、寒冷等痛苦是不可想像的，餓鬼道裏的飢餓、乾渴等痛苦是難以形容的，旁生道互相殘殺、互相

聖尊普賢行願之王──普賢行願品講記

吞噬等痛苦也是不可思議的……要不停地感受這些痛苦。時間是剛才講的「千劫難復」，幾乎很少有從中解脫的機會。佛經中所講和《大圓滿前行引導文》裏「輪迴過患」等內容，都是大概地形容與描述，真正要講清楚或搞明白，是不可能的。我們要仔細思維，認真觀察。真的，若是要感受這些痛苦，自己有沒有這個忍受力？沒有吧！時間不是一年，幾十年、幾百年，而是無數劫。

你若是去親近惡知識，就再也不會有解脫的機會和成佛的可能了，所以大家要重視。我經常講：若要親近上師善知識，首先要仔細觀察，盲目地接觸很危險！萬一你親近的、跟隨的是惡知識，就徹底墮落惡趣了。若是不善於觀察，不依佛的教言去觀察，是很難發現的。

你們經常說這個上師慈悲、那個師父智慧，卻不知道什麼叫慈悲，也不知道什麼叫智慧。「哎喲，太慈悲了！哎喲，太有智慧了！」他是怎樣慈悲的？「對我太好了，經常送我東西，陪我聊天，經常表揚我，太慈悲了。」這不一定是慈悲。上師善知識攝受弟子的方便有很多。送你東西、陪你聊天，這也是一種攝受的方法，但也不全是這樣的。所以大家應該有觀察能力，首先要懂得一些佛理，要了解佛經裏所講的教言。

甲二　經義

雖然你還沒有證悟，也沒有成就，但是你要先精通詞句。為什麼說要先有足夠的聞思呢？有足夠的聞思才可以修行。不然怎麼修行？足夠的聞思指精通詞句。有足夠的聞思了，才有觀察和分辨的能力。不要只憑感覺，感覺好就接近：「沒錯，這就是！」這樣輕易判斷，然後跟他混，那就完了。感覺是不可靠的。「應該沒事吧？有那麼大的名氣，有那麼多弟子，應該是個具德的上師吧？」不一定。以前有過這樣的情況，現在是末法時期，盲從的情況更多。現在這個社會，騙子更受歡迎、更火一些。我希望大家要善於觀察，不要盲目接觸，盲目跟隨。否則，將來一起下地獄，出脫無期。

我希望你們以後依止、親近上師善知識的時候，先觀察好。我以前講過：不是所有的出家人都可以成為上師善知識的。上師有上師的標準，善知識有善知識的標準。比如說，小乘有小乘的標準，大乘有大乘的標準，顯宗有顯宗的標準，密宗有密宗的標準，希望以這些標準去衡量、去判斷。一個真正的上師善知識，利益眾生的唯一手段、方便就是講經說法。希望你們以後盡量依止這樣的上師善知識，這是不會有錯的。

佛當年攝受弟子、救度眾生時用的唯一方法就是講

經說法。佛說了，他不是用清水洗刷眾生的業障。這個「水」是代表，指不用外在的物質。若是用水能洗刷眾生的業障，那現在科技發達了，力量應該更強大了。佛不是靠外在的物質淨除眾生的業障，包括不靠科技。現在科技發達了，若是佛現在示現成佛，他不轉法輪，不說法，只靠科技，佛的智慧會更厲害、更超勝，但佛是不會這樣做的。佛有天眼通、天耳通、宿命通、漏盡通、他心通和神足通，那麼佛是不是通過神通，把眾生的煩惱、業障清除掉的？不是！這就說明他不靠外在的東西，包括不用高科技手段淨除眾生的業障，因為這些不是辦法。若這些是辦法，佛肯定會說「這也是一種方法」，但是他沒有說。那是不是佛把自己的覺悟或境界轉移到眾生的相續裏，以這種方式度化眾生？也不是。佛沒有其他的辦法，只有講經說法。

現在有的人把解脫成就說得太簡單、太容易了，這叫以盲引盲，眾生也喜歡這種人。經常有人問：「有沒有捷徑？」沒有捷徑！我們現在所學的「淨土與大圓滿法」是今生解脫、即身成佛的方法，沒有比這再捷徑的了。那怎麼辦？沒有辦法。佛菩薩沒有辦法，歷代祖師們也沒有辦法，我更沒有辦法了。

眾生真的是愚癡，有些騙子也是無孔不入。騙子也有自己的魔力，有自己的力量。「容易，一會兒就可以開悟，一會兒就可以成就。」然後提這個要求，提那個要求。最終沒有開悟，更沒有成就，於是大失所望！沒辦法，這也是你自己的業障。

那怎麼辦？遵照佛的教導，講經說法，這是唯一的辦法。講經說法就是開示諸法的實相、真理，讓眾生明白諸法的實相、真理。你們就找這樣依佛的教言、依上師善知識的竅訣給你說法的上師，這是不會有錯的，對你絕對有幫助。你盡量去依止這樣的善知識，盡量去親近這樣的上師。

什麼叫依止，什麼叫親近？就是用心聽、用心做，依教奉行。依教奉行就是好好聽，盡量做。我經常講：法要融入相續，修行要融入生活。上師教給你方法，教你修行，如果你能將這些盡量融入自己的相續，盡量融入自己的生活，一定會有非常大的變化。

講經說法也是，有的人只是偶爾講一兩次，很多人都覺得難得，覺得非常殊勝。有的人不是經常講，一生中就講幾次，大家都覺得稀有。若只是偶爾講一次或講幾次，很難利益到眾生，很難幫助到你啊！

聖尊普賢行願之王——普賢行願品講記

你看佛陀是怎樣講經說法的？用一生的精力轉法輪，用一生的精力說法。第二佛蓮花生大士也是這樣講經說法的，我們的歷代祖師，包括我們的根本上師法王如意寶，一生中沒有一天不講經說法，直到涅槃也沒有間斷過。這才叫慈悲，這才叫智慧。這樣才能利益到你，才能幫助到你，別的就很難說了。

很多人都不是很可靠的。因為你看看剛才佛講的話，看看佛用的方法，再厲害也比不上佛厲害，再有方便也不能超越佛吧？所以大家不要顛倒。

甲二 經義

這裏講的是聽聞、修行《普賢行願品》的功德。你真正聽聞到了，一定會生起勝解信心。若是能進一步修行，就更是獲福無量。這樣的人自然就可以遠離惡知識。每個人一生的善根、福德與因緣真的是迥然不同。雖然我這個人到現在還沒有什麼成就，但是這一生中的因緣真的是非常殊勝，沒有遇到過惡知識，也沒有遇到過惡友，遇到的都是善知識、善友。我的一切都來自於這些助緣。若是沒有遇到殊勝的善知識，沒有遇到這些善友，我真的早就完了，早就墮落了。我自己最清楚自己，我自己最了解自己。所以，我有時候想，自己還是很有福報的。有的人就不一樣了，經常會遇到惡知識，遇到惡友，相續遭受損

害，自心遭受痛苦，真的是可憐。

只要好好地用心用功聽聞、思維、修行《普賢行願品》，就會「即常遠離惡知識」，立即就可以遠離惡知識了。這些惡知識沒有機會接近你，沒有機會影響你，這多好啊！而且在一切時、一切處中不會再遇到惡知識，不會再受到惡知識的影響。

為什麼這裏第一句就是「即常遠離惡知識」？這個很重要啊！以前講過，大家不要盲目地接觸。一旦結上了惡緣，很難自拔啊！現在為什麼要講這個呢？這種情況非常普遍。自己要仔細觀察，有些所謂的「法師」不一定是善知識，有些藏地來的「堪布」、「活佛」也不一定是善知識。這些「法師」、「堪布」、「活佛」裏會有很多惡知識，有魔化現的，也有很多普通的僧人自稱為上師善知識欺騙眾生的。「魔」是什麼？是自己的業力現前，也是自己邪思邪見的一個顯相。

現在有的人說「不能分別」。「遠離惡知識」不是分別。這是不分別而分別，並不矛盾。所謂的「不分別」才是真正的分別。「不是說一切都是清淨的，一切都是平等的嗎？」是，但這要有智慧。不能說一切都是清淨的，都是平等的，就對誰都拜，跟誰都親近，那不是亂了嗎？按

聖尊普賢行願之王——普賢行願品講記

你的觀點，那就不用拜、不用親近了。因為都是平等的，都是一樣的，包括你自己，包括你腳下的這些微塵都是清淨的、平等的，那你拜吧！再說，吃飯和不吃飯也是平等的，那你就不用吃飯了，睡覺和不睡覺也是一樣的，那你就別睡覺了。「平等」不是這樣理解的。平等也是不平等，分別即是不分別。體上不分別，但是相上是要有分別的。這點很重要，大家一定要重視。

「永離一切諸惡道」：你聞思修《普賢行願品》，相續中有正知正見，具有廣大智慧，自然就永遠地離開「一切諸惡道」了。「諸惡道」主要指這些不善業（惡業），以及有漏的善業。「遠離諸惡道」就是不造惡業。雖然這裏主要講的是「諸惡道」，但是煩惱障、所知障、習氣障也都包括在內了。業障、煩惱障主要是阻礙解脫，所知障和習氣障主要是阻礙成佛。「永離一切諸惡道」，一切障礙都可以逐漸遠離。

「速見如來無量光」：「速」指時間，迅速，也就是立地就可以親見「如來無量光」。無量光佛就是阿彌陀佛。

「具此普賢最勝願」：親見無量光佛的同時，可以具足「普賢最勝願」，最最殊勝的普賢願。因為要真正

進入這樣的境界，要真正發此大願，必須是初地以上的菩薩才能做到。

這四句偈頌可以這樣解釋：我們聞思修《普賢行願品》，最起碼可以遠離惡知識，不造惡業。到臨終的時候，我們可以往生西方極樂世界，面見阿彌陀佛，成就圓滿最殊勝的普賢行願——普賢菩薩的十大願王。

這四句偈頌也可以這樣解釋：我們聞思修《普賢行願品》，立即就可以遠離惡知識，遠離一切障礙，當下就可以見到自性無量光佛，當下就可以成就、圓滿普賢的一切行願。

這裏講的就是我們的淨土與大圓滿。我們淨土法也就是往生法，這也是聞思修普賢行願。我們到臨終的時候，一定能往生西方極樂世界。這個時候，我們可以真實地實現普賢菩薩的圓滿行願。還有，我們現在用的這個法本，每天必修的內容就是「淨土與大圓滿」。大圓滿是即身成佛的方法，它也不離普賢行願，聞思修大圓滿也就是聞思修普賢行願。若是善根福德具足了，我們就能即身成佛，當下就可以往生西方極樂世界，當下就可以親見自性無量光佛，當下就可以圓滿一切普賢行願。這也是我經常講的「活著往生」。

聖尊普賢行願之王——普賢行願品講記

戊二、等流果：

> 此人善得勝壽命，此人善來人中生，
> 此人不久當成就，如彼普賢菩薩行。

「此人善得勝壽命」：「此人」指聽聞《普賢行願品》，甚至對此法生起信心之人。「善得勝壽命」，對普賢行願生起信心，然後修持普賢行願，身體自然就健康了，壽命自然就延長了。

世間人都求健康長壽，為了健康長壽，不擇手段。尤其是近年來，人們搞衛生、講營養，就是為了健康，為了長壽。衛生搞好了，營養搞好了，身體能好嗎？壽命能延長嗎？可以說能，也可以說不能。即使是能，也不是因為你衛生搞好了，營養搞好了。你通過這些手段和方法，做的是外在的衛生，搞不好內在的衛生；顧及的只是一些粗大的、外在的營養，卻不是真正的營養。

你學修普賢行願，這叫「搞衛生」。偉大的科學家——佛，就是在搞衛生，在增加營養。你的心清淨了，心態平靜了，身體自然就健康了，壽命自然就延長了。

現代人所採取的方法手段是愚癡的，聲稱搞衛生、

甲二 經義

增加營養，但真正達到健康長壽的目的了嗎？沒有！一些發達國家的衛生、營養算是搞得最好的，但是仍然有病，仍然在死亡。靠這些物質和科技解決不了根本上的問題。搞衛生、增加營養也不能達到究竟。那怎麼辦？偉大的佛陀兩千五百多年前就已經把這些最好最有效的方法傳給了人類。只要你聽佛的教言，按佛教的方法去做，自然就健康長壽了。所以，佛法太偉大了，對人類以及對眾生的幫助太大了！

此處只是以健康長壽做例子，其他的一切都是如此。通過佛的教言，通過佛的方法，沒有解決不了的問題，沒有達不到的目的！為什麼說斷證功德圓滿呢？「斷」就是要解決的問題，這裏一切都包括了。「證」就是要達到的目的，這裏面也一切都包括了。佛法，就是佛陀所講的修行方法，是斷證功德圓滿的一種最佳方法，也可以說是唯一的一種方法。通過佛法，通過修行，斷證的功德就會圓滿。其實這個斷證功德本來就是圓滿的；該斷的，本來就是清淨的；該證的，本來就是圓滿的。只是我們因迷惑失去了本有。什麼叫「失去」？迷惑了，無法現前，所以就失去了。佛法、修行就是破迷開悟。破除迷惑了，這叫開悟。破迷開悟了，

斷證的功德當下就圓滿，一切都現前了。所以常講「與人無爭，於事無求」，根本就不用爭，不用求，原本就有。你爭是錯誤的，求是錯誤的。

修是修正自己，自己的心態一改變，一切就都圓滿了。在這邊學佛，還在那邊搞別的，說是為了健康，為了發財等。其實根本用不著，該有的都會有，不該有的不會有。把佛學好了，自然就健康長壽了；把法學好了，福德自然就圓滿了。你學修了普賢行願，真正如法修行，一切自然就平安順利、吉祥圓滿了，這都是自自然然的。我經常跟大家講：「火點上了，灰自然就有。」在「不爭不求」的前提下，精進修行，然後就都有了。你若是去爭去求，裏面夾雜著貪心等煩惱，這些煩惱一生起來，你的福德就會減少或受到損害。

「此人善來人中生」：修習普賢行願，就能獲得暇滿的人身。修淨土與大圓滿法的人沒有來世。來世或者在西方極樂世界，或者在一真法界中。那為什麼說「此人善來人中生」？你通過學修普賢行願，一下子就能把這個人身變成暇滿，對我們來說就這樣講。只有暇滿的人身才是正法的法器，才可以容納正法，才可以真正地修行正法。所以暇滿的人身是很重要的。雖然都是人

370

身，但不一定是暇滿的人身。若是得到了真正的暇滿人身，然後修持正法，解脫、成就就在眼前。最快的速度就在當下，再晚也就是臨終，就可以脫離六道輪迴，解脫成佛了。每個人的根基不同、緣分不同，有的人沒有今生解脫成就的因緣。如果還要繼續在六道中輪迴，這個人一定能生生世世獲得人身。

學修普賢行願的人各自的精進度不同。若是真正能修行淨土與大圓滿，都是利根者，都是要坐火箭的人，福報太大了。其他人無法能和我們相比，真的。大圓滿法是即身成佛的方法，淨土法是臨終往生到西方極樂世界的方法，這兩個方法無比殊勝，沒有比此法成就更快速的了。

大圓滿法是九乘之巔，是密宗裏最頂峰、最捷徑的方法。淨土法在顯宗裏是最高、最捷徑、最殊勝的方法。其實淨土法在密宗裏也有，我們經常修的破瓦法，尤其是三想破瓦法，就是臨終時往生到西方極樂世界的方法。

這兩個方法都是最殊勝的法門，也是最捷徑之道，真正能修行淨土或大圓滿法的人，都是上上根基的人，都是具有大福報的人。其他人能與這樣的人相比嗎？人的根基不同，上等根基也分上上根基、上中根基、上下根基。雖然很多人也在修行普賢行願，也在行大乘妙

道，但是無法能夠在今生解脫，乃至圓滿，還要在六道中流轉。這樣，這個人就是「此人善來人中生」。

「此人不久當成就」：只要是修大乘佛法的，都是修普賢行的，都會獲得這些功德和利益，但是其中也有不同。對於真正學修淨土與大圓滿法的人來說，沒有來世。「不久當成就」指在此生當中很快就會成就。「不久」是快了，就在當下，隨時隨地都有解脫成佛的可能。要麼是一會兒或明天，要麼是過幾天，過幾個月，再慢也就是過幾年。對有些人而言，若還有來世，「不久」也指來世的不久也能成就。因為他聽聞了普賢行願，並且生起了信心。他學修了普賢行願，以此功德，在不久的將來一定能成就。

雖然我們每天都在念，每天都在做功課，但是要觀察自己，是不是真正表裏如一？是不是真正在修行普賢行願？若都是在表面上、形式上做，統統都是例外的，不在這個範圍內，根本就得不到這些功德和利益。「我也在念，我也在修啊！」沒有用。你在表面上、在形式上做，就沒有普賢行願；在表面上、形式上做，就沒有真正的佛法。普賢行是發自內心的，真正的佛法在眾生的心底。所以我經常講，修行在心不在相。大家要明白。

一講功德和利益都高興得不得了，但是你要看看自己能不能沾上邊，這需要考慮，需要自己觀察，也許和你根本沒有關係，你高興也沒有用。真的，不要忽略這點，這很重要，這不是小事是大事！

「如彼普賢菩薩行」：修習《普賢行願品》的人，一定能證入普賢菩薩不可思議的行願中。他的所思所想、所做所行都包括在「行」裏。「行」是十方三世一切如來的行為，也是十方三世一切諸菩薩的行為。要深入、要達到真正的普賢行願的境界是不容易的。前面講過，最少也要登地以上的菩薩，才有這個能力。

學修《普賢行願品》的人，一定能深入普賢行願，一定能達到這樣一個不可思議的境界，這都是功德。

戊三、離繫果：

> 往昔由無智慧力，所造極惡五無間，
> 誦此普賢大願王，一念速疾皆消滅。

「往昔由無智慧力，所造極惡五無間」：「往昔」指在過去世中，講的是時間。「由無智慧力」，由於沒

聖尊普賢行願之王──普賢行願品講記

有智慧力。「無間罪」是用來代表所有罪惡的，如無間罪、近無間罪、四重罪、八邪罪等。這裏為什麼提到「五無間罪」呢？在顯宗裏，五無間罪是最嚴重的罪業。顯宗裏有定罪，五無間罪是定罪，是下無間地獄唯一的因。按顯宗的教理，造無間罪的人死後不用通過閻羅王的審判，直接墮落無間地獄，遭受無窮無盡的痛苦，所以叫無間罪。

眾生為什麼造這些罪惡呢？因為沒有智慧。若是有智慧，就不會造業；若是有智慧，就不會起煩惱。智慧沒有煩惱，慈悲沒有敵人。有煩惱就沒有智慧，有智慧是不會有煩惱的。「因為什麼什麼我造惡業了……」這都不是根本上的問題，根本上的問題就是自己無明愚癡，沒有智慧。

所以一定要具有圓滿的智慧。其他的都不重要，明理最重要。明理就是智慧，智慧最重要。若是不明理，若是沒有智慧，怎樣做都是造業的。無論是在家裏還是在寺院，無論是念佛誦經，還是待人接物，統統都是造業。會不會有煩惱，會不會造業，關鍵在於是否有智慧。

「誦此普賢大願王」：誦持《普賢行願品》。「誦」是念誦。念誦不是在口頭上喊，是用心來誦，在定中誦。

心不專注、心沒有定，就不叫念誦。你們認為自己在念經、在念佛。念是心專注了，心進入禪定了，禪和定是一個意思，就是專注的意思。你觀察一下自己，你在念佛的時候、念經的時候、念誦《普賢行願品》的時候有沒有專注？是不是用心來念的？心是不是一直在這些內容當中？我經常講，邊念邊思維，邊念邊觀察，這也是一種定，這叫念。「念」是上面一個「今」字，下面一個「心「字。「今「是當下的意思，心在當下，心在專注。雖然我對漢語不是特別精通，但是也能看懂一點。現在你們讀得都挺流利，不知道有沒有真正在念誦。

「普賢大願王」是《普賢行願品》的內容，是這部經的所詮內容。我用了這麼多天的時間，講了這麼多內容，都包括在普賢菩薩的十大願王裏，一句一義都不例外。所以「誦此普賢大願王」，也就是誦《普賢行願品》。

「一念速疾皆消滅」：「速疾」講的是速度。「皆」是全面的、徹底的。五無間罪用來代表一切罪惡，因為五無間罪是最嚴重的罪業，實際就是一切罪業都能息滅。就像陽光一照，黑暗立即消失得無影無踪一樣。若是能念誦《普賢行願品》，在一念當中，一切罪業能迅速息滅。

有人也許會懷疑：這個《普賢行願品》消業的力量太大了，比除障法消業的速度還快，為什麼還要念除障法呢？只念《普賢行願品》不就OK了嗎？再說，講金剛薩埵除障法時，也說它是最殊勝、最有力量的一種消業方法。其實，若是你自己有接受的能力，都是一樣的。我給大家講過，都是一個意思，講的是一個道理，只是方法不同而已，大家要明白這個道理。

有人也許又懷疑：講金剛薩埵的時候，金剛薩埵是十方三世一切諸佛的總體；講阿彌陀佛的時候，阿彌陀佛是十方三世一切諸佛的總體；講上師時，上師是十方三世諸佛的總體——到底哪個是總體？都是！這個道理在佛法裏能講通，一點都不矛盾。有矛盾的就是世間法，沒有矛盾的就是出世間法。

此處講《普賢行願品》時，是「一念速疾皆消滅」；講《金剛薩埵除障法》的時候，講其他法的時候也是如此，一定會這樣講。我曾經講過：一到位，一切到位；一不到位，一切都不到位。因為一和一切是一體的。一若到位了，一切就都到位了。比如，今天我們講《普賢行願品》，若《普賢行願品》學修到位了，金剛薩埵除障法也就學修到位了；若是《普賢行願品》學修

沒有到位，金剛薩埵除障法也不可能學修得到位。都是一樣的，一精通一切精通。

佛法裏講的都是這樣的。一和多是一體的，一個剎那一個大劫，一個微塵一個世界，都是一體的，始終是一體的。所謂「無始無終」，實際講的是一體。若不是一體的，就是有始有終了。

大家不要好高騖遠。要想獲得成就，就要靠一心，靠一個平靜的心態。心態能放下來，能保持平靜，這是最關鍵的。法門平等，沒有高低之分，沒有殊勝和不殊勝之分。所謂的「殊勝」或「不殊勝」，是針對個人而言的。與自己的相續相應，就是殊勝；與自己的相續不相應，就是不殊勝。自己受益了，這是殊勝；自己不受益，就是不殊勝。法只有一個體，從法的本體上講，沒有殊勝不殊勝的區別。

若是你自己能認真學修《普賢行願品》這個法門，消業在其中，積福也在其中，一定能深入普賢行願。深入就是證入、證得。「證」就是開悟，也就是看破，看明白、看清楚了諸法的真相、真理。諸法的真相和真理就是本體。「入」就是放下，若是放下了，就在那個狀態和境界中了。看破、放下、證入都在一念當中，說容

聖尊普賢行願之王──普賢行願品講記

易也容易，說難也難。若是沒有智慧，就難。

為什麼很多人把佛法當神話，把佛當神了？就是因為這個。若是沒有智慧，確實像是在講神話一樣；若是沒有智慧，佛確實就像神仙一樣。其實不是，神仙沒有超越六道，佛是超越六道的，佛法是超越六道的。若沒有超越六道，就不是佛；若是沒有超越世間，就不是佛法。世間沒有平等，有高低之分，有好壞之分，有善惡之分。而平等是超越的狀態，平等是成佛唯一的因。其實平等本身就是佛，這個時候因和果是一體的。我們之所以講「大圓滿是以果為因」，就是這個意思。因和果本來就是一體的。所謂證得菩提，「菩提」有時候指佛，有時候指成佛的因，真正的菩提是平等。真正菩提果的因是平等，菩提果也是平等，就是佛。這樣一想，才明白「以果為道」的意思，大圓滿就是這樣在果地上修。萬緣放下，保持平等的狀態，才是成佛。若是沒有達到平等的狀態，就不是佛。

戊四、異熟果：

族姓種類及容色，相好智慧咸圓滿。

378

修習普賢行願，發菩提心、行菩薩道，家族、種姓及容色都可以變，自然能漂亮莊嚴，智慧也能圓滿，可以說一切都能達到圓滿。

世間人特別看重自己的家族和種姓等。「今生我已經是這樣了，『族姓種類』還能變嗎？」能變。你一發菩提心，就成為佛家族的成員了。《發心儀軌》裏講：「今生吾獲福，善得此人身，復生佛家族，今成如來子，爾後吾當為，宜乎佛族業。慎莫染污此，無垢尊貴種。」修習普賢行願，發菩提心、行菩薩道，家族、種姓及容色都可以變。變成佛家族了，多好啊！你們出家了以後都有法名，姓釋迦，這樣姓就變了。「種類」也可以變，也就是佛的種類了，在今生就可以變，生生世世都可以獲得這樣一個「族姓種類」，在世間這是最殊勝的。

好好念誦、修習《普賢行願品》，容貌自然就變得更圓滿、更莊嚴、更慈祥、更漂亮了，不需要用化妝品。智慧也圓滿了，可以說一切都能達到圓滿。

戊五、士用果：

諸魔外道不能摧，堪為三界所應供。

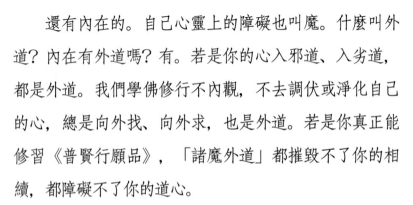

「諸魔外道不能摧」：任何魔障和外道都摧毀不了你的相續。趨入、誤入邪道者叫外道。障礙你發菩提心、行菩薩道的都是魔，這叫魔障。「諸魔外道」也阻礙不了你發菩提心、行菩薩道。在這些過程中再也不會誤入歧途、邪道、劣道，並且具有正知正見。雖然這些天魔外道都有神通神變，但都拿你沒有辦法。

還有內在的。自己心靈上的障礙也叫魔。什麼叫外道？內在有外道嗎？有。若是你的心入邪道、入劣道，都是外道。我們學佛修行不內觀，不去調伏或淨化自己的心，總是向外找、向外求，也是外道。若是你真正能修習《普賢行願品》，「諸魔外道」都摧毀不了你的相續，都障礙不了你的道心。

「堪為三界所應供」：你立即就能成為三界人天的供養處，成為眾生的福田。若是你真正能學修普賢行願，就能真正證入不可思議的解脫境界，真正回歸當初，即在一真法界當中。

為什麼說會成為三界眾生的供養處和福田呢？因為三界眾生都要回歸當初，都要入一真法界，因此你自然而然就變成了三界一切眾生供養的對境，成為了福田。

丁二、究竟得到的利益：

速詣菩提大樹王，坐已降伏諸魔眾。
成等正覺轉法輪，普利一切諸含識。

「速詣菩提大樹王，坐已降伏諸魔眾」：很快就在菩提樹下降伏一切魔眾，斬斷四魔，成佛了。「速」是迅速，我們投生的這個劫叫賢劫。賢劫千佛都要在菩提樹下示現成佛，菩提樹是一種成佛的象徵。想要成佛就要斷四魔。

「成等正覺轉法輪」：成為無上正等正覺，立即要轉法輪利益眾生了。「正等正覺」不是真正的佛，「無上正等正覺「才是真正的佛。

也許有人懷疑：「釋迦牟尼佛成佛時，七七四十九天沒有轉法輪。若是那麼著急，為什麼不轉法輪呢？」其實這也是在轉法輪。佛的事業有內、外、密等很多不可思議的方式與方法。比如，佛的事業有外事業、內事業、密事業等。我們只講外在的事業。當時的人都能看到那個景象，佛在菩提樹下示現成佛，七七四十九天默然不語，沒有講經說法，沒有轉法輪。實際上這也是在

轉法輪，也是在說法。是在說正法難求，值得眾生珍惜。佛講法不是必須要用口來講。不講也是講，這也是一種傳法的方式。

「普利一切諸含識」：就是普遍利益一切諸眾生。「普」是周遍；「利」是利益一切眾生。這是究竟的利益。「諸含識」，「含識「就是眾生。比如說你超出三界了，甚至成佛了，這個時候不是識而是智——「含智」，「含」是具有，具有智慧。具有圓滿的智慧就是佛了。

這是修習《普賢行願品》最終的結果和究竟的利益，多殊勝啊！大家如果願意學，就一定要好好學。

乙十一、勸受持：

若人於此普賢願，讀誦受持及演說，
果報唯佛能證知，決定獲勝菩提道。

前面講了修習《普賢行願品》的功德和利益，大家也已經了知了。若是真正深信了，自然就會珍惜。對這個法，對這些不可思議的境界生起真實無偽的信心非常

難得。若是真正生起了信心，修行、成就都沒有什麼難處，修行很容易，成就也很容易。真正生起信心了，修行不會有壓力，更不會退轉。因為知道了這才是自己解脫、圓滿的唯一方法。自己要解脫、要圓滿，靠佛法才能做到。這是真實的，其他的途徑佛都已經否定了。

佛法和智慧是一個意思。佛法含智慧，智慧含佛法。若沒有佛法，沒有智慧，你沒有辦法解脫煩惱，沒有辦法解脫痛苦，大家要明白並深信這點。真正要明白和深信是非常不容易的。即使有再多的錢財，有再大的權力，也解決不了問題。這都是痛苦的因，都是煩惱的因。錢財越多煩惱越多，權力越大痛苦越大。屬於世間的瑣事都是這樣的。包括結婚、生孩子都是痛苦的因，都是煩惱的因。結婚生孩子都會增加煩惱和痛苦。

我現在就拿我們所追求的四個法來說明，這些都是煩惱和痛苦的因，其他屬於世間的瑣事也都是如此。

夢想發財和希求權力是現代人的兩種普遍現象。很多人都在拼命地積累財富，大多數人在不擇手段地爭權奪利，世間人都認為結婚生子是件幸福快樂的事。人們自認為有錢、有權、有地位了，就能解決問題，就能幸福快樂，但這些都是顛倒的。佛已經講了，凡夫的所想

聖尊普賢行願之王──普賢行願品講記

所行是背道而馳的。「所想」就是幸福、快樂，覺得什麼問題都能解決。「所行」就是不擇手段，不顧一切地掙錢、積累財富。所謂「背道而馳」指你所做的一切都是煩惱痛苦的因，只會給你帶來痛苦，只會給你帶來煩惱，不會讓你從中得到幸福和快樂。錢、權、名氣、榮譽等都是如此。

結婚、生子這兩個現象更普遍。有的人覺得結婚就能幸福快樂了，可是哪裏有幸福，哪裏有快樂啊？結婚沒多久，越來越煩惱，越來越痛苦。實在沒辦法，就覺得是不是缺個眾生啊？已經有一個冤家在身邊了，還覺得不夠，又想找個討債的。於是就想生孩子，把一切希望都寄託在這上面。孩子生下來了，一天兩天覺得很好，過了幾個月、幾年，就感覺有壓力了，更麻煩了，於是，煩惱越來越多，痛苦也越來越大。沒辦法啊！

這一切都是陷阱，自己一不留神、一糊塗就跳下去了，陷進去了，很難自拔了。就這樣生不如死地過日子，一年一年地折磨自己，遭受痛苦！真的，眾生太可憐了。原因到底出在哪裏？覺察不到啊！然後找各種各樣的理由，怨天尤人，整天陷入無休無止的煩惱痛苦中。這都是自尋煩惱，自找痛苦，沒有辦法！不聽佛的

勸告，也不聽善知識們的提醒，自以為是，自作主張，一切都由自己承受，誰也沒法救你。

現在若是真心想學佛，真心想修行，就要轉變態度，不能再自以為是、自作主張了。要聽佛的教言，要聽善知識們的指導。現在這些只是目前的問題，這是小事，大事還在後面呢！每天都在造業，將來要墮落啊！要在三惡趣裏感受無窮無盡的痛苦啊！那種痛苦是無法想像的，真的是出脫無期啊！

所以你要明白，世間所有的這些都不是快樂幸福的因，而是煩惱痛苦的因。佛法裏強調的是從因上入手，在因上轉變。因轉變了，果就轉變了。現在怎麼辦？不能種痛苦的因，不能種煩惱的因，要種真正快樂幸福的因、解脫成佛的因。解脫煩惱與痛苦是四聖界裏阿羅漢與獨覺佛（辟支佛）等的境界。佛不但解脫了煩惱和痛苦，而且福德和智慧達到了究竟圓滿。我們現在學修普賢行願，這不但是解脫的因，還是成佛的因，不只是解脫煩惱痛苦，甚至福德和智慧都能達到究竟圓滿。

人人都不願意感受痛苦，都不願意遭受煩惱，都特別希望自己的福德和智慧能究竟圓滿。不僅是人，一切眾生都有這個心願，都在追求這樣的結果。所以現在

要相信，唯一能達到目的的就是普賢行願，就是大乘妙道，這就是解脫煩惱痛苦、圓滿福德資糧和智慧資糧唯一的方法和因緣。

大家明白了這個道理，學佛修行就沒有什麼可難的了。因為知道了普賢行願的重要性，也知道這是唯一的出路，沒有別的選擇。現在主要是不確定，若是真正確定了，就一心了。我經常講，學佛修行是最重要的，沒有什麼比這個還重要。對於一個渴望解脫成就的人來說，應該把這個放在首位，其他的都不重要。看看自己是這樣的嗎？

為什麼說成就靠一心、靠誠心？如果一心和誠心都有了，一切就都具備了。而我們現在不是一心，覺得還有更好的。「雖然學佛是好，但是有些事情也許更好，更能讓我快樂。」然後賺錢去了、奪權去了，跟一個比自己更傻的人跑了。自己夠傻的了，對方也許更傻，一個傻子領著另一個傻子跑了。這是因為沒有確定目標，還不夠虔誠，不是一心，總是動搖。在佛法與世法之間選擇了金錢，選擇了權力，選擇了那麼一個人、一件事。

若是真明白了，真確定了，還會動搖嗎？雖然也有懈怠的時候，但是目標已經確定了：「這是我唯一的目

的，也是唯一的出路，沒有別的選擇。」雖然有時候也犯一些小錯誤，那也是正常的，但是不能失去目標。失去目標就失去了慧命，就要在六道輪迴中永無休止地流轉，感受無邊無際的痛苦。就像街上的瘋子一樣，漫無目的地在街頭巷尾亂轉。

首先要確定目標，知道什麼是重要的，什麼是正確的。如果有了目標和方向，你就不會漂泊、遊蕩，這是非常重要的。其實講來講去，就是要我們有取捨的能力——該捨的要捨，該取的要取。只有目標與方向正確，知道什麼是重要的，你的一切努力、一切所做才是有意義的。之前，你所做的一切努力都是白費的。

要解脫、要圓滿，行持普賢行願是唯一的方法，並且是最捷徑、最殊勝的方法。若是你真的明白、深信了這個方法，就更容易了。我們現在知道錢帶給我們的利益，就特別深信錢，所以為了錢，為了一百萬、一千萬，怎麼都行，幾天幾夜不吃飯不睡覺都可以，當牛做馬都可以。幾乎每一個世間人都是這樣的，沒有例外。若是有人告訴你，七天七夜不吃飯、不睡覺，就可以拿到一百萬或者一千萬，你一定會去做的，並且一定會做到。

聖尊普賢行願之王——普賢行願品講記

學佛修行能永遠讓你解脫煩惱和痛苦，能立即把你的福德和智慧提升到最圓滿的層次，這不是一般的聰明，是智慧；不是一般的福報，是清福，沒有染污。福德和智慧都是本具的，到時候是自自然然、無窮無盡。因為我們的自性是無窮無盡的。

普賢行願就是這個因。好好行持普賢行願，就可以永遠地解脫煩惱和痛苦，福德和智慧都能達到最圓滿。若是真的明白了、深信了，不用說七天七夜不吃不睡，就是一生當中不吃不睡都可以，一定能做到，大家要有這樣的決心。

也許有人懷疑：「一生中不吃不睡，能受得了嗎？」不是一生中真的不吃不睡，要的是這種決心，要的是這樣一個堅定的信念和堅強的毅力。若是心能這樣真誠和堅定，一下就成就了。若是你真明白了，若是真能下決心不吃飯、不睡覺（不是假裝，而是發自內心的），成就就在眼前。也許就在當下，也許明天一大早，你就在禪房裏發光了，就成佛了。真的，根本不用等到七天七夜以後。

若是為了得到一百萬，必須七天七夜不吃飯、不睡覺，人差不多完了，沒等拿到一百萬，也許就離開這個

甲二　經義

世界了。我是拿這個做比喻。世人就是這樣，很傻、很愚癡、很可憐，所做所行都這樣顛倒。

一個智者為了行持普賢行，七天七夜不吃飯、不睡覺都可以！心一堅定，願力一生起來，業障一下就息滅了，本具的光明立即就現前了。現在，雖然有的人聽著感覺挺好，但是沒有真正生起勝解信，還在猶豫中，沒有下定決心行持普賢行，心力還沒有上來。我講了這麼多天，還是很難開竅，真是不容易啊！

大家聽聞《普賢行願品》也有意義，至少明白了很多教理，也生起了不同層次的信心。除了極少數人真正生起了勝解信心或堅定的信念之外，大多數人好像還沒有。若是生起信心並能行持就好了。前面為什麼講《普賢行願品》的功德和利益？若是知道它的功德和利益並且深信了，「勸受持」就不難了。

「若人於此普賢願，讀誦受持及演說」：「普賢願」是指《普賢行願品》這部經。《普賢行願品》是《華嚴經》中的一品，也可以單獨成為一部經。「讀誦受持及演說」，展開講就是十法行。

第一，書寫。對這部經有了一定的了解，生起了信心，然後用手書寫。以前是寫，現在是印刷。但是應該保

持一個覺悟的狀態，就是了解《普賢行願品》的含義及內容。《普賢行願品》的字字句句都體現了普賢行願，就是一切佛菩薩的行願，也可以說是顯示著不可思議的解脫境界，對此深廣的意義生起了信心，再抄寫或印刷，功德不可思議。以恭敬心、信心去做，而不是盲目地做。

現在抄寫的人少，基本上都是印刷。但是很多人都不明白，一說有功德，就圖這個功德；一說能積累福報，就圖這個福報。雖然這樣也可以，但是也沒有多大意義，不一定能得到此處講的功德和利益，即使得到了也很少、很微薄。以恭敬心和信心抄寫《普賢行願品》或者隨喜印刷，將來所得到的果報「唯佛能證知」，只有佛陀才能了知，才能如是的衡量。不用說凡夫，阿羅漢、獨覺佛，連登地菩薩都無法衡量。

第二，供養。以恭敬心和信心供養。我們這邊的經書都是包在布裏，因為那是無價之寶。《普賢行願品》是無價之寶，因為你了解這部經的含義，了解這部經對自己的利益，了解這部經的威德力。我們現在哪有恭敬心和信心？甚至把《普賢行願品》的法本都放在下面，放的位置比鞋還低。那天我去查房，很多人把鞋都擺得很高，書、法本都放在低處，根本沒有當成法寶。

甲二 經義

《普賢行願品》是能讓你永遠解脫煩惱和痛苦，能讓你的福德和智慧達到究竟圓滿的唯一的因！為什麼不重視？每個人都把錢包裹的錢看得最重，隨身攜帶，晚上睡覺的時候還抱著，卻根本沒把《普賢行願品》當回事，這不叫供養。我們若以恭敬心和信心了知《普賢行願品》的重要性，了知《普賢行願品》對自己的利益是無窮無盡的，真正認為這是無價之寶，真正明白自己的一切希望都寄托這上面，晚上都會捨不得放下，都會抱著法本睡，這才是對的。供養就要放在高處。你們有嗎？把《普賢行願品》隨便放、隨便跨。跨經的過失你們知道嗎？連表面上的恭敬都沒有。

佛講這些念咒、念經的功德利益，身體能好，能發財，家庭能平安，一切都能順利。很多人就為了得到這些暫時的利益，為了滿足自己的這些欲望，帶著很大的希望去學去念。念了幾個月、幾年，沒有得到如是的功德和利益，就開始懷疑了，開始埋怨佛陀，埋怨善知識。希望別懷疑佛的教導，不要埋怨佛，都是自己的問題，根本就不夠虔誠，不夠恭敬。

念咒的功德和利益是佛講的，念經的功德利益是佛講的，念《普賢行願品》的功德和利益也是佛講的。

聖尊普賢行願之王——普賢行願品講記

「不對吧？是普賢菩薩講的。」其實普賢菩薩本身也是佛，但他示現為菩薩。菩薩要講這樣的境界，還要靠佛不可思議的廣大神通和圓滿智慧。在顯現上，普賢菩薩當時給善財童子講的時候，也是以佛的廣大智慧與神通講的。其實普賢菩薩已經成佛了，所以他也是以自己圓滿的智慧講的。怎麼理解都可以。

供養經書，尤其是供養《普賢行願品》的功德和利益是不可思議的，暫時或究竟的一切行願都能圓滿實現。「不對吧？我也供了、也拜了。」你沒有以恭敬心拜，沒有以信心拜。信心與恭敬心都是從明理中產生的。你根本不了解普賢行願，根本不了解它所講的境界，根本就沒有生起正確的信心和堅定的信念，所以你不可能得到如是的功德利益，這是自己的問題，你要明白。法沒有問題，上師善知識也沒有問題，主要是自己有問題，自己太差了，別的什麼也不差。

就這樣以信心，以恭敬心供養。供養的功德和剛才講的一樣，「果報唯佛能證知」。

第三，施他。就是施捨給他人。怎麼施捨給他人呢？就是把它介紹給別人，讀給別人聽。你要印這本經，應該讓大家隨喜，讓大家知道這部經的功德利益，

讓大家學修。也可以讀給大家聽，或者讀給那些無形的眾生聽，也可以讀給那些小含生——螞蟻、蒼蠅、蚊子等。不是盲目的，而是以恭敬心和信心介紹給別人，讀給別人聽，施捨給眾生，這樣才有力量。

我們每天都念《普賢行願品》，並且是唱誦，大家有沒有想到對眾生的利益？有沒有想到布施給眾生。你讀的時候自己能聽到，但也要發心給所有的眾生聽，這樣不但你自己在受益，眾生也在受益！若是有更高的境界，所有的眾生都是一體的，這樣讀力量就更大了。你讀給眾生聽，這個功德也是不可思議的。

你認真讀誦《普賢行願品》，見到你、聽聞到你、想到你的眾生都會受益。讀誦和讀誦不一樣。你認真讀誦《普賢行願品》，你洗臉、洗手的水灑到眾生的身上或眾生接觸到了，也會種下解脫的種子。這個力量是你無法想像的。認真讀誦，用心讀誦才有這個力量。以妄心、以分別心讀誦，不會有這麼大的力量。去掉分別，放下妄念，然後讀《普賢行願品》，這樣功德利益無量無邊。不僅是自己，眾生都會受益。這是施他。

第四，聽聞。聽聞的功德利益也是「果報唯佛能證知」。別人在讀誦或宣講《普賢行願品》的時候，用心

聖尊普賢行願之王——普賢行願品講記

諦聽，就是以恭敬心、以信心來聽。有恭敬心、有信心，才有諦聽。真正的諦聽是放下心態，放下妄念。否則，很難得到真正的法益。

把第六意識調到平等的狀態，平等的狀態不是阿賴耶的狀態，是超越八識的。粗大的念是意識，阿賴耶識也有念，但是特別細微，覺察不到。要把心調到平等的狀態，才能真正受到法益。

諦聽很重要啊！人家讀《金剛經》，慧能大師為什麼收到了一個不同的信息呢？雖然那麼多人在聽，但是沒有收到這個信息。可能是他的根基好，自然就調到平等的狀態去了。人家在讀《金剛經》，雖然他身邊的人，過路的人也在聽，但聽到的只是一般的聲音或音聲而已，而不是真正的《金剛經》。六祖慧能大師聽到的才是真正的《金剛經》，於是就接到了這個信息。雖然當時他也不是很確定，但是他知道，除了六道之外，還有一個不一樣的世界。他知道了這個信息，就追求這個世界去了。

聽和聽不一樣。雖然都聽到了人家念經，但是慧能為什麼一下子愣住了呢？為什麼就一下子與眾不同了呢？大家要明白，就要這樣聽。其實這種平等的狀態特

意調也難。根基好的人是瓜熟蒂落，自然而然就調到那種狀態上了，我們也有這個可能。大家盡量往上調吧！總有一天，能自動調到那個頻道上去的。

聽聞的功德利益也是「果報唯佛能證知」。

第五，讀誦。每天以恭敬心、以信心讀誦這部經。讀經是為了什麼？是為了開悟。讀經要怎麼讀？佛經的字字句句，每一段、每一品都含攝著佛菩薩的境界，蘊含著諸法的實相真理，讀經是為了了知、領受、證悟這些真理。這是最重要的，這是讀經唯一的目的，而不是為了口頭上念得流利或是為了念多少遍。

持咒也是如此，每一個咒所含的意義是非常深廣的。為什麼說深？深到什麼程度？它是不可思，不可喻，已經超越了言思。為什麼說廣？因為周遍一切處、一切時、一切空當中。無處不在，無時不是。諸法的事實真相、事實真理就是深廣。佛菩薩不可思議的解脫境界也叫深廣，是超越的。自己盡量地去體會、體悟，甚至去深入、證得，這就是讀經的目的。這個功德利益也是「果報唯佛能證知」。

第六，受持。受持主要是用心來體會，用心來受持。受持的意義就是用心思維、觀察、領會、證悟。果

報也是「唯佛能證知」。

第七，演講。演講不容易啊！演講和演講不一樣，鸚鵡學舌誰都會，紙上談兵沒有難度，但是真正的演講是以大慈大悲、大徹大悟來攝持的。那種力量真正能淨化眾生的心靈！真正要讓眾生受益，真正要感化眾生，必須要靠這些。花言巧語沒有用，紙上談兵沒有用，當時聽著也許很順耳，很順心，但是裏面沒有力量，沒有力量就不起作用。所以說演講要自然一點。

要以慈悲與智慧演講《普賢行願品》，自己有修有證才有力量，才能真正入眾生的心。如果自己無修無證，沒有慈悲的基礎，沒有智慧的攝持，也許有一定的文化基礎，有一定的演講經歷，也許會說一些大道理，能講出一段來，這都沒有多大意義。所以，大家若是真正想弘法利生，真正想感化眾生，想利益眾生，自己的修證是最重要的。

現在有的人覺得：「我要文化沒文化，要知識沒知識，什麼也不懂，也不會講，將來能弘法利生嗎？」能！弘法利生不是靠這些。若是自己真正有修有證，真正有慈悲和智慧，就能弘法利生。你看，慧能大師是個文盲，可他利益了多少眾生啊！雖然《六祖壇經》的詞

句沒有多少，但是句句都有力量，都能入眾生的心，每一個具有善根，具有福德的人，都能受它的影響。不需要那麼多的詞句和語言，本來就那麼簡單，就幾句話的事。若是真正證悟了，甚至不說話也可以。

中國人思想複雜，愛張揚，達摩祖師當時到中國的時候，剛開始給大家示現的是一句話也沒講，這裏有著甚深的含義，甚深的法益。我看《達摩傳》時，這個地方感受最深。後來幾個出家人在禪房裏參禪，他進去講了幾句。雖然那時我剛學漢語，還不是很能聽懂看懂，但是他的一舉一動，真的是讓人無法言說。當時我不知道是什麼感覺，一夜沒睡覺，整整哭了一夜。

華智仁波切的《大圓滿前行引導文》詞句很簡單。現在那些有文化，比較精通佛理的人這樣說：「《前行引導文》裏沒有什麼啊，都是一些公案和白話，那裏有可學的嗎？」雖然我沒有跟他爭論，更沒有跟他辯論，但是覺得這種人真的可憐。雖然詞句上很簡單，很普通，但是裏面含著的是加持啊！裏面含著的是力量啊！所以我現在特別重視這部論典。我這幾年著重弘揚的就是《前行引導文》的內容。

第八，唱誦；第九，思維；第十，修習。

聖尊普賢行願之王——普賢行願品講記

我們可以通過十法行來學修《普賢行願品》。按照十法行去做，功德利益無可限量。

「果報唯佛能證知」：所得到的功德利益只有佛才能衡量，只有佛才能知道，除了佛誰也不能知道，誰也無法衡量。不用說六道凡夫，包括這些阿羅漢、獨覺佛，還有登地的菩薩都沒有辦法。阿羅漢、獨覺佛，尤其是這些菩薩，要衡量也是遵循佛的教言。雖然我不是菩薩，但是今天在這裏我也遵循佛的教言，給大家講解《普賢行願品》的功德和利益。我哪有這個能力？怎麼知道《普賢行願品》的功德和利益啊？這個功德利益確實是不可思議啊！菩薩們夠慈悲，夠有智慧了，也無法言說，只能這樣說了。

唯獨佛才能知道，才能衡量。這個功德利益太大了，已經不可喻、不可思，無法表達了。現在就是不可以說了，不能說了，只能說「果報唯佛能證知」。

「決定獲勝菩提道」：這是以佛的智慧了知、認定的，所以是「決定」。「勝菩提道」就是大乘妙道，尤其是那種不可思議解脫境界，是超越的。其實「獲勝菩提道」，也就是圓滿的境界，我們講大圓滿時，果也是道，道也是果，是一體的。

若人誦此普賢願，我說少分之善根，

一念一切悉皆圓，成就眾生清淨願。

「若人誦此普賢願」：這是當時普賢菩薩對善財童子講的。如果有人以信心、恭敬心誦此《普賢行願品》。

若是不修行普賢行願，就不能解脫，不能成佛，這點大家要明白。我們要觀察自己，是不是真心想解脫，是不是真心想成佛？這是關鍵啊！沒有無緣無故就能解脫、成佛的，如是因如是果。那麼解脫、成佛的因是什麼？就是普賢行願。這是唯一的，也是最最殊勝的方法。為什麼說是唯一的方法？若是不修行普賢行願，不成就普賢行願，你沒有辦法入不可思議的解脫境界，你沒有辦法獲得無上正等正覺的果位。你也許會想：不是有其他很多法門嗎？比如說大圓滿。是的，但是這些法門也都在其中。任何法門，包括大圓滿法，都是成就普賢行願的方法，也可以說就是普賢行願。普賢行願無所不容，普賢行願含攝一切。一切法門都不例外，一切解脫的方便，成佛的方便都在其中，所以它是唯一的，也是最殊勝的方法。

「誦」是拿來做代表的。無論是讀誦還是唱誦，無論是書寫還是供養，無論是聽聞還是受持，無論是施他還是演講，無論是思維還是修習等十法行都一樣。但是有個前提條件，「若人於此勝願王，一經於耳能生信。」對普賢行願必須要了解，甚至生起信心。對普賢行願不了解就是不明理，即使生起了信心也是迷信，起不到作用！「一經於耳能生信」，一聽到就能生起信心。對此法生起信心是最重要的。因為成就要靠堅定的信念，成就要靠一心一意、誠心誠意。這是我經常講的，在此處也不例外。

「我說少分之善根」：看起來沒有做多少，只是寫了一遍，讀了一遍，講了一遍，思維了一遍，聽了一遍而已。為什麼說「少分之善根呢」？諸佛菩薩在因地的時候，在數劫中積累善根、積累福德，最後才成就。你在這裏念一遍、聽一遍、講一遍、供養一下，表面上這個善根和佛菩薩相比非常少，很簡單。

「一念一切悉皆圓」：儘管看起來很少，很簡單，但是在一念當中全部圓滿。「一念」是當下，沒有前後，無始無終。

這個世界是怎麼形成的？這個宇宙是怎麼產生的？

甲二　經義

科學家在研究，也在講；哲學家也在研究，也在講；宗教家也在研究，也在講，都有不同的說法。比如科學家說是大爆炸，這是說不通的。佛講，是在一念當中形成的，沒有前後，這樣講才能講通。就是在一念當中生，在一念當中形成，其實也沒有形成；在一念當中發生，其實也沒有發生。佛法裏為什麼說「假相「呢？都是妄想。「凡所有相，皆是虛妄。」佛就講這個道理，因為都是一念當中生的。當初也是一念當中生的，後來也是一念當中生的。無論是外器世界，還是內情眾生，都在一念當中生滅，所以說「不生不滅」。雖然也有生有滅，但這是在相上。相是妄想，是假的。

　　讓科學家說說，是先有雞還是先有蛋？大家都當笑話聽了，這不是笑話是真理！是先有雞還是先有蛋，你說不清楚；是先有父還是先有子，你也說不清楚。如果是先有父，那這個父是怎麼來的？如果是先有子，那這個子是怎麼生的？其實很簡單，這是不可思、不可議，這就是真理。為什麼說無始無終呢？就是這個意思。若是有始有終的，就可以說清楚，要麼肯定是先有父，然後再有子；要麼肯定是先有蛋，再有雞，但這是說不清楚的。

聖尊普賢行願之王——普賢行願品講記

萬法在一念當中生滅，再進一步就是空性了，這叫空性。生滅是在相上講的。在一念當中生滅，其實是沒有生滅，因為一念當中沒法生滅。「到底是生還是滅？生哪是滅啊？滅哪是生啊？」雖然在我們的境界裏是矛盾的，但是在真理面前並不矛盾。不生而生、不滅而滅，這就是空性。

　　在這裏也是，「一念一切悉皆圓」，一念當中就OK了，不圓滿而圓滿，圓滿而不圓滿是一個意思，一切都圓滿。

　　若是你真正能念誦《普賢行願品》，你真正能聽聞到《普賢行願品》，你所獲得的力量與加持是非常廣大的。「不對吧，我每天都在聽聞，每天都在念啊！」你是在聽聞，但實際沒有聽聞到；你是在念，但實際也沒有念。應該怎麼聽聞？應該怎麼念誦？念不容易。若是能安住於當下，不起心、不動念，這才叫真正的念。真的，大家要明白什麼是真正的念。漢文裏「念」字上面是個「今」字，下面是個「心」字。「今」是當下的意思，心在當下叫念。當下沒有動，一動妄念就上來了。不動叫真心，動叫妄心。

　　有妄心就沒有真心，「妄心不死，真心不活」。妄

心若是不息滅，真心就沒法現前。在相上它們兩個不是你死就是我活。若是妄心活了，真心就要死；若是真心活了，妄心就要死。其實真心死不了，但是在顯現上可以死。它不顯現叫死。妄心本來就不存在，是假相，所以沒有死活；真心本來就是不生不滅的，所以也沒有死活。若是這樣講，它們兩個都一樣，都沒有死活。但是在眾生的眼裏，在分別念面前，它們兩個都有死活。「妄心不死，真心不活」就是這個意思。

「成就眾生清淨願」：幫助眾生成就一切清淨願。不清淨的願不會成就，清淨的願都會成就，所以它是最最殊勝的方法。我們今生能遇到此法，這是大福報啊！希望大家要懂得珍惜。

其實十法行也可以包括在聞思修裏面。聞就是用心諦聽，生起聞慧。書寫、讀誦、聽聞、唱誦的時候，都用心做，從中生起的智慧叫聞慧。認真地思維《普賢行願品》的內容，思維普賢菩薩十大願王的內容，從中生起的智慧叫思慧。進一步地去領會，將普賢行願落實到生活、工作中去，從中生起的智慧叫修慧。聞慧、思慧、修慧，一個比一個力量強，一個比一個境界高。

無論何時，無論是快樂的時候，痛苦的時候；心情

好的時候，不好的時候；懈怠的時候，精進的時候；比較休閑的時候，比較繁忙的時候……行住坐臥、吃喝拉撒，都應該把聞思修《普賢行願品》，把聞思修普賢菩薩的十大願王放在首位，當成重點。其他都是次要的，這叫重視！我們經常講珍惜，這叫珍惜。

大家都沒有珍惜吧！吃飯比這個重要，要吃飯了，就把它扔了；睡覺比這個重要，困了把書本扔到床下，就睡著了；有事了又一扔，就跑了；心情不好了又一扔……心情不好對經文、法本生什麼氣，又不是它們的原因，這是你自己的業障。看都不看，「啪」地就扔到一邊去了，你這是在造業！學佛修行不能憑興致，更不能茶餘飯後偶爾地學修。

我們現在就是這樣，不困不餓的時候讀一讀、看一看；沒有其他的事，閑得不得了，看一看；心情比較好的時候，學一學。不應該這樣。其實念多念少，學多學少沒有關係。「我說少分之善根」，心到位了，也許一下子就圓滿了。主要是需要這種信心，需要這樣堅定的信念，需要這樣堅強的毅力，這是最重要的。不顧一切艱難困苦、嚴寒酷暑，以這種心態和發心來學來修，很快就會成就的，真的快了！

「為什麼沒上課?」「有病了。」「為什麼沒上課?」「心情不好了。」「為什麼沒上課?」「沒吃飯。」「為什麼沒上課?」「困了,睡覺去了。」這樣學修能成就嗎? 以這樣的心力和心態不可能成就! 絕對不可能!

我們為什麼要把自己的身口意全部獻給上師三寶? 不是真正要把身口意供養出去,上師三寶拿不走,也不需要你的身口意,想成就就要靠這樣堅定的信念及這種無私奉獻的心和無我的境界。所以,我們現在就要有這種發心: 把身口意全部奉獻給上師三寶,奉獻給眾生,用自己的身口意來做利他的事業。這樣,成就就在當下了。

為什麼佛菩薩、諸大德這麼注重《普賢行願品》? 因為佛講的一切法都包括在《華嚴經》裏,而《普賢行願品》是《華嚴經》的關鍵,是精華中的精華。它是解脫成佛唯一最最殊勝的要訣。

我們在此生能遇到此法,並且有這樣聽聞的機會,真的是不可思議! 這是自己宿世修來的福報,大家應該好好珍惜! 這不是誰都能遇到的,不是誰都能得到的。看來大家聽得也很歡喜,這個過程中大家也明白了不少佛理,明白了《普賢行願品》很多的含義,希望大家能堅持。這樣

聖尊普賢行願之王——普賢行願品講記

聽一遍，雖然有一些收穫，但還不夠深入。越聽收穫就會越大，悟性就會越高，越修境界也會越高。

我們現在的緣分、福報非常不一般，我們接到了法王如意寶清淨的法脈，《普賢行願品》是法王如意寶一生當中最重要的一個修法。在喇榮，無論是在講法的時候，修法的時候，給信眾念經文的時候，還是給亡靈做超度的時候，前後都會念《普賢行願品》。比如說法王講法的時候，堪布們講法的時候，前後都會念《普賢行願品》。還有，在喇榮開四大法會等法會的時候，每一座的前後都會念《普賢行願品》，以《普賢行願品》積資淨障，以《普賢行願品》迴向發願。

甲二　經義

在法王的帶領下，海內外的好多信眾都念誦《普賢行願品》，學習《普賢行願品》。一生當中念幾百億遍、幾千億遍的人都有。法王講過：他在此生當中，沒有別的希求，他唯一的希求就是喇榮的四眾弟子每天都念《普賢行願品》。這個利益功德太大了，他就對這個功德利益有點留戀，別的沒有什麼。其實，他老人家有什麼放不下的啊？世出世間的一切法他老人家都放下了。此種說法，實際上是在給我們示現，讓我們明白《普賢行願品》的重要性，也是希望我們能重視《普賢行願品》。

做為上師如意寶的追隨者，我們開法會，包括修早晚課等任何法，裏面都有《普賢行願品》的修法。為什麼講這些呢？也是希望大家能重視。但我希望大家不要只在口頭上念，只在形式上做，要用心真念真做。

我這次算是很仔細地給大家講解了一遍。其實怎麼仔細講都可以，但是怕講太細了，對大家也不一定有幫助。我這次講的也夠清楚了，字字句句都含攝著甚深的意義。希望大家念誦的時候、修持的時候，用心去領會。

乙十二、總迴向：

> 我此普賢殊勝行，無邊勝福皆迴向，
> 普願沉溺諸眾生，速往無量光佛剎。

十法行可以總集在聞思修裏。對《普賢行願品》、普賢菩薩的十大願王進行聞思修，進行十法行，從中獲得的善根和福德是無量無邊的。「果報唯佛能證知」，這個善根福德不是一般的善根福德，太廣大、太圓滿了，唯有佛才能衡量。

我們這次也是在演講、聽聞、修習普賢行願，若是

聖尊普賢行願之王——普賢行願品講記

自己修行到位、發心到位，肯定能得到不可思議的功德利益。大家千里迢迢來到這裏，沒有白來，聽一遍《普賢行願品》的講解，所獲得的善根和福德無法言說。大家能夠用自己所有的精力來學修普賢行願，真的是很有意義！

「我此普賢殊勝行，無邊勝福皆迴向」：我們在修習《普賢行願品》的過程當中，得到了無量無邊的善根，無量無邊的福德，現在都要做迴向。怎麼迴向？「普願沉溺諸眾生，速往無量光佛刹。」將所有的善根福德統統都毫無保留、不折不扣地全部迴向。對一個真正的智者來說，真的不容易，一點都不留給自己，統統迴向，真的有點捨不得啊！因為生起點善根太不容易了，積累點福德太不容易了。但是，做為大乘行者，不是要證得無上正等正覺的果位嗎？所以心量要大一點，將這些善根、福德都拿出來，迴向給三界裏無量無邊的一切眾生。

「普願沉溺諸眾生，速往無量光佛刹」：以我們善根和福德的力量，願沉溺於輪迴裏的一切眾生，迅速往生到西方極樂世界，面見阿彌陀佛，同時獲得阿彌陀佛的授記。

如是迴向，所迴向的善根是無量無邊，對境眾生也是無量無邊，所獲得的功德和善根也是無量無邊的，這是保存和增長自己善根的最殊勝的方法。善根福德迴向，不但不會減少，而且每時每刻都會增長；善根福德迴向，此善根和功德更廣大無邊了。

有的人說：「我可以這樣迴向，但是之後可不可以再迴向給我的兒子啊？可不可以再迴向給我的媽媽啊？因為我的兒子學習不好，因為我的媽媽身體不好。」不敢說不行，怕你們不接受。如果先迴向給一切眾生，善根增長了，善根變無量無邊了；然後再單獨迴向一下，善根就又開始縮小了。剛才心量那麼大，現在心量又縮小了，功德也縮小了。剛才功德增長了，現在功德又減少了。那沒有辦法，你的心量沒打開，發心沒到位，只能先這樣，不能說絕對不行。

《百業經》裏講，當時佛陀在世時，每天都有供養者，佛陀在善根迴向的時候，也單獨給他們迴向。因為這是眾生的需求，沒辦法。那時，很多眾生都是小乘根基，不給他迴向，他會不高興或不理解，這也是佛在隨順眾生。佛第一轉法輪的時候，為什麼講的是小乘法？因為身邊的眾生都是小乘根性。後來有幾位菩薩來求

法，身邊稍微有一些具有善根的人，他才開始講大乘佛法。但是他一生當中注重講的是小乘法，因為身邊全是阿羅漢，都是小乘根性。也許有人會想：「佛當時也單獨給眾生做迴向了，我怎麼不行呢？」也行。其實，這樣你還不如先小範圍地迴向一下，然後再迴向給一切眾生。如果實在沒辦法，就先偷偷地做一下迴向。雖然這樣不夠虔誠，但沒辦法。

要迴向給眾生，祈願一切眾生都能迅速往生到西方極樂世界。眾生無邊，功德也無邊。將眾生送到西方極樂世界，任務就完成了。將眾生都交到阿彌陀佛的手上，就放心了。他見到阿彌陀佛以後，乘願再來的時候，也許他的智慧和福德比你還厲害，這個時候就不用擔心了。之所以要眾生「速往無量光佛剎」，因為這裏有阿彌陀佛的願力，就更容易一些。願六道輪迴裏的所有眾生都往生到西方極樂世界，都面見阿彌陀佛，都獲得了阿彌陀佛的授記，都達到了不可思議的解脫境界，這是最後的總迴向。

甲二　經義

甲三、末義

　　普賢菩薩安住於不可思議的解脫境界，給善財童子講一切菩薩猶如煙海般的心願，也就是普賢行願。善財童子聽了，「踴躍無量」，歡喜得在那兒跳起來了。還有好多菩薩、阿羅漢及人和非人等眾都皆大歡喜。

　　我們這裏沒有吧？能笑一笑就不錯了，哪有跳起來的？善財童子那麼高興、歡喜，聽聞這麼甚深廣大、妙不可言的殊勝妙法，一切菩薩皆大歡喜。佛也在現場，也隨喜讚嘆：「善哉！善哉！」真是太妙了！

　　《普賢行願品》雖然是普賢菩薩講的，但這是普賢菩薩通過佛的加持力與神通力而講的，所以也可以視為佛經，可以稱為佛經。前面講過，普賢菩薩早已經成佛了，但是他示現上還是位菩薩。菩薩還沒有能力講普賢願，十地菩薩也只能講相似的，不能完全講清楚，所以這都是通過佛的神通力加持而講出來的，這都屬於是佛經。

　　佛經有佛親自講的，也有通過佛的加持而講出來的。雖然是普賢菩薩講的，但是佛為什麼說「善哉！善哉「呢？佛隨喜讚嘆，因為這也是通過佛的神通力講出

聖尊普賢行願之王──普賢行願品講記

來的。其實普賢菩薩自己也是佛，也可以說是通過他自己的神通力講的，但是示現上他是菩薩，他沒有這個能力，所以就通過佛的神通力講，可以這樣理解。佛隨喜讚嘆，然後一切菩薩也「皆大歡喜」，其他的阿羅漢以及人非人等也聽了，雖然沒有完全聽懂，但是也跟著歡喜。在座的一些人聽《普賢行願品》，雖然沒有真正明白，但是心裏也稍微有一些法喜、歡喜。同樣，阿羅漢沒辦法完全接受這樣的教義、教理，那些天龍、夜叉等非人與人，只能懂一點點，但是也都非常歡喜。在這樣一個法喜充滿的狀態中，講法結束了。

當時普賢菩薩主要是為善財童子講的《普賢行願品》。現在我們的根本上師是法王如意寶，他老人家是善財童子的轉世。這個傳承特別直接，加持力也無比廣大，請大家珍惜吧！好好地學修《普賢行願品》，今生一定能成就！

甲三 末義